市场营销名校名师
新形态精品教材

U0734601

网络营销
理论、方法与实务
微课版

李东进　秦勇 ◉ 编著

Internet Marketing

人民邮电出版社
北京

图书在版编目（CIP）数据

网络营销：理论、方法与实务：微课版 / 李东进，
秦勇编著. -- 北京：人民邮电出版社，2024.7
市场营销名校名师新形态精品教材
ISBN 978-7-115-63923-3

Ⅰ．①网… Ⅱ．①李… ②秦… Ⅲ．①网络营销－高
等学校－教材 Ⅳ．①F713.365.2

中国国家版本馆CIP数据核字(2024)第050242号

内 容 提 要

本书分为基础篇、工具与推广篇、方法篇、应用篇四部分。基础篇主要包括网络营销导论、网络市场与网络消费者行为分析、网络营销调研等内容；工具与推广篇主要包括搜索引擎营销、网络广告营销、网络社交媒体营销、网络事件营销、网络软文营销等内容；方法篇是本书的重点，主要包括短视频营销、直播营销、App 营销、大数据营销、O2O 营销、论坛营销、病毒式营销、许可 E-mail 营销、小程序营销、新媒体营销、二维码营销等内容；应用篇主要介绍了网店开设与营销的内容。

本书可作为高等院校网络营销课程和各类成人高等教育机构相关课程的教材，也可作为网络营销从业人员的学习参考书。

◆ 编　著　李东进　秦　勇

　　责任编辑　刘向荣

　　责任印制　胡　南

◆ 人民邮电出版社出版发行　　北京市丰台区成寿寺路 11 号

　　邮编　100164　电子邮件　315@ptpress.com.cn

　　网址　https://www.ptpress.com.cn

　　北京天宇星印刷厂印刷

◆ 开本：787×1092　1/16

　　印张：15.5　　　　　　2024 年 7 月第 1 版

　　字数：443 千字　　　2025 年 8 月北京第 4 次印刷

定价：59.80 元

读者服务热线：(010)81055256　印装质量热线：(010)81055316
反盗版热线：(010)81055315

前　言

　　网络营销是伴随着信息技术高速发展与国际互联网迅速普及而诞生的一种全新营销模式。与传统营销相比，网络营销具有低成本、跨时空、交互性、整合性、高效率和精准性等诸多优点，在促进社会经济发展、拉动消费增长、提升消费者购物体验、推动人民生活水平提高等方面发挥着重要的功能。

　　根据中华人民共和国商务部发布的《中国电子商务报告（2022）》，自2013年起，我国已连续十年保持全球规模最大的网络零售市场地位。国家统计局数据显示，2022年，全国电子商务交易额达43.83万亿元，按可比口径计算，比2021年增长3.5%。2023年，全国网上零售额达15.43万亿元，比去年增长11.0%。其中实物商品网上零售额为13.02万亿元，比上年增长8.4%，占社会消费品零售总额的比重上升至27.7%。中国互联网络信息中心发布的《第53次中国互联网络发展状况统计报告》显示，截至2023年12月，我国网络购物用户规模达9.15亿人，较2022年12月增长6 967万人，占网民整体的83.8%。

　　党的二十大报告指出，必须完整、准确、全面贯彻新发展理念，坚持社会主义市场经济改革方向，坚持高水平对外开放，加快构建以国内大循环为主体、国内国际双循环相互促进的新发展格局。而网络营销在培育消费市场新动能、助力推动消费"质""量"双提升、推动消费"双循环"方面恰能发挥重要的作用。

　　近年来，网络营销的模式迭代创新，直播营销、短视频营销、小程序营销等新场景营销不断涌现，新场景营销逐渐成为企业关注的焦点。为更好地满足新形势对网络营销人才培养的要求，我们在南开大学商学院的大力支持下，编写了本书。

　　本书是在畅销书《网络营销：理论、工具与方法（微课版第2版）》的基础上重新编写的，对编写体系进行了优化，并调整了篇章结构，增加了新的内容。

　　本书以通俗的语言系统介绍网络营销的开展基础、工具运用、推广策略、实施方法等内容。全书内容共分4篇15章，其中，第Ⅰ篇基础篇主要阐述了网络营销的理论基础、网络营销方式的演进、网络营销的策略、网络营销策划、网络市场与网络消费者行为分析、网络营销调研等内容；第Ⅱ篇为工具与推广篇，主要介绍了搜索引擎营销、网络广告营销、网络社交媒体营销、网络事件营销和网络软文营销；第Ⅲ篇为方法篇，主要内容包括短视频营销、直播营销、App营销、大数据营销、O2O营销、论坛营销、病毒式营销、许可E-mail营销、小程序营销、新媒体营销、二维码营销；第Ⅳ篇为应用篇，主要介绍了网店开设与营销的内容。

　　本书注重启发式教学和实践教学设计。每章设有学习目标、知识结构图、开篇案例、阅读资料、案例分析、本章实训、练习题和案例讨论等专栏。此外，针对本书的学习重点和难点，我们还精心录制了相关的微课视频，读者扫描书中二维码即可进行在线学习。

　　本书提供丰富的教学资源，包含PPT授课课件、补充教学案例、教学大纲、电子教案、题库、课后习题答案、辅助教学视频、思政教学设计等，并不断更新。为方便分享教学经验，共享知识，本书建立了授课教师 QQ 交流群（网络营销交流群 QQ 号：203026492），我们会定期上传新的教学资料，期待良师益友们的加入。

本书由李东进、秦勇编著，张黎、梁丽军参与了编写工作。在编写过程中我们参考了大量的文献资料，在此谨向相关作者表示衷心感谢。

本书适宜作为高等院校网络营销课程和各类成人高等教育机构相关课程的教材，也可作为网络营销从业人员的学习参考书。

鉴于作者学识有限，书中难免存在不足之处，敬请各位读者批评指正。

李东进　秦勇

2024 年 5 月于南开园

目　录

第Ⅲ篇 方法篇

第Ⅰ篇

基础篇

第 1 章 网络营销导论

学习目标

【知识目标】

（1）熟悉网络营销的概念与内容。

（2）了解网络营销的理论基础。

（3）熟悉 Web1.0 时代、Web2.0 时代、Web3.0 时代的网络营销方式。

【素质目标】

（1）树立正确的网络营销价值观。

（2）培养对网络营销的学习兴趣。

（3）提升分析网络营销问题及解决问题的能力。

知识结构图

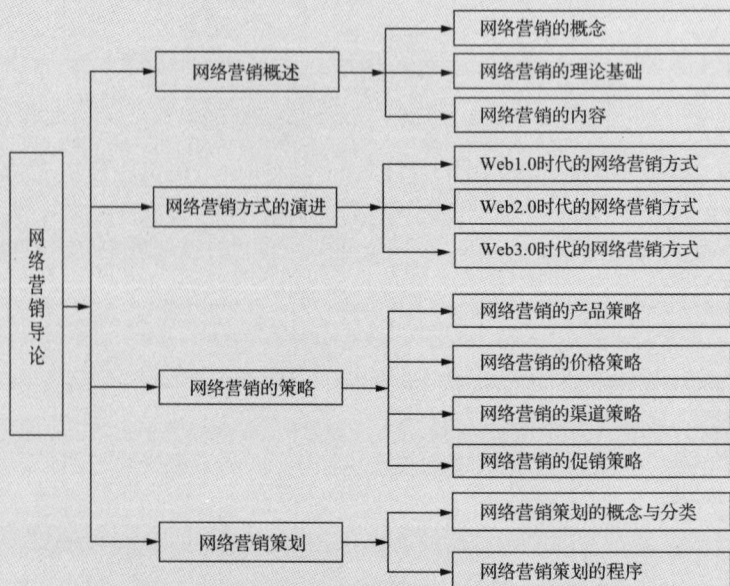

网络营销助力乡村振兴"加速跑"

地处我国东北边陲的黑龙江省嘉荫县，立足本地特色资源，积极扶持农村电商发展，搭建农产品销售平台，带动农产品销售，增加农民收入，进一步推动农村产业转型升级，助力乡村振兴"加速跑"。

在嘉荫创业基地记者看到，网络博主正通过短视频直播平台热情地向网友们介绍着蜂蜜、木耳、大豆等包装精美、价格实惠的土特产。据负责人介绍，嘉荫县蜂蜜中的特产椴树蜜已经打造出了产供销一体化的产业链，凭借自身独有的营养价值、口感，以及精美的包装、速溶的技术，获得了广大消费者的喜爱。

嘉荫创业基地还建立了电商技术团队，为创业者提供产品图片、美工制作、文案撰写、产品上传等技术支持；同时还建立了中心仓储库，汇集产品，统一库存，一件代发，免去创业者的后顾之忧与囤货压力；与速递公司深度合作，建立物流体系，整合货运车辆，解决偏远地区运输难题，节约运营成本，实现创业利润最大化。

近年来，嘉荫县农业正朝着数字化、智能化、精准化的方向发展，聚焦"山水林田湖草"生态基地、森林物产类基地等优势特色资源，采用"政府+企业+平台+农户"的合作模式，加速提升全县特色农产品整体形象及附加值，打通线上线下销售渠道，推动农村电商和现代农业融合发展，助力乡村振兴。截至2022年6月底，全县电子商务交易额实现9 600余万元，同比增长11.84%，网络零售额实现500余万元，同比增长19.84%。

资料来源：嘉荫县委宣传部。

1.1 网络营销概述

1.1.1 网络营销的概念

基于不同的视角，学者们对网络营销的定义有着不同的解读。综合诸多观点，本书认为网络营销（Online Marketing 或 E-Marketing）是指以现代营销理论为指导，以国际互联网为基础，利用数字化的信息和网络媒体的交互性来满足消费者需求的一种新型市场营销方式。可见，网络营销的实质仍然是市场营销，是传统的营销方式在网络时代的变革与发展。

与传统营销相比，网络营销具有可以降低营销成本、突破市场的时空限制、满足消费者的个性化需求、提供更好的购物体验、实现与消费者的实时互动等优点，因而成为当前最受企业重视的重要营销方式。

阅读资料 1-1 我国网络营销的发展阶段

从1994年至今，我国网络营销的发展大致可以划分为以下5个阶段。

1. 萌芽阶段（1994—1999年）

1994年我国接入国际互联网，此时我国的网络营销并没有清晰的概念。1997年，我国第一个商业性网络广告的出现，逐渐打开了网络营销的大门。1999年，以阿里巴巴为代表的一批B2B网站诞生，极大地推动了网络营销的发展，网络营销开始走向实际应用。

2. 发展应用阶段（2000—2004年）

2000年之后，我国的网络营销正式进入实质应用和发展时期。该阶段网络营销的主要表现为：网络营销服务市场逐步形成，企业网站发展迅速，网络广告形式和应用不断丰富，E-mail 营销市场环境改善，搜索引擎营销向深层次发展，网络营销环境日趋完善。

3. 高速发展阶段（2005—2009 年）

我国的网络营销在高速发展阶段最突出的特点是第三方网络营销服务市场蓬勃兴起，网站建设、网站推广、网络营销顾问等业务均获得了快速发展。在此阶段，网络营销服务市场的规模不断扩大，网络营销的专业水平、人们对网络营销的认识和需求层次持续提升，网络营销资源和网络营销模式不断涌现。

4. 向社会化转变阶段（2010—2015 年）

2010 年之后，我国的网络营销进入全员营销的时代，社会化媒体性质的网络营销蓬勃兴起，建立于移动智能设备基础上的网络营销的重要性不断增强，传统营销模式开始衰落，移动营销逐渐崛起。

5. 多元化与生态化阶段（2016 年之后）

2016 年以后，我国的网络营销实现开放式转变，传统网络营销模式不断调整和创新，向多元化与生态化模式转变，信息社交化、用户价值、用户生态思维、社会关系资源等成为影响网络营销的主要因素。

资料来源：许耿，李源彬. 网络营销：从入门到精通（微课版）. 北京：人民邮电出版社，2019：4-5.

1.1.2　网络营销的理论基础

1. 直复营销理论

直复营销（Direct Marketing）最初出现于美国。1872 年，蒙哥马利·华尔德创办了美国第一家邮购商店，标志着直复营销的诞生。20 世纪 80 年代，直复营销得到了飞速的发展，其独特的优势日益为人们所了解。进入 21 世纪以来，随着国际互联网的不断普及，直复营销的发展获得了良好的契机。

直复营销的关键是"直"与"复"，"直"即直接，"复"即回复。直复营销是指企业借助一种或多种广告媒体，反复、直接地与目标消费人群接触，并与之形成长期顾客关系的互动性营销体系。在直复营销模式中，企业不经过分销商这一环节，而是通过 E-mail、电视广告、电话、社交媒体等方式直接与消费者建立一对一的互动关系。

一个典型的直复营销过程一般包括直复营销者、直复营销媒体、产品或服务传递渠道以及目标市场成员 4 个部分，如图 1-1 所示。直复营销者通过电话、E-mail、QQ 群、微信等直复营销媒体与目标市场成员沟通产品信息，并寻求对方的直接回应（问询或订购）。目标市场成员一旦产生购买欲望，即可通过电话、邮购、互联网等直复营销媒体来订货或购买。直复营销者通过产品或服务传递渠道将产品或服务送达目标市场成员手中，最终达成交易。

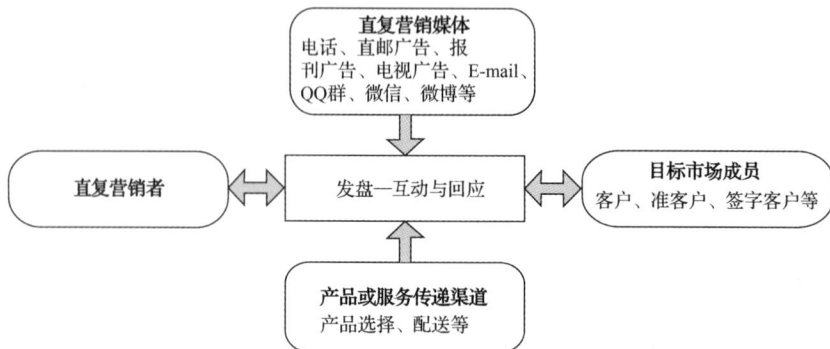

图 1-1　直复营销的过程

2. 关系营销理论

20 世纪八九十年代，营销学者提出了关系营销理论。所谓关系营销，是指把营销活动看成企业与消费者、供应商、分销商、竞争者、政府机构以及其他公众发生互动作用的一个过程。其核心是建立和发展与这些公众的长期、稳定的良好关系，通过为消费者提供高度满意的产品和有效的服务来加强与消费者的联系，维持与消费者的长期关系，提高消费者的忠诚度，从而实现企业的营销目标。关系营销的基本要素就是发现消费者需求、满足消费者需求、获得消费者满意，进而提高消费者的忠诚度。关系营销与以达成交易为核心的交易营销的区别如表 1-1 所示。

表 1-1 关系营销与交易营销的区别

关系营销	交易营销
注重维护消费者	注重单次交易的利润最大化
高度重视服务/产品质量	较少关注服务/产品质量
注重长期利益	注重短期利益
更加关注产品/服务质量	视价格为主要竞争手段
追求消费者满意	追求市场占有率
客户关系最佳化	交易利润最大化
频繁的消费者联系	适度的消费者联系

关系营销强调双向沟通、合作、双赢、亲密、承诺及控制，其基本立足点是建立、维持和促进与消费者和其他商业伙伴之间的关系，以实现参与各方的目标，从而形成一种兼顾各方利益的长期关系。

3. 软营销理论

软营销是指企业以强化与消费者或公众的感情和文化交流为内容，以淡化商业活动的盈利意图为手段，间接服务于企业经营目标的一种营销活动。这种营销方式之所以被称作"软营销"，并不是指其营销力度较弱，而是指营销活动更具有灵活性、委婉性和全局性。软营销不等同于软文营销，其范围更广泛，软文营销只是软营销的一个大类。软营销理论的要点如图 1-2 所示。

软营销与强势营销的根本区别在于，软营销的主动方是消费者，强势营销的主动方是企

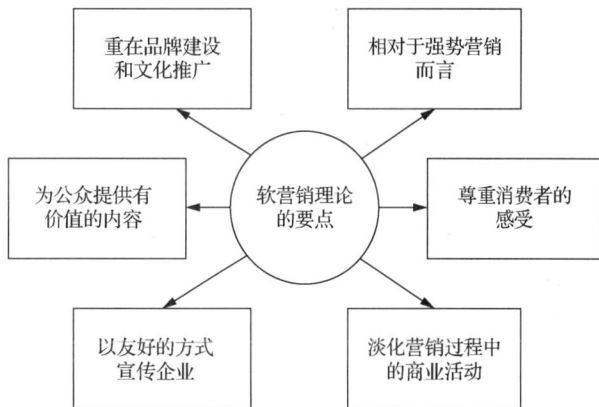

图 1-2 软营销理论的要点

业。在传统营销活动中，广告和推销人员是强势营销的两个重要部分。传统广告一般不考虑消费者是否愿意和是否需要，而对消费者不断地进行信息灌输；推销人员也根本不考虑消费者的意愿，只是根据自己的判断强行开展推销活动。

软营销理论是基于网络本身的特点和消费者的个性化需求而提出来的，强调企业必须尊重消费者的感受和体验，让消费者能主动接受企业的营销活动，在给公众提供有价值的内容的同时，提升软实力，打造社会型企业。用一句话来总结软营销就是："上善若水，以德服人；价值驱动，人文精神。"

4. 整合营销传播理论

整合营销传播理论是美国西北大学教授唐·舒尔茨（Don Schultz）于 1991 年率先提出的。整合营销传播理论的核心思想是：以受众为中心，以整合企业内外部所有资源为手段，再造企业的生存行为与市场行为，充分调动一切积极因素以实现企业统一的营销目标。

整合营销传播理论主要具有以下 3 个方面的特征。

（1）传播资讯的统一性，即企业用一个声音说话，让消费者从各个媒体所获得的信息都是统一的、

一致的。

（2）互动性，即企业与消费者之间展开富有意义的交流，能够迅速、准确、个性化地获得信息和反馈信息。

（3）目标营销，即企业的一切营销活动都应围绕企业的目标来进行，实现全程营销。

整合营销传播理论从整体上来划分，可以分为整合营销策划、整合营销组合、整合营销传播过程 3 大部分，如图 1-3 所示。

网络的发展不仅使整合营销更为可行，而且能充分发挥整合营销的特点和优势，使

图 1-3　整合营销理论传播的框架

消费者这个角色在整个营销过程中的地位得到提高。因此，网络营销首先要把消费者整合进整个营销过程，从他们的需求出发开始整个营销过程。

5. 长尾理论

长尾（The Long Tail）这一概念最早由《连线》杂志主编克里斯·安德森（Chris Anderson）在 2004 年 10 月的《长尾》一文中提出，用来描述诸如亚马逊和 Netflix 之类企业的商业和经济模式。

长尾市场也被称为"利基市场"。"利基"一词是英文"Niche"的音译，意译为"壁龛"，有拾遗补阙或见缝插针的意思。菲利普·科特勒（Philip·Kotler）在《营销管理》中给利基下的定义为：利基是指针对企业的优势细分出来的市场，这是一个小市场并且它的需要没有被服务好，或者说"有获取利益的基础"。

随着网络时代的到来，消费者具有更多的选择权和自主性，而这种趋势将使市场从头部向尾部倾斜，即头部所占比例会逐渐减少，而尾部所占比例会逐渐增加。在网络营销环境下，由于库存成本相对较低，商家可以将更多的产品放入销售平台，包括那些销售量较小的产品。消费者可以更容易地找到自己需要的产品，而商家也可以通过销售更多的不同种类的产品来获得更多的收益。安德森指出，网络时代是关注长尾、发挥长尾效益的时代。长尾理论曲线如图 1-4 所示。

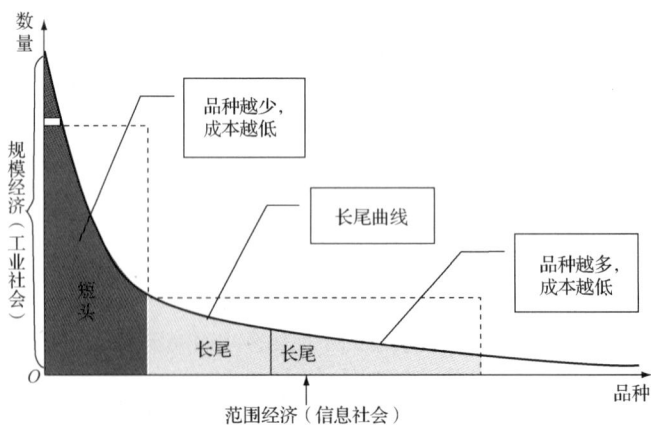

图 1-4　长尾理论曲线

安德森认为，只要存储和流通的渠道足够多，需求不旺或销量不佳的产品共同占据的市场份额就可以和那些数量不多的热卖品相匹敌，甚至更大。

6. 数据库营销理论

数据库营销可以追溯到 20 世纪 80 年代中期，那时西方发达国家的市场经济体制已发展得比较成熟，市场的基本特点是供给大于需求，形成了买方市场，企业之间的竞争日趋激烈，企业短期利益减少。追

求利润最大化的经营目标逐渐被追求适当利润和较高市场占有率的经营目标所替代，以消费者需求为导向的营销观念已被大部分企业所接受。因此，在企业营销的实践中，加强消费者管理，及时了解和反馈消费者需求，以便维持和提高市场占有率就成了决策层普遍关心的重要内容。随着信息科技的迅猛发展，数据库强大的数据处理能力逐步被应用到消费者关系营销管理中。企业可以通过消费者数据库及时掌握现有消费者群体的需求变化，再把信息反馈到决策层，以便决策层做出正确的生产或投资决策。

1.1.3 网络营销的内容

网络营销涉及的范围较广，所包含的内容也较为丰富。与传统营销相比，网络营销的目标消费者和营销手段均有所不同，因此，网络营销活动的内容也有很大的差异。具体来说，网络营销的内容主要包括以下几个方面。

1. 网络市场调查

网络市场调查是开展网络营销活动的前提和基础，也是企业了解市场、准确把握消费者需求的重要手段。网络市场调查是指企业通过互联网，针对特定营销任务而进行的调查活动，主要包括调查设计、资料收集、资料处理与分析等。网络市场调查的重点是充分利用互联网的特性，提高调查的效率和改善调查效果，以求在浩瀚的网络信息资源中快速获取有用的信息。

2. 网络消费者行为分析

网络消费者是伴随着电子商务的蓬勃发展而产生的一个特殊消费群体，这类群体的消费行为有着自身的典型特征。因此，企业开展网络营销活动前，必须深入了解网络消费者不同于传统消费者的需求特征、购买动机和购买行为模式等。

3. 网络营销策略制定

为实现网络营销目标，企业必须制定相应的网络营销策略。与传统营销类似，网络营销策略也包括产品策略、价格策略、渠道策略和促销策略 4 个方面，但企业在具体制定时应充分考虑互联网的特性、网络产品的特征和网络消费者的需求特点。例如，企业在制定网络营销的价格策略时，通常可以对体验类产品采取免费或部分免费的价格策略，而这在传统营销中则很难实现。

4. 营销流程改进

与传统营销相比，网络营销的流程发生了根本性的变化。利用互联网，企业不仅可以实现在线销售、在线支付、在线服务等，还可以通过网络收集信息并分析消费者的特殊需求，以生产消费者需要的个性化产品。

5. 网络营销管理

营销管理是企业为了实现营销目标而采取的计划、组织、领导和控制等一系列管理活动的统称。传统营销管理的许多理念和方法虽然也适用于网络营销，但网络营销依托全新的网络平台开展营销活动，难免会遇到新情况和新问题，如网络消费者的隐私保护问题以及信息安全问题等，这些都要求企业必须做好有别于传统营销的网络营销管理工作。

1.2 网络营销方式的演进

1.2.1 Web1.0 时代的网络营销方式

Web 1.0 是第一代互联网，始于 20 世纪 90 年代，主导其发展的是以互联网和信息技术为代表的技术创新。以新浪、搜狐、网易为代表的综合性门户网站和以谷歌、百度为代表的通用

延伸学习

Web1.0 时代网络营销的主要方式

搜索网站是 Web1.0 的典型。在 Web1.0 时代，用户上网主要是浏览信息与搜索信息，流量和广告是互联网商业模式的核心体现。Web1.0 的网络营销与传统的线下营销在理论上并无明显差异，消费者仍扮演"读者"或"听众"的角色，延续着被动的信息接收状态。在 Web1.0 时代，网络营销主要体现为以广告投放为主的网络宣传推广。

在 Web1.0 时代，网络营销的主要方式包括企业网站营销、搜索引擎营销、许可 E-mail 营销、交换链接营销、网络广告营销、BBS 营销等。

1.2.2　Web2.0 时代的网络营销方式

Web2.0 是 2003 年之后互联网的热门概念之一，是相对 Web1.0 而言的新一类互联网应用的统称。Web2.0 的核心思想是用户可以主动参与网络内容的制造，而不是被动接受信息。Web2.0 时代的互联网主要有社交网络、博客、论坛等，用户可以主动发布内容、评论他人的内容、分享信息等。相对于 Web1.0，Web2.0 更注重用户的交互作用，用户既是网站内容的浏览者，也是网站内容的制造者。

> 延伸学习
> Web2.0 时代网络营销的主要方式

Web2.0 时代网络营销的本质是互动，从而让网民更多地参与信息产品的创造、传播和分享。Web2.0 时代的主要营销方式有博客营销、微博营销、微信营销、QQ 营销、RSS 营销、SNS 营销、Wiki 营销等。

1.2.3　Web3.0 时代的网络营销方式

Web3.0 是指第三代互联网，也称作"智能互联网"，它是在 Web2.0 的基础上发展而来的，是对 Web2.0 的升级和拓展。Web3.0 的核心思想是使用人工智能来改善互联网的使用体验。Web3.0 时代的互联网可以自动识别用户的需求，并提供相应的信息和服务。

> 延伸学习
> Web3.0 时代网络营销的主要方式

Web3.0 相对于 Web2.0 具有许多优势。首先，Web3.0 可以通过人工智能和大数据分析等技术，更加精准地识别用户的需求和偏好，为用户提供更加个性化的服务。其次，Web3.0 可以通过物联网技术，将网络与现实世界联系起来，实现对实体物品的跟踪和管理。此外，Web3.0 还可以通过智能合约等技术，提高交易的效率和安全性。总之，Web3.0 相对于 Web2.0 具有更强的交互性和协作性，能够更好地满足用户的需求，带来更加便捷和高效的使用体验。

在网络营销 3.0 时代，网络营销出现了比较大的变化，集中体现在营销策略与实现手段的变革上，主要营销方式有精准营销、嵌入式营销、Widget（微件）营销和数据库营销等。

1.3　网络营销的策略

网络营销策略是指开展网络营销的企业为实现营销目标而采取的对企业内部要素（包括生产要素、经营要素等可控要素）的把握和利用，一般包括产品策略、价格策略、渠道策略和促销策略 4 个方面，下面分别进行介绍。

1.3.1　网络营销的产品策略

1. 网络营销中的产品

（1）实体产品。实体产品是指具有物理形态的、人们可以通过视觉和触觉感觉到的产品。网络营销是市场营销方式的一种，从理论上说任何一种实体产品都可以通过这种方式进行交易，但在实践中仍有少数产品因物流成本太高等而不适合在网上销售。

（2）虚拟产品。虚拟产品一般是无形的，即使呈现一定的形态也是通过其载体体现出来的。例如，计算机软件是存储在磁盘上有规则的数字编码，磁盘是软件的载体。在网络上销售的虚拟产品分为软件和服务两大类，包括各种软件、视听产品、电子书籍、在线培训、电子游戏等。相比于实体产品，虚拟产品更适合在网上销售。

2. 网络营销产品的特性

（1）产品性质。在电子商务发展的早期，网络上销售的大多是虚拟产品、图书、电子产品等。后来随着网络技术、安全技术、物流技术等的发展以及人们消费观念的改变，一些最初人们认为不适合在网上销售的产品，如汽车、地产、生鲜等均实现了在线销售。尤其是当前 O2O 模式兴起，打通了线上与线下，大大拓展了网络营销的范围，但网络营销产品还是会受到一些自身属性的影响。一般来说，标准化的产品、易于保存和运输的产品、数字化的产品、远程服务等尤为适合在网上销售。

（2）产品质量。网上购物使消费者在购买时无法亲身体验产品，而只能查询商家提供的文字、图片、视频等信息，无法做到"眼见为实"。因此，在虚拟的网络世界里，要想取得消费者的信赖，商家所售产品的质量必须有保障，要能赢得消费者的好评。基于网络的特性，一旦产品失信于消费者，商家的"恶名"就会广为传播，这些商家也必将被消费者所抛弃。

3. 网络营销产品策略的内容

企业的营销活动以满足消费者需求为中心，而需求的满足只能通过提供某种产品或服务来实现。因此，产品是企业营销活动的基础，产品策略直接影响和决定着企业营销活动的成败。网络营销的产品策略主要包括新产品开发策略、产品生命周期策略、产品组合策略和品牌策略等。

网络营销的产品策略与传统营销的产品策略所应用的基本理论是一致的，不同之处在于制定网络营销的产品策略时需要运用互联网思维。例如，企业在新产品研发过程中可以充分利用网络平台的互动性，倾听消费者的心声，甚至可以邀请消费者共同参与产品的研发、设计过程。此外，在电子商务时代，产品的生命周期更短，更新换代更快，这对企业制定的网络营销产品策略提出了新的挑战。

1.3.2 网络营销的价格策略

1. 网络营销的产品价格特征

与传统营销的产品价格相比，网络营销的产品价格具有如下一些新的特征。

（1）低价位。网络经济是直接经济，因为减少了交易的中间环节，所以能够降低所销售产品的价格。另外，由于网络信息的共享性和透明性，消费者可以方便地获得产品的价格信息，因此要求企业必须以尽可能低的价格向消费者提供产品或服务。如果产品定价过高或降价空间有限，那么该产品就不太适合在网上销售。

微课堂

网络营销的价格
策略

（2）消费者主导定价。消费者主导定价是指消费者通过充分的市场信息来选择购买或定制自己满意的产品或服务，同时以最小的代价（购买费用等）获得这些产品或服务。在网络营销过程中，消费者可以利用网络的互动性与卖家就产品的价格进行协商，这使消费者主导定价成为可能。

（3）价格透明化。在网上，产品的价格是完全透明的。网络消费者足不出户，轻点鼠标就可以查询同一产品不同商家的报价信息，如果商家的定价过高，产品将会很难销售出去。下面通过图 1-5 来进行说明。

从图 1-5 中可以看出，页面中不仅展示了《广告学：理论、方法与实务（微课版）》这本图书在京东商城的价格走势，还给出了升序排列的全网价格信息。这样消费者一眼就能发现最低报价，并可迅速做出购买决策。

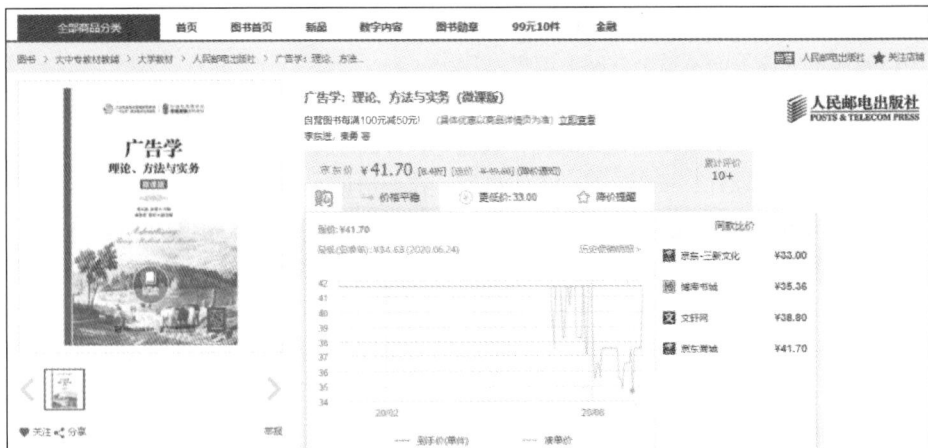

图 1-5　京东商城图书报价页面

2. 网络营销的定价策略

（1）免费定价策略。面对浩瀚无边的网络信息海洋，注意力无疑是珍贵的资源。因此，经济学家提出了"注意力经济""眼球经济"的概念。很显然，免费是吸引消费者"注意力"或"眼球"的一大利器。

免费定价是指企业将产品（服务）的全部或部分无偿提供给消费者使用的定价方式。免费定价策略主要有 4 种形式：完全免费、限制免费（一定时间内或一定次数内免费，如网络杀毒服务）、部分免费（部分内容免费、部分内容收费，如研究报告数据）和捆绑式免费（在购买产品后，其附属的一些东西免费，如正版软件附带的软件）。从成本的角度分析，免费定价策略适合复制成本几乎为零的数字化产品和无形产品。例如，奇虎 360 将旗下 360 安全卫士、360 杀毒软件等安全产品免费提供给互联网用户，以达到吸引用户的目的，并在此基础上推出网络增值服务以获取利润，通过"免费+增值"的商业模式获得了巨大的成功。

（2）新产品定价策略。新产品定价策略关系到新产品能否顺利地进入市场，能否在市场上立足以及能否为目标消费者所接受和认可等，因此制定正确的新产品定价策略至关重要。在网络营销实践中，可供选择的新产品定价策略主要有撇脂定价策略、渗透定价策略和满意定价策略 3 种。

（3）折扣定价策略。折扣定价策略是指企业对现行定价做出一定的调整，直接或间接地降低价格，以争取消费者，提高销量。折扣定价策略可采取以下几种形式：一是数量折扣，目的是鼓励消费者多购买本企业的产品；二是现金折扣，旨在鼓励消费者按期或提前付款，以加快企业资金周转；三是季节折扣，主要是为鼓励中间商淡季进货或消费者淡季购买。此外，还有功能折扣和时段折扣等形式。折扣定价策略是网络营销中经常采用的一种价格策略，其实质是一种渗透定价策略。

（4）差别定价策略。差别定价是指企业按照两种或两种以上不反映成本费用的比例差异的价格，销售某种产品或服务，其形式有以消费者为基础的差别定价、以产品改进为基础的差别定价、以地域/位置为基础的差别定价和以时间为基础的差别定价 4 种。差别定价的形式与示例如表 1-2 所示。

表 1-2　差别定价的形式与示例

差别定价的形式	示例
以消费者为基础	同一地区工业用电、农业用电、居民用电、餐饮用电价格各不相同
以产品改进为基础	普通护眼灯定价为 148 元/个，增加 15 元成本安装带有调光功能的开关后定价为 198 元/个
以地域/位置为基础	某手机新品上市，在国内定价 5 499 元/部，在海外市场定价 998 美元/部；演唱会每张门票 VIP 区定价 8 000 元，前排定价 3 000 元，后排定价 1 000 元，站台定价 300 元
以时间为基础	某健身房单人健身定价周一至周五上午 10 元/小时，下午 12 元/小时，晚上 20 元/小时；周六日价格加倍

（5）拍卖定价策略。网上拍卖是指网络服务商利用互联网技术平台，让产品所有者或某些权益所有人在其平台上开展以竞价、议价方式为主的在线交易模式。实施拍卖定价策略具有一定的风险，因为这样做可能会破坏企业原有的营销渠道和定价策略。比较适合采用拍卖定价策略的是企业的库存产品或二手产品。当然，如果企业希望通过拍卖展示来吸引消费者的关注，这种定价方式也适用于部分新产品。

（6）定制定价策略。定制定价是指企业为消费者定制产品制定的价格。采用这种定价策略，每一个产品的价格会因消费者的独特需求而不同。例如，计算机组装企业根据消费者的指定配置来提供产品，使每台计算机的定价由配置的高低来决定。

（7）使用定价策略。所谓使用定价，是指消费者只需根据使用次数进行付费，而不需要完全购买产品。企业采取这种定价策略有助于吸引消费者使用产品，增加市场份额。使用定价策略比较适合虚拟产品，如计算机软件、音乐、电影、电子出版物和电子游戏等。

（8）品牌定价策略。品牌是影响产品定价高低的重要因素，如果企业具有良好的品牌形象，就可以给产品制定较高的价格。例如，名牌产品采用"优质高价"的策略，既能增加盈利，又能让消费者在心理上获得极大的满足。

1.3.3　网络营销的渠道策略

1. 网络营销渠道概述

营销渠道是使产品从企业流通至消费者的通道。对于从事网络营销的企业来说，熟悉网络营销渠道的结构，分析、研究不同网络营销渠道的特点，合理地选择网络营销渠道，无疑会大大促进产品的销售。

网络营销既可利用直接渠道，也可利用间接渠道开展营销活动。两者各有利弊，下面分别进行介绍。

2. 网络直接渠道

网络直接渠道又称网络直销，是指开展网络营销的企业不经过任何中间商而直接通过网络将产品销售给消费者的营销模式。

（1）网络直接渠道的优点。①降低产品售价。由于没有中间商赚差价，网络直销可以有效地降低交易费用，从而为企业降低产品售价提供保障。②及时获取消费者的反馈信息。开展网络直销的企业可以通过网络及时了解消费者对产品的意见和建议，并可针对这些意见和建议改进产品质量或提高服务水平。

（2）网络直接渠道的缺点。网络直接渠道的缺点主要在于企业由于自身能力有限，很难建立能吸引消费者关注的销售平台，因而销量有限。当前我国企业自建的销售网站不计其数，然而除个别行业和部分特殊企业外，大部分网站的访问者寥寥无几，营销效果平平。

3. 网络间接渠道

网络间接渠道又称网络间接销售，是指开展网络营销的企业通过网络中间商将产品销售给消费者的营销模式。

（1）网络间接渠道的优点。①可以利用网络中间商的强大分销能力迅速覆盖市场并提高产品销量。②提高交易的成功率。网络中间商的规范化运作，可以降低交易过程中的不确定性，从而提高交易的成功率。

（2）网络间接渠道的缺点。网络间接渠道的缺点也很明显，如企业容易受制于中间商，市场反馈信息不如网络直接渠道畅通，中间商的存在提高了产品的售价，使产品缺乏竞争力等。

1.3.4　网络营销的促销策略

1. 网络促销的概念及特点

（1）网络促销的概念。促销是指企业为了激发消费者的购买欲望，影响他们的消费行为，为促进产品销售而进行的一系列宣传报道、说服、激励和联络等促进性工作。企业的促销策略实际上是各种不同促销活动的有机组合。与传统促销方式相比，基于国际互联网的网络促销有了新的含义和形式，它是指利用现代化的网络技术向虚拟市场传递有关产品和服务的信息，以激发需求，引起消费者的购买欲望和引发其购买行为的各种活动。

（2）网络促销的特点。①虚拟性。在网络环境中，消费者的消费行为和消费理念都发生了巨大的变化。因此，网络营销者必须突破传统实体市场和物理时空观的局限，采用全新的思维方式，调整自己的促销策略和方案。②全球性。虚拟市场的出现，将所有的企业，无论其规模大小，都推向了全球市场。传统的区域性市场正在被逐步打破，因此，企业开展网络促销活动所面对的将是一个全球化的大市场。③发展变化性。这种促销方式建立在计算机与现代通信技术的基础之上，将随着这些技术的不断发展而改进。

2. 网络营销的促销形式

传统营销的促销形式主要包括广告、公关、人员推销和销售促进等方式。与之相比，网络营销的促销形式更为丰富，除了上述方式之外，还包括网络事件、电子邮件、网络软文、O2O 等。所有这些网络促销方式，本书将在后续章节中详细介绍。

案例分析

卫龙辣条的网红营销

网络时代，从来就不缺"网红"。曾经常出现在学校小卖店里的辣条、面筋和辣片等也出了一个"网红"品牌——卫龙。"80后""90后"对卫龙的记忆包括两个阶段，第一个阶段是童年时购买的各种零食，经常被成年人认为是"垃圾食品"；第二个阶段就是近几年，卫龙已经从各种品牌的辣条中脱颖而出，与其他"网红"合作，更换包装，开设天猫店，推出多种口味，变身"高端"零食。卫龙已经成为一种潮流，已经从学生蔓延到白领。"来包辣条压压惊""辣条给我吃一根""来包辣条冷静一下"等表情包广为流传，这些表情包中的辣条无一例外均为卫龙品牌。在麻辣零食界，卫龙好比可乐界的可口可乐、薯片界的乐事。

1. 找准消费者人群

卫龙走红也只是近几年的事情。新媒体时代是品牌营销最"坏"的时代，稍不留神就坏事传千里。同时，这也是最好的时代，企业利用网络可以精准地找到营销对象，让一个产品快速走红。卫龙的成功在很大程度上是因为其营销团队找准了营销对象。辣条的消费者多为"90后"，他们擅长解构事物，富有个性，讨厌传统和一成不变。他们更需要碎片化的信息，需要情绪发泄的渠道。他们喜欢的事物没有固定的套路，随时会将注意力从一个事物转移到另一个事物。直接、感性、有趣与口语化是他们喜欢的沟通方式。认清了"90后"喜欢什么，卫龙的营销就成功了一半。

2. 全方位线上营销

网络平台是多元化的，"90后"喜欢通过社交媒体（包括微博、微信和QQ空间等）获得信息。而社交媒体同时也是网络信息的发源地，是"网红"走红的平台，甚至也成为电视、报刊等平面媒体的信息采集地。从2013年起，网络中零零散散出现了辣条表情包或关于辣条的段子。卫龙的营销团队敏锐地抓住了这一点，继而在网络上投放更多的表情包，并与微博段子手合作，让段子手通过段子和表情包"隐秘"地推荐品牌。这种营销方式的效果是显著的，在"90后"的文化圈子里，卫龙一下子变成辣条的代名词。"硬推广"对"90后"并不奏效，这种隐藏在段子里的广告才是主流。这一阶段的推广无比重要，它为日后网民自发传播关于卫龙的表情包和段子奠定了基础。此外，卫龙开通了官方微博和微信公众号，在两个平台上尽显幽默气质。但是，卫龙在这两个平台上均存在信息发布不及时和缺乏维护的问题，这也是其营销过程中的一个缺憾。

3. 与草根网红合作

卫龙产品价格便宜，符合大众口味。从诞生起，卫龙就与"草根"二字紧密相关。在卫龙的新媒体营销中，与草根"网红"的合作也成为一个亮点。卫龙曾邀请"网红"张某到卫龙位于漯河的车间进行网络直播，以展示卫龙车间的卫生安全。该直播获得了大量粉丝关注。

案例分析： 卫龙辣条之所以能够成为网红级别的食品，离不开精准的目标市场定位、全方位的线上营销及与草根网红的成功合作。卫龙摒弃传统的铺天盖地的推广，将目光投放在微博等社交媒体层面，利用和用户最直接的沟通方式，将自身定位为一个段子手、一个网红。在萌贱的画风下，卫龙辣条的每一次营销活动都能成为网民们津津乐道的话题。对于消费者而言，卫龙已然成为一个 IP，成为辣条的代名词，甚至可以说成了如今年轻人一种生活方式的代表。卫龙辣条的网络营销启示我们，在当今的网络时代，企业的营销也要不断创新。

1.4 网络营销策划

1.4.1 网络营销策划的概念与分类

1. 网络营销策划的概念

网络营销策划是指企业为了实现既定的网络营销目标而进行的策略规划和方案制订的过程。与计划相比，策划更加强调方案的谋略性和创意性，包含了策略思考、布局规划和谋划制胜等内容；而计划是指企业为适应未来变化的环境，实施既定的经营方针和经营战略，而对未来的行动所做出的科学决策和统筹安排。计划更为具体，其工作内容可概括为"5W1H"，即做什么（What）、为什么做（Why）、何时做（When）、何地做（Where）、谁去做（Who）、怎样做（How）。

2. 网络营销策划的分类

（1）按照网络营销策划的层次进行分类

网络营销策划按照层次进行划分，可分为网络营销战略策划和网络营销战术策划。

网络营销战略策划是由企业高层做出决策的、有关企业网络营销活动总体目标和战略方案的策划。网络营销战略策划注重企业的网络营销活动与企业总体战略之间的联系，内容涉及企业战略发展方向、战略发展目标、战略重点等。网络营销战略策划的基本特点是涉及的时间跨度长、涉及范围广，策划的内容抽象、概括，策划的执行结果往往具有一定的不确定性。

网络营销战术策划是有关企业在网络营销战略策划的指导下如何实现总体目标的详细策划，是对战略策划的细化和落实。网络营销战术策划注重企业网络营销活动的可操作性，是为实现企业的营销战略所进行的战术、措施、项目和程序等的策划，如产品策划、价格策划、渠道策划和促销策划等。网络营销战术策划的特点是策划涉及的时间跨度较短，覆盖的范围较小，内容较为具体，具有较强的可操作性。

（2）按照网络营销策划的具体内容进行划分

网络营销策划按照具体内容进行划分，可分为网络营销市场调研策划、网络市场推广策划、网络营销品牌策划、网络广告策划等。而网络市场推广策划又可细分为网站推广策划、App 推广策划、网店推广策划、搜索引擎营销推广策划、自媒体营销推广策划、网络事件营销推广策划、网络软文营销推广策划、网络论坛营销推广策划、网络社区营销推广策划、病毒式营销推广策划、二维码营销推广策划等。以上部分网络营销策划方式在本书的后续章节有所涉及，受篇幅所限，在此不做详细阐述。

1.4.2 网络营销策划的程序

网络营销策划需按照一定的程序来进行。第一步是进行市场分析，以界定问题；第二步是在市场分析的基础上确定网络营销策划目标；第三步是构思网络营销策划创意，明确营销活动的方式和策略；第四步是拟订网络营销策划方案，并进行优选，同时完成网络营销策划书的撰写；第五步是实施网络营销策划方案；最后一步是评估网络营销策划效果。网络营销策划的程序如图 1-6 所示。

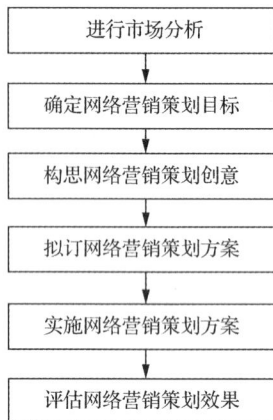

```
┌─────────────────────┐
│    进行市场分析      │
└─────────────────────┘
          ↓
┌─────────────────────┐
│  确定网络营销策划目标 │
└─────────────────────┘
          ↓
┌─────────────────────┐
│  构思网络营销策划创意 │
└─────────────────────┘
          ↓
┌─────────────────────┐
│  拟订网络营销策划方案 │
└─────────────────────┘
          ↓
┌─────────────────────┐
│  实施网络营销策划方案 │
└─────────────────────┘
          ↓
┌─────────────────────┐
│  评估网络营销策划效果 │
└─────────────────────┘
```

图 1-6 网络营销策划的程序

1. 进行市场分析

网络营销策划的第一步是进行市场分析，其内容包括网络营销环境分析、目标消费者分析等。网络营销环境分析又可分为宏观环境分析、行业环境分析及企业内外部环境综合分析。企业可采用的分析方法包括 PEST 分析法，即从政治（Politics）、经济（Economy）、社会（Society）和技术（Technology）这 4 个方面对企业的宏观环境进行分析；五力分析模型法，即从现有企业间的竞争、潜在竞争者的威胁、替代品的威胁、供应商的议价能力及顾客的议价能力这 5 个方面对行业环境进行分析；SWOT 分析法，即将企业的优势（Strengths）和劣势（Weaknesses）与外部的机会（Opportunities）和威胁（Threats）相结合，对企业的内外部环境进行综合分析。目标消费者分析包括分析网络消费者的需求特点、影响网络消费者购买行为的因素及网络消费者的购买行为过程等。市场分析是开展网络营销策划的前提，也是界定网络营销策划问题的关键。

2. 确定网络营销策划目标

网络营销策划目标是指企业通过网络营销策划活动所要取得的预期营销成果，它对企业的网络营销策略和行动方案具有明确的指导作用。企业在确定网络营销策划目标时要基于市场分析的结果，制定切实可行的目标。确定网络营销策划目标时应明确以下几点。

（1）网络营销策划目标必须具有明确的实施主体，即"由谁来实现目标"。

（2）网络营销策划目标的实现要有明确的时间限定。不管是长期的目标还是短期的目标，都应该有一个预先规定的完成期限。

（3）网络营销策划目标应该有明确的预期成果描述，否则，所提的目标不过是一句空洞的口号。预期成果的描述包括要实现的销售增长目标、市场占有率目标、企业利润目标、企业品牌形象塑造目标等内容。

3. 构思网络营销策划创意

网络营销策划创意是网络营销策划中的一系列思维活动，是对网络营销策划主题的提炼及对策划方案的综合思考与想象。

创意是网络营销策划的灵魂，创意水平的高低在很大程度上决定了网络营销活动的成败。构思网络营销策划创意是一项复杂而艰辛的创造性工作，但绝不是无中生有。它不仅需要策划者的灵感，更需要策划者扎实的营销功底、丰富的网络营销实战经验和科学严谨的创作过程。

4. 拟订网络营销策划方案

拟订网络营销策划方案是指在前期工作的基础上进行具体的网络营销活动安排，如投入多少活动经费、采用何种网络营销方式、不同阶段应采取的营销手段等。需要注意的是，在此阶段，企业需先拟订多个备选方案，然后从中选择最优的方案；同时，网络营销策划方案要落实到书面上，即企业要完成网络营销策划书的撰写。

5. 实施网络营销策划方案

在确定网络营销策划方案之后，企业下一阶段的工作就是将方案付诸实践。企业在实施网络营销策划方案时，要注意以下两点。一是企业必须严格按照此前确定的策划方案开展网络营销活动；二是企业要做好对网络营销策划方案的执行、监督和控制工作，一旦发现偏离了既定的策划目标，需要立即采取纠偏措施。

6. 评估网络营销策划效果

网络营销策划的实施并不是整个活动的终结，企业还要对活动的最终效果进行评估。具体的做法是将实施效果与既定目标进行比较，如果存在问题，要分析问题产生的原因并找出解决的办法，以便今后加以改进。

本章实训

【实训主题】网络营销策划

【实训目的】通过实训，掌握网络营销策划的方法，学会撰写网络营销策划书。

【实训内容及过程】

（1）阅读相关文献，了解网络营销策划书的基本结构与写作要求。

（2）确定网络营销策划的主题和目标。

（3）在市场分析和创意构思的基础上完成网络营销策划书的撰写。

（4）提交网络营销策划书到班级的学习群，供同学们评阅。

【实训成果】

实训作业——××企业（产品）营销策划书。

练习题

一、单选题

1．网络营销的实质是（　　　），是传统的营销方式在网络时代的变革与发展。

　　A．精准营销　　　　　B．体验营销　　　　　C．个性化营销　　　　D．市场营销

2．（　　　）的基本立足点是建立、维持和促进与消费者和其他商业伙伴之间的关系，以实现参与各方的目标，从而形成一种兼顾各方利益的长期关系。

　　A．体验营销　　　　　B．关系营销　　　　　C．服务营销　　　　　D．直复营销

3.（　　　）核心思想是用户可以主动参与网络活动，而不是被动接受信息。

    A．Web1.0   B．Web2.0   C．Web3.0   D．Web4.0

4.（　　　）策略是指企业对现行定价做出一定的调整，直接或间接地降低价格，以争取消费者，提高销量。

    A．撇脂定价   B．折扣定价   C．渗透定价   D．差别定价

5．网络营销产生的现实基础是（　　　）。

    A．商业竞争的激烈化   B．人才竞争的激烈化

    C．营销手段的多样化   D．互联网技术的飞速发展

二、多选题

1．以下属于网络营销理论基础的有（　　　）。

    A．直复营销理论   B．强势营销理论   C．整合营销传播理论

    D．关系营销理论   E．长尾理论

2．网络营销的策略包括（　　　）。

    A．价格策略   B．渠道策略   C．促销策略

    D．产品策略   E．定位策略

3．以下属于 Web1.0 时代的网络营销方式的是（　　　）。

    A．企业网站营销   B．搜索引擎营销   C．许可 E-mail 营销

    D．微博营销   E．BBS 营销

4．网络营销产品的价格特征主要包括（　　　）。

    A．高价位   B．价格透明化   C．消费者主导定价

    D．低价位   E．生产者主导

5．网络营销策划按照层次进行划分，可分为（　　　）。

    A．网络营销战略策划   B．网络市场调研策划

    C．网络营销品牌策划   D．网络市场推广策划

    E．网络营销战术策划

三、名词解释

1．网络营销   2．软营销   3．网络直接渠道   4．网络营销策略   5．网络营销策划

四、简答及论述题

1．网络营销的内容主要包括哪些方面？

2．Web2.0 时代主要的网络营销方式有哪些？

3．Web3.0 相对于 Web2.0 的优势是什么？

4．试论述网络促销的特点。

5．试论述网络营销策划的程序。

案例讨论

返乡创业：让农产品走进城市家庭

农产品最怕"藏在深山无人知"，如果缺乏畅通的销售渠道，再优质的产品也难以走出乡村。返乡创业者小朱决心搭建城市与农村的桥梁，通过网络营销方式，借助"互联网+"的春风，让农户手中的特色

生态农产品走进城市家庭。

在返乡之前，小朱在大城市打拼。有一次小朱将老家土特产带回公司，没想到大受欢迎，同事们鼓励他将家乡的特产卖到城市，让更多的城市消费者也有机会体验。同事的鼓励激发了小朱的创业热情，多番市场调研之后，小朱将想法付诸了行动。小朱带领几位愿意追随他的年轻人从城市回到农村，开启返乡创业的历程。

在创业初期，小朱就遇到了不少困难和挑战。村民们对他的"合作社+农户"的方式缺乏信任，不少农户不相信电商平台能将农产品卖出去，因而很多人拒绝与其签订产销合同。但小朱并不气馁，他相信随着时间的推移，成功的案例会说服这些心存疑虑的村民们。

在小朱创业刚好 3 个月时，当地有位养殖户因缺乏市场意识和销售渠道，家里喂养的土鸡、土鸭没办法卖出去，正打算低价甩卖给商贩。小朱得知消息后主动上门与其签订了产销合同，并通过网络渠道卖光了鸡鸭，帮助该养殖户减少了经济损失。这一成功案例很快扩散开来，小朱开始得到大家的信任，加入合作社的农户越来越多，小朱的创业终于步入了正轨。

经过两年的创业实践，小朱决定采用"互联网+公司+合作社+农户"的模式，正式成立了自己的电子商务有限公司。公司寄托着小朱的梦想——建立城市与农村的桥梁，将农户的高品质农副产品直接卖到城市家庭，让农民致富，也让城市居民享受到好的产品。

思考讨论题：

1. 开展农产品网络营销要注意哪些问题？有哪些难点？
2. 结合本案例，请谈谈如何通过网络营销来助力乡村振兴。

第 2 章 网络市场与网络消费者行为分析

学习目标

【知识目标】

（1）理解网络市场的含义。

（2）熟悉网络市场的演变历程与发展现状。

（3）熟悉我国网络用户现状及网络消费者的需求特点和趋势。

（4）熟悉影响网络消费者购买决策的因素。

（5）掌握网络消费者购买决策的过程。

【素质目标】

（1）树立正确的网络消费观。

（2）培养以消费者为中心的网络营销理念。

（3）提升洞察网络消费者行为变化的能力。

知识结构图

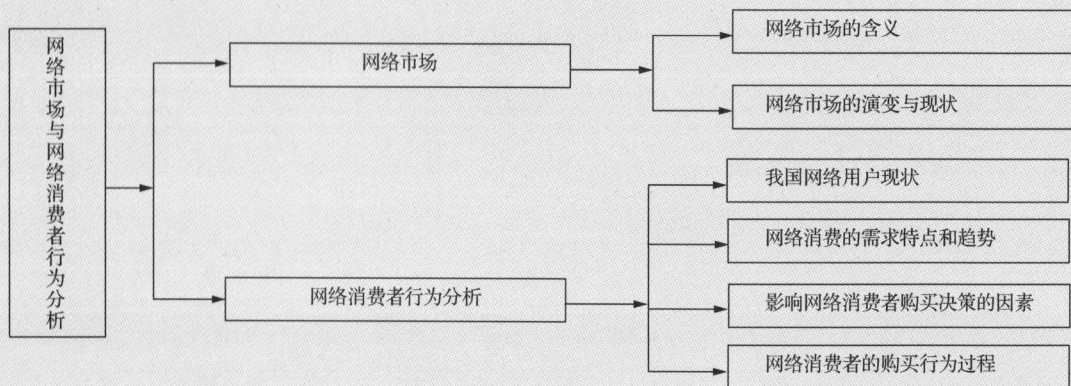

拼多多借电影《我和我的家乡》带动农货热销

2020 年国庆期间最大的电影票房黑马非《我和我的家乡》莫属。2020 年 10 月 9 日，国庆档电影榜单出炉，《我和我的家乡》以 18.7 亿元的票房成绩、4 732 万的观影人次独占鳌头。消费者在感受家乡巨变的同时，也纷纷以在线下单、实地旅游等形式对家乡的好货与美景投了支持"票"。

作为这部电影的官方合作伙伴，拼多多特别上线了"家乡好货"专区，并对应影片故事分别设置了京津冀、云贵川、江浙沪、西北和东三省销售专场，通过特色产品的集中展示、大规模的补贴让利，进一步带领消费者体验家乡风貌的深刻变化。消费者可在拼多多"家乡好货"专区页面选购各地的特色产品，如图 2-1 所示。

图 2-1　拼多多"家乡好货"专区页面

受电影感召，不少消费者对影片中涉及的陕西、贵州、浙江、辽宁等地产生了浓厚的兴趣。相关地区特色农产品和农副产品的销量随着电影票房一路上涨，国庆期间拼多多"家乡好货"专区的产品订单量已突破 1 亿单。

从各地热销产品来看，拼多多数据显示，10 月 1 日至 8 日期间，北京的糕点、河北的山楂等在京津冀专场中销量靠前。在假期消费的带动下，拼多多北京糕点类产品的订单量同比上涨近 70%。

云贵川专场的产品种类最多，从四川的丑橘、石榴，到云南的鲜花饼、土豆，再到贵州的辣椒、牛肉粉，热门产品不一而足。值得一提的是，电影中《天上掉下个 UFO》章节描述的黔货运输难题近年来已随着道路交通和物流基础设施的不断完善而逐步得到解决。

在拼多多"家乡好货"江浙沪专场中，江苏的螃蟹、糯米藕，浙江的梅干菜、水磨年糕等产品较受欢迎。此前，在长三角区域合作办公室和沪苏浙皖一市三省农业主管部门的共同指导下，包括太湖、固城湖、洪泽湖、长荡湖等在内的长三角大闸蟹优质产区联合拼多多共同成立了"长三角大闸蟹云拼优品联盟"，为消费者带来了众多优质产区的源头好蟹。

电影里陕西苹果在《回乡之路》章节中频繁曝光，现实中陕西苹果、冬枣、猕猴桃等牢牢占据着西北专场产品销量前三的位置；东三省专场则几乎是黑龙江大米、红肠，辽宁小米、果梨和吉林人参的天下。

随着平台商品补贴力度的不断加大、优惠举措的不断丰富，"家乡好货"专区的产品订单量仍在快速上涨。在拼多多5周年庆之际，平台希望与消费者分享生日的喜悦，助力家乡好货一起拼。

资料来源：经济日报—中国经济网。

2.1 网络市场

2.1.1 网络市场的含义

网络市场是指参与商品交易的各方以现代信息技术为支撑，以互联网或移动互联网为媒介，以实现信息沟通、交易谈判、合同签订、买卖交易及售后服务等各种市场职能的交易平台，具有实现资源合理流动、促进交换、快速反馈、直接导向4大功能。

按照交易的主体来分，当前的网络市场主要分为企业对消费者（Bussiness to Consumer，B2C）、企业对企业（Bussiness to Bussiness，B2B）、消费者对消费者（Consumer to Consumer，C2C）、企业对政府（Bussiness to Government，B2G）等多种类型。其中，企业对企业的网络市场也称企业电子采购平台，代表性的电商为阿里巴巴、慧聪网和中国化工网等。但一般网络消费者最为熟悉的还是企业对消费者及消费者对消费者这两大市场，其中天猫商城和京东商城是B2C的典型代表，淘宝网则是最大的C2C平台。

21世纪是网络市场高速发展的时代，网络市场高效、便捷、低成本的优势吸引了越来越多的企业积极参与。

2.1.2 网络市场的演变与现状

1. 网络市场演变的3个阶段

从网络市场交易的方式和范围来看，网络市场经历了3个发展阶段。

第一个阶段，生产者内部的网络市场。该阶段的基本特征是工业界内部为缩短业务流程和降低交易成本，采用电子数据交换系统进而形成网络市场。20世纪60年代末，西欧地区和北美地区的一些大企业利用电子方式进行数据、表格等信息的交换，两个贸易伙伴之间依靠计算机直接通信传递具有特定内容的商业文件，这就是所谓的电子数据交换（Electronic Data Interchange，EDI）。后来，一些工业集团开发出用于采购、运输和财务管理的标准，但这些标准仅限于工业界的贸易，如生产企业的EDI系统。这个系统可以将订货、生产和销售过程贯穿起来，从而形成生产者内部网络市场的雏形。

第二个阶段，国内的、全球的生产者网络市场和消费者网络市场。企业使用国际互联网向国内的或全球的消费者提供产品和服务，其发展的前提是个人计算机（Personal Computer，PC）的普及和网络技术的发展。这一阶段的基本特征是企业在互联网上建立一个站点，将企业的产品信息发布在网上供所有消费者浏览，或销售数字化产品，或通过网上产品信息的发布来推动实体产品的销售。从市场交易方式的角度来讲，这一阶段也可称为"在线浏览、离线交易"的阶段。

第三个阶段，信息化、数字化、电子化的网络市场。这是网络市场发展的最新阶段，其基本特征是虽然网络市场的范围没有发生实质性的变化，但网络交易方式却发生了根本性的变化，即由"在线浏览、离线交易"演变成了"在线浏览、在线交易"。这一阶段的最终到来取决于电子货币及电子货币支付体系的开发、应用、标准化及其安全性和可靠性的提升。

2. 我国网络市场的现状

中华人民共和国商务部发布的《中国电子商务报告2022》显示，2022年全国电子商务交易额达43.83万亿元，其中网上零售额达13.79万亿元，按可比口径计算，比上年增长4.0%。2011—2022年全国网上零售额如图 2-2 所示。2022 年我国实物商品网上零售额为 11.96 万亿元，按可比口径计算，比上年增长 6.2%，占社会消费品零售总额的比重由 2019 年的 20.7%上升到 27.2%。网络消费作为数字经济的重要组成部分，在促进消费市场蓬勃发展方面正在发挥日益重要的作用。另外，在带动就业方面，据电子商务交易技术国家工程实验室、中央财经大学中国互联网经济研究院、中国国际电子商务中心测算，2022 年，我国电子商务从业人数达 6 937.18 万人，同比增长 3.11%。

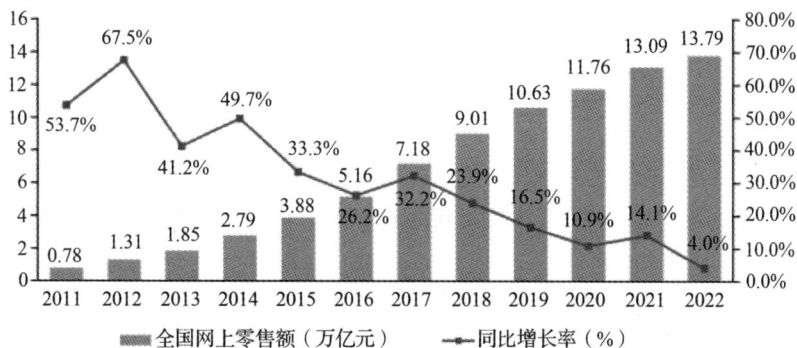

图 2-2　2011—2022 年全国网上零售额
资料来源：国家统计局

2022 年我国《政府工作报告》提出引导大型平台企业降低收费，减轻中小商户负担，对提振电子商务领域市场主体信心和扩大服务市场规模起到了促进作用。2022 年我国电子商务服务业营收规模达到 6.79 万亿元，同比增长 6.1%（见图 2-3）。其中，电商交易平台服务营收为 1.54 万亿元，同比增长 10.7%；支撑服务领域的电子支付、电商物流、信息技术服务等业务营收为 2.50 万亿元，同比增长 3.7%；衍生服务领域业务营收为 2.75 万亿元，同比增长 5.8%。

图 2-3　2011—2022 年全国电子商务服务业营收规模
资料来源：中华人民共和国商务部. 中国电子商务报告 2022[M]. 中国商务出版社，2023.

总体来看，现阶段我国电子商务在促消费、稳外贸、扩就业，以及带动产业数字化转型等方面做出了积极贡献，成为稳定经济增长和高质量发展的重要动能。

阅读资料 2-1　电子商务助力创造就业改善民生

电子商务催生了多样化的就业领域和职业类型，创造了一批新的职业形态，丰富了劳动者的职业选择。近年来，以电商主播、外卖骑手、快递小哥、网约车司机等为代表的新就业形态劳动者数量激增，电子商务在一定程度上成为就业的稳定器和蓄水池。随着数字经济与实体经济深度融合，产业数字化步伐加快，电子商务相关职业将会更好地发挥就业容量大、种类多样、层次丰富、进出灵活等优势，成为吸纳青年等重点群体创业就业的主阵地、提升居民劳动收入的新渠道，助力创造就业和改善民生。有关部门将从增强群体发展的可持续性、改革现有劳动力市场制度安排及强化权益保障等方面实施相关举措，完善电子商务相关职业设置，加强电子商务灵活就业人员劳动保障，优化就业公共服务，为电子商务领域高质量充分就业提供有力支持。《中华人民共和国职业分类大典（2022 年版）》首次标识 97 个数字职业，并将"电子商务服务人员"提升为职业小类。在此基础上，电子商务职业体系将逐步完善，高度专业化和细分化的新职业不断涌现，相关职业标准、技能培训和能力认定服务跟进，促进更多劳动者在电子商务领域实现就业。电子商务相关新职业将进一步激发劳动者的积极性、主动性和创造性，推动劳动者学习新知识、掌握新技能、增长新本领，电商平台企业也将更好地发挥吸纳就业和拓宽灵活就业渠道的先行者作用。

资料来源：中华人民共和国商务部. 中国电子商务报告 2022[M]. 中国商务出版社，2023.

2.2 网络消费者行为分析

2.2.1 我国网络用户现状

1. 我国网络用户规模

《第 53 次中国互联网络发展状况统计报告》显示，截至 2023 年 12 月，我国网民规模约达 10.92 亿人，较 2022 年 12 月增长 2 480 万人；互联网普及率达 77.5%，较 2022 年 12 月提升 1.9 个百分点。

在 2010 年之前，我国的网民规模与互联网普及率一直呈高速增长之势，但近年来，这两项指标的增长率明显下降，均低于 5%。这种变化趋势是由当前我国互联网已经较为普及的现状所决定的，因此未来我国网民规模与互联网普及率的增长还会进一步放缓。

2020 年 3 月至 2023 年 12 月我国的网民规模与互联网普及率如图 2-4 所示。

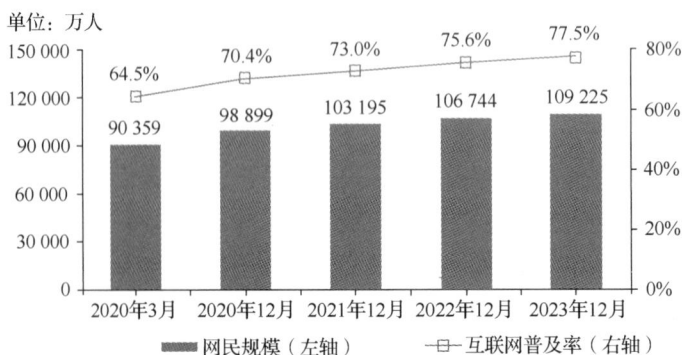

图 2-4 2020 年 3 月至 2023 年 12 月我国网民规模与互联网普及率

资料来源：中国互联网络信息中心发布的《第 53 次中国互联网络发展状况统计报告》。

截至 2023 年 12 月，我国 10.92 亿网民中使用手机上网的比例为 99.9%。近年来，我国手机网民规模及其占整体网民比例如图 2-5 所示。

统计数据表明，过去几年在手机网民规模激增之后，潜在手机网民已被大量转化，手机网民在整体网民中的占比已接近百分之百，未来由非手机网民向手机网民转化的网络用户将极为有限。但截至 2023 年 12 月，我国非网民仍有 3.17 亿人，这其中老年人居多，60 岁及以上非网民群体占非网民总体的比例为 39.8%。非网民群体无法利用网络，在出行、消费、就医、办事等日常生活中多有不便，无法充分享受智能化服务带来的便利。非网民向网民转化，仍有潜力可挖。电子商务企业需要依靠创新类移动应用来推动非网民向手机网民转化，以提升手机网民的规模。

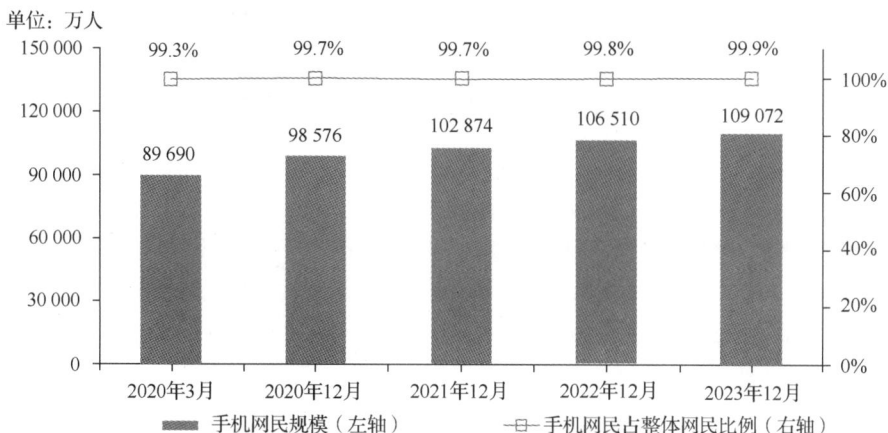

图 2-5　近年来我国手机网民规模及其占整体网民比例

资料来源：中国互联网络信息中心发布的《第 53 次中国互联网络发展状况统计报告》。

2. 我国网络用户结构特征

（1）性别结构。截至 2023 年 12 月，我国网民男女比例为 51.2∶48.8，与整体人口中男女比例基本一致。与 2020 年 3 月的统计数据相比，我国女性网民所占比例增加 0.7%。总体来说，我国网民的性别比例基本保持稳定。

（2）年龄结构。截至 2020 年 3 月，我国网民中 20—29 岁、30—39 岁群体的占比分别为 21.5%、20.8%，高于其他年龄段群体；40—49 岁网民的占比为 17.6%；50 岁以上网民群体的占比为 16.9%，互联网持续向中高龄人群渗透。而《第 53 次中国互联网络发展状况统计报告》显示，截至 2023 年 12 月，20—29 岁、30—39 岁、40—49 岁网民占比分别为 13.7%、19.2% 和 16.0%；50 岁及以上网民群体占比由 2022 年 12 月的 30.8% 提升至 32.5%，互联网进一步向中年群体渗透。

截至 2023 年 12 月，我国网民的年龄结构如图 2-6 所示。

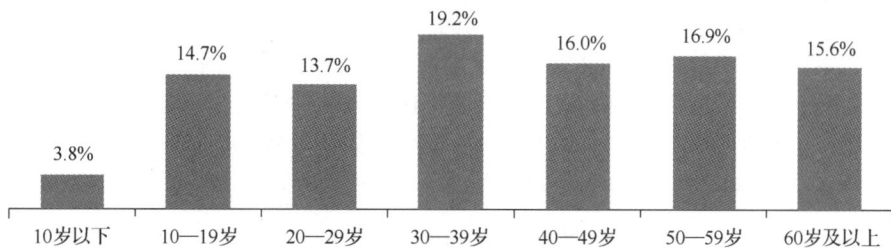

图 2-6　我国网民的年龄结构

资料来源：中国互联网络信息中心发布的《第 53 次中国互联网络发展状况统计报告》。

（3）城乡结构。截至 2023 年 12 月，我国城镇网民规模达 7.66 亿人，占网民整体的 70.2%；农村网民规模达 3.26 亿人，占网民整体的 29.8%。与 2023 年 6 月的数据相比，我国农村网民人数增加 0.25 亿，城镇网民人数增加 0.11 亿。

2022 年 12 月及 2023 年 12 月，我国网民城乡结构如图 2-7 所示。

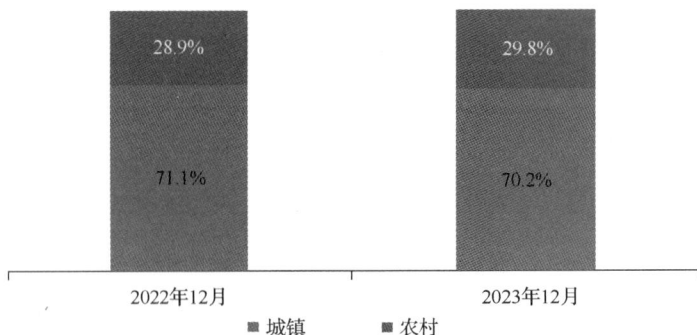

图 2-7　我国网民城乡结构

资料来源：中国互联网络信息中心发布的《第 53 次中国互联网络发展状况统计报告》。

阅读资料 2-2　农村电商创业的榜样

在浙江有一个名为"沙坪"的小村庄，人们过去主要以传统农业为生。但是随着时间的推移，年轻人陆续涌入城市去寻找更好的工作机会，留下来的多是年长者，村子的经济由此开始萎缩。然而，变革很快到来。一位名叫周召金的年轻人，从城市回到家乡，带回了一个新想法：开设淘宝店。他利用互联网的力量，开始在线销售当地的特产和工艺品。周召金的成功吸引了其他村民的注意，他们纷纷效仿，开设自己的在线商店。

沙坪很快从一个传统的农村变成了一个繁忙的电商中心，被誉为"淘宝村"。为了更好地服务这个日益增长的市场，阿里巴巴派出专家团队来沙坪，提供技术支持和培训，帮助村民们更好地管理他们的业务。

考虑到沙坪的地理位置偏僻，阿里巴巴与顺丰速运等快递公司合作，专门为沙坪村建立了一个物流中心。这大大缩短了货物的配送时间，使村民可以更快地将商品送到消费者手中。通过电商和物流的双重革新，沙坪实现了经济的飞速发展。现在的沙坪，不仅是电商的中心，更是无数农村电商创业的榜样。

3. 个人互联网应用发展状况

根据中国互联网络信息中心 2023 年 12 月发布的《第 53 次中国互联网络发展状况统计报告》，2023 年，我国各类互联网应用不断深化，用户规模持续增长，推动使用互联网的个人比例达到 90.6%。其中，网约车、在线旅行预订、网络购物、网络直播、互联网医疗的用户规模较 2022 年 12 月分别增长 9 057 万人、8 629 万人、6 967 万人、6 501 万人和 5 139 万人，增长率分别为 20.7%、20.4%、8.2%、8.7% 和 14.2%。2022 年 12 月及 2023 年 12 月各类互联网应用用户规模和网民使用率如表 2-1 所示。

表 2-1　各类互联网应用用户规模和网民使用率

应用	2023 年 12 月 用户规模/万人	2023 年 12 月 网民使用率	2022 年 12 月 用户规模/万人	2022 年 12 月 网民使用率	增长率
网络视频（含短视频）	106 671	97.7%	103 057	96.5%	3.5%
即时通信	105 963	97.0%	103 807	97.2%	2.1%
短视频	105 330	96.4%	101 185	94.8%	4.1%

应用	2023 年 12 月 用户规模/万人	2023 年 12 月 网民使用率	2022 年 12 月 用户规模/万人	2022 年 12 月 网民使用率	增长率
网络支付	95 386	87.3%	91 144	85.4%	4.7%
网络购物	91 496	83.8%	84 529	79.2%	8.2%
搜索引擎	82 670	75.7%	80 166	75.1%	3.1%
网络直播	81 566	74.7%	75 065	70.3%	8.7%
网络音乐	71 464	65.4%	68 420	64.1%	4.4%
网上外卖	54 454	49.9%	52 116	48.8%	4.5%
网约车	52 765	48.3%	43 708	40.9%	20.7%
网络文学	52 017	47.6%	49 233	46.1%	5.7%
在线旅行预订	50 901	46.6%	42 272	39.6%	20.4%
互联网医疗	41.393	37.9%	36 254	34.0%	14.2%
网络音频	33 189	30.4%	31 836	29.8%	4.3%

资料来源：中国互联网络信息中心发布的《第 53 次中国互联网络发展状况统计报告》。

2.2.2　网络消费的需求特点和趋势

网络消费是一种全新的消费方式，与传统的消费方式相比，网络消费需求呈现如下的特点和趋势。

1. 回归个性化消费

在早期手工作坊式生产阶段，企业无法对商品进行标准化的大规模批量式生产。在这一时期，消费者获得的商品是定制化的，消费方式属于个性化消费。工业革命之后，机器生产取代了手工生产，现代工厂代替了手工作坊，工业化和标准化的生产方式使得个性化消费被湮没于大量低成本、单一化的商品洪流之中。然而，消费者对个性化消费的追求永远都是客观存在的。互联网的迅速普及与现代制造技术的高速发展，使得企业满足消费者个性化消费需求成为可能。因此，在网络时代，个性化消费再度成为消费的潮流。

2. 消费需求的差异化明显

消费需求的差异是始终存在的，而当前网络消费者之间的需求差异比任何一个时期都要明显。这是因为网络营销没有地域上的界线，消费者可能来自本国市场，也可能来自地球另一端的某一个国家或地区。地域、民族、宗教信仰、收入水平及生活习俗上的差异造就了网络消费者较大的需求差异。因此，从事网络营销的企业要想取得成功，就必须认真思考这种差异，并针对不同消费者的需求差异，采取有针对性的方法和措施。

3. 消费者获取的商品信息更加充分

消费主动性的增强来源于现代社会的不确定性和人类追求心理稳定和平衡的欲望。网络消费者在做出购买决策之前，可以通过互联网主动获取欲购买商品的信息并进行比较，从而做出最佳的购买决策。

4. 对购买便利性的需求与对购物乐趣的追求并存

购买便利性是影响消费者购买行为的一个重要原因。一般而言，消费者的购买成本除了货币成本外，还有时间成本、精力成本等。购物中心无论离消费者有多近，总不及在网上购物方便。网络为消费者提供了便利的交易平台，也促使消费者对便利性有了更高的追求。此外，现代人生活方式的改变，使人与人之间面对面的沟通越来越少，为保持与社会的联系，减少心理孤独感，人们愿意花费大量的时间进行网络社交。因此在网上购物，消费者除了能够满足购物需求，还能排遣寂寞。

5. 价格是影响消费心理的重要因素

互联网经济是直接经济，由于大量中间环节的减少及销售终端费用的下降，网上销售的绝大多数商品的价格都要低于线下售价，这也是吸引消费者网上购物的重要原因。

6. 网络消费需求的超前性和可诱导性

电子商务构建了一个全球性的虚拟大市场，在这个市场中，先进和时尚的商品会以较快的速度与消费者见面。具有创新意识的网络消费者很容易接受这些新商品。从事网络营销的企业应充分发挥自身的优势，采用多种促销方法，启发、刺激网络消费者的新需求，唤起他们的购买兴趣，诱导网络消费者将潜在的需求转变为现实的需求。

案例分析

童装品牌纳桔的快速崛起

从法语专业毕业后，张艳加入了外交部援建项目组。当她带着公文包奔波在坦桑尼亚、安哥拉、刚果（布）的烈日下时，于楠刚从清华大学建筑系毕业，背着画板，在阿根廷、朝鲜、蒙古国等边旅行边工作，寻找创作灵感。

两个拥有完全不同人生轨迹的人，最终因创业走在一起。2014 年 10 月，回国后的张艳和于楠在上海酝酿成立了童装品牌 NATUNAKIDS（纳桔）。

纳桔定位于中高端消费人群。市场上的夏装单价集中于 80～200 元，有意思的是，纳桔客单价却高达 500～700 元。在日均客流中，老客户占八九成。

"熊孩子经济"，先搞定妈妈

张艳曾任多家跨国公司的市场部高管，而于楠曾就职于顶级奢侈品企业，她们是典型的一二线城市中产阶级高知白领。因此，她们决定做童装品牌时，很自然地圈定了这部分妈妈人群。

这部分妈妈大都是"80 后""90 后"，有足够的消费能力，且对品牌、品质有较高要求。而国内大多数童装品牌偏于大众化，定位中低端，因此她们常常通过代购国外的高端童装品牌来满足需求。她们普遍面临的痛点是小孩身体长得快，童装穿着时间短，代购的时间成本和价格较高。

从妈妈们的消费习惯出发，张艳认为，消费升级其实就是消费分化，使品牌定位和人群更加细分和精准。纳桔要做的就是让妈妈们买到品质稳定、性价比高的独立设计的童装。

从 2017 年开始，纳桔每周按照同一风格、同一品类上新，每次至少 5 款，以便妈妈们做出理智的选择。为了减少库存风险，张艳紧跟消费者数据对现货进行限量上新，基础款定量 400～500 件，设计款则约为 200 件，部分款式甚至采用预售模式。

纳桔的第一批粉丝，来自一次失败的产品经历。因为经验不足，纳桔生产的第一批产品存在细节瑕疵，因此两人决定通过微博免费派送。没想到，收到衣服的妈妈们并不觉得有缺陷，反倒对张艳两人对品质的高要求印象深刻。

从最初的 100 个粉丝开始，纳桔不断向粉丝讲述品牌故事，输送价值观，并通过建群沉淀了一批精准用户。

"纳桔不似一般童装品牌从童趣、童真、可爱着手，而是融入了'留住传统手工艺''公平贸易''留白教育''自然从容'等许多契合当下中产高知妈妈们的价值观和世界观。"张艳说。

良好的粉丝基础，让纳桔在产品设计上几乎从不追求潮流趋势。纳桔的粉丝们有自主意识和独立人格，清晰地知道自己想要什么。为搞定这些妈妈们，纳桔直接从粉丝社群运营中获取灵感，并将这些灵感用于产品设计。张艳介绍，虽然目前粉丝人数不多，但异常活跃，她可以直接在群里询问其对款式和材质是否满意，并可立马得到直接反馈。

设计师品牌也可以有高性价比

虽然定位为设计师品牌，但纳桔的产品结构及款式颇为平实。从材质上看，纳桔的产品共分为有机棉、丝绵、羊毛、羊绒 4 个品类。从产品结构上看，纳桔坚持基础线和设计线"两条腿走路"，其中普通简洁的夏季 T 恤、短裤等基本款占到七成以上；设计款则更注重仪式感，如每年新年推出的红丝绒系列、庆"六一"纱裙系列和夏天的纯手工编织衣物等。

虽然对于基础款设计师来说发挥空间有限，产品容易被复制，无法形成清晰的品牌定位和品牌形象，而且毛利通常不高，但有意思的是，这样的产品结构反倒促成了纳桔的高客单价，而易搭配、替换性强是主要原因。

对此，张艳的解释是："设计师语言有时候太自我，但这并不是从消费者的真正需求出发。'纳桔'没有品牌包袱，不会拘泥于国内环境的审美，也不介意挖掘最基础的需求。"

通过内容生产，服装产品正在成为品牌与消费者沟通的有效媒介。每年年初，张艳都会进行全年的产品策划，并辅以系列主题。张艳介绍，一般情况下，主题先行，文案在后，最后完成视觉创作和照片拍摄。这些步骤很难标准化，但都始终聚焦于服务内容本身。

纳桔坚持从源头做起，将设计、打版、初样、面料及大货生产全链路牢牢抓在自己手中。相比那些将各个环节都交给工厂的商家，纳桔的整个周期要长 2～3 个月，而且试错成本高。

但对于初创品牌来说，张艳清楚搭建供应链的重要性。最开始，纳桔的供应链资源来自此前于楠在服装领域的积累。之后，张艳针对性地跑展会，接触大量面料及生产供应商，甚至远赴青海、新疆等地探索新的工艺。而为了保持高性价比，纳桔目前的策略是牺牲部分利润空间，先做品牌。

案例分析： 消费是我们每一个人生活的组成部分。消费活动就发生在我们周围，我们在每天的生活中都是在不断地选择品牌。人们的行为可以比喻为海上露出的冰山一角，冰山的 90% 都在海水下面，只有 10% 露出海面。影响消费者行为的大部分因素也被埋在消费者心灵深处。而对于儿童消费者来说，其消费行为更具独特性。因为主导儿童消费的不是消费者本人，而是其家人，尤其是孩子的妈妈。纳桔深谙此道，通过了解孩子妈妈的真正需求，准确定位商品，不断通过网络沟通培养忠诚客户，从而利用粉丝效应赢得良好的口碑，最终塑造了品牌形象，并在网络市场中赢得了一席之地。

2.2.3　影响网络消费者购买决策的因素

网络消费者的购买决策除了受个人因素，如个人收入、年龄、职业、学历、心理、对网络风险的认知等因素的影响之外，还受到网购商品的价格、购物的便利性、商品的选择范围、商品的时尚性与新颖性等因素的影响。

1. 消费者的个人因素

网上购物与传统购物方式有不同的特点。要实现网上购物，消费者需要一定的软硬件基础，同时也需要具备一定的网络知识。一般来说，年轻的、高学历的、高收入的、对网络风险有着正确认知（受消费者网络知识、学历、职业等因素影响）的消费者更倾向于在网上购物。不过随着网络的不断普及，越来越多的消费者加入了网购的群体。

2. 商品的价格

一般来说，价格是影响消费者心理及行为最主要的因素，即使在今天消费者收入普遍提高的时代，价格的影响仍然是不可忽视的。只要商品价格降幅超过消费者的心理预期，消费者通常就会迅速采取购买行动。网络的开放性和共享性使得消费者可以第一时间方便地获得众多不同商家最新的报价信息，因而在同类商品中价格占优势的商品更能得到网络消费者的青睐。

3. 购物的便利性

购物的便利性是影响网络消费者购物的重要因素之一。这里的便利性是指消费者在购物过程中能够节省更多的时间成本、精力成本和体力成本。在网上购物模式下，消费者可以坐在家中与卖家达成交易，足不出户即可获得所需的商品或服务。网上购物顺应了现代社会消费者对便利性的追求，因而为越来越多的消费者所接受。

4. 商品的选择范围

商品的选择范围也是影响消费者购物的重要因素。在网络平台上，消费者挑选商品的范围大大拓展。网络为消费者提供了多种搜索工具，借助搜索工具，消费者可以方便快速地获得所需商品的信息，通过比较和分析，消费者很容易做出最终的购买决策。

5. 商品的时尚性与新颖性

追求商品的时尚性与新颖性是许多网络消费者重要的购买动机。这类消费者特别重视商品的款式、格调和流行趋势。他们是时髦的服饰、新潮的数码商品的主要购买者。因此，时尚、新颖的商品更能激发这类网络消费者的购买欲望。

2.2.4 网络消费者的购买行为过程

微课堂
网络消费者的购买行为过程

与线下购买行为类似，网络消费者的购买行为在实际购买之前就已经开始，并且延长到购买后的一段时间，有时甚至是一个较长的时期。具体的购买行为过程大致可分为诱发需求、收集信息、比较选择、购买决策和购后评价等不同的阶段。

1. 诱发需求

网络消费者购买行为的起点是诱发需求，即消费者在内外部因素刺激下产生的对某种商品或服务的购买欲望。这是消费者做出购买决策的基本前提。

开展网络营销的企业需要了解消费者的现实需求和潜在需求，了解在不同时间段消费者产生这些需求的程度，了解这些需求是由哪些刺激因素诱发的，进而采取相应的促销手段（如网络广告、打折、赠品、口碑传播等）去吸引更多的消费者，激发他们的需求。

2. 收集信息

需求被唤起之后，每个消费者都希望自己的需求能够得到满足。所以，收集信息、了解行情成为消费者购买行为过程的第二个阶段。在这个阶段消费者的主要工作就是收集商品的有关资料，为下一步的比较选择奠定基础。

消费者在网上购物的过程中，主要通过互联网收集商品信息。与传统购买方式不同，消费者在网上进行购买信息的收集具有较大的主动性。一方面，消费者可根据已了解的信息，通过互联网跟踪查询；另一方面，消费者又在网上浏览中寻找新的购买机会。

3. 比较选择

比较选择是购买行为过程中必不可少的阶段。消费者对通过各种渠道收集而来的资料进行比较、分析、研究，从而了解各种商品的特点及性能，从中选择最为满意的一种。一般来说，消费者的综合评价主要考虑商品的功能、质量、可靠性、样式、价格和售后服务等。通常，消费者对一般消费品和低值易耗品较易选择，而对耐用消费品的选择比较慎重。

由于在网上购物不直接接触实物，因此网络消费者对商品的比较主要依赖于企业对商品的描述，包括文字的表述、图片的展示和视频的介绍等。企业对自己的商品描述得不充分，就不能吸引众多的消费者；但如果过分夸张地描述，甚至带有虚假的成分，则可能永久地失去消费者。对这种分寸的把握，是每个从事网络营销的企业都必须认真考虑的。

4. 购买决策

网络消费者在完成对商品的比较选择后，便进入购买决策阶段。购买决策是指网络消费者在购买动机的支配下，从两件或两件以上的商品中选择一件满意商品的过程。

购买决策是网络消费者购买活动中最主要的组成部分，基本上反映了网络消费者的购买行为。与传统购买方式相比，网络消费者的购买决策主要呈现以下两大特点。

一是网络消费者理智动机所占比重较大，而感情动机所占比重较小。这是因为消费者在网上寻找商品的过程本身就是一个思考的过程。网络消费者有足够的时间仔细分析商品的性能、质量、价格和外观，从而从容地做出自己的选择。

二是网上购买受外界影响较小。消费者通常是独自上网浏览、选择，受身边人的影响较小。因此，网上购物的决策较之传统的购买决策要快得多。

网络消费者在决定购买某种商品时，一般须具备以下 3 个条件。第一，对企业有信任感；第二，对支付有安全感；第三，对商品有好感。

因此，树立企业形象，提升支付的安全保障，改善商品物流方式及全面提高商品质量，是每个参与网络营销的企业必须重点抓好的 4 项工作。

5. 购后评价

消费者购买商品后，往往通过对自己的购买行为进行检验和反省，重新考虑这种购买是否正确、效用是否满意、服务是否周到等问题。这种购后评价往往决定了消费者今后的购买动向。

本章实训

【实训主题】我国网民属性结构及变化

【实训目的】对我国网民的属性结构进行纵向研究，并在研究的基础上撰写研究报告。

【实训内容及过程】

（1）登录中国互联网络信息中心网站，下载最近五年的《中国互联网络发展状况统计报告》。（注：该报告由中国互联网络信息中心独家发布，每隔半年推出一份新的报告，免费供所有网络用户下载及使用。）

（2）对研究报告中有关网民属性结构的内容进行纵向研究，分析近 5 年来的变化趋势，在此基础上完成表 2-2 的填写。

表 2-2　近 5 年来我国网民属性结构的变化

网民属性结构类别	近 5 年的变化趋势总结
性别结构	
年龄结构	
学历结构	
职业结构	
收入结构	

（3）根据以上研究，以小组为单位撰写一篇不少于 2 000 字的研究报告。要求包含以下核心内容：①我国网民属性结构的变化趋势与变化规律分析；②我国网民属性结构的变化对企业今后开展网络营销活动的启示。

（4）提交最后的研究报告，并做成 PPT 在班级进行展示。

【实训成果】

实训作业——《近5年我国网民属性结构的变化及其对企业网络营销活动的启示》。

练 习 题

一、单选题

1．网络市场发展的第一个阶段是（   ）。

　　A．生产者内部的网络市场

　　B．国内的、全球的生产者网络市场和消费者网络市场

　　C．信息化、数字化、电子化的网络市场

　　D．以上均不正确

2．2022年，全国电子商务交易额达（   ）万亿元。

　　A．35.2　　　　　　B．38.6　　　　　　C．40.81　　　　　　D．43.83

3．截至（   ），我国网民规模达10.79亿人。

　　A．2021年12月　　B．2022年6月　　C．2022年12月　　D．2023年6月

4．信息化、数字化、电子化的网络市场属于网络市场演变的（   ）阶段。

　　A．第一个　　　　　B．第二个　　　　　C．第三个　　　　　D．第四个

5．以下哪一项不属于网络消费的需求特点？（   ）

　　A．价格是影响消费心理的重要因素

　　B．对购买方便性的需求与对购物乐趣的追求并存

　　C．消费需求的差异化明显

　　D．消费者需求逐渐趋同

二、多选题

1．下列有关我国网络用户结构特征的描述，正确的有（   ）。

　　A．在网民群体中，我国网民男女比例与整体人口中男女比例基本一致

　　B．截至2020年6月，我国网民中20—29岁、30—39岁群体分别占21.5%、20.8%，高于其他年龄段群体

　　C．截至2020年6月，我国网民中30—39岁群体占比最高

　　D．当前我国互联网进一步向中年群体渗透

　　E．近年来，我国农村地区网民规模增长率和互联网的普及率增速均超过城镇地区

2．截至2023年6月，我国各类互联网应用用户规模排名位居前三的是（   ）。

　　A．网络直播　　　　B．即时通信　　　　C．网络视频（含短视频）

　　D．短视频　　　　　E．网络支付

3．能够造成网络消费者需求差异较大的因素有（   ）。

　　A．地域　　　　　　B．民族　　　　　　C．宗教信仰

　　D．收入水平　　　　E．生活习俗

4．网络消费者在决定购买某种商品时，一般必须具备哪3个条件？（   ）

　　A．对物流有信任感　　　　　　　　　　B．对企业有信任感

　　C．对支付有安全感　　　　　　　　　　D．对自己的判断力有信心

　　E．对商品有好感

5．网络消费者的购买行为过程包括（　　　）。

 A．诱发需求   B．收集信息   C．比较选择

 D．购买决策   E．购后评价

三、名词解释

1．网络市场 2．电子数据交换 3．购买决策 4．购后评价

四、简答及论述题

1．从网络市场交易的方式和范围看，网络市场经历了哪3个发展阶段？

2．网络市场的功能主要体现在哪几个方面？

3．试论述网络消费的需求特点和趋势。

4．试论述网络消费者的购买行为过程。

5．试论述影响网络消费者购买决策的主要因素。

案例讨论

抖音爆款 IP 炼成记

随着 Z 世代逐渐成为消费主力，用户交流和体验愈发个性化，品牌也在寻找与年轻消费力量保持统一战线的新路径。尤其是在经历短暂"休整期"、消费者"补偿性消费"势头萌发的当下，奢侈品企业应该如何把握新型消费孕育的短暂市场机会，为自己赢得一席之地？

全球高端奢侈品先锋 LVMH 集团旗下唯一专业彩妆品牌 Make Up For Ever（简称 MUFE）在抖音平台打造出一系列创新直播内容和高阶互动玩法，全面带动用户群体参与，精准击中"不施粉黛"已久的美妆消费主力军心智，呈现了一场声量和效果俱佳的美妆消费复兴浪潮。LVMH 与抖音商业化强强联合的营销大事件，在成功引领 MUFE 品牌先锋前卫风范的同时，也为激烈竞争环境下的奢侈品及美妆行业，提供了全面快速掌握抖音营销技能、实现品效突围的良方。

1．蓄势期：打造首个线上彩妆学院，强势"种草"沉淀私域流量

在商场等线下美妆消费场景"暂停营业"的特殊时期，探索线上消费场景成为每个品牌的必修课。MUFE 作为国际美妆先锋，将全球殿堂级彩妆学院"搬到"抖音平台上，利用原有彩妆师资源，让专业的线下试装教学场景以"直播"形式呈现，为消费者带来"云逛街"的全新体验。从 3 月 8 日"女王节"起，彩妆学院的资深彩妆师化身"美妆直播达人"，在@MakeUpForEver 中国抖音品牌号上开启持续两个月的接力直播，涵盖线下探访、彩妆教学、产品测评等丰富内容，紧随当下流行趋势，全面满足消费者群体的花式美妆需求，受到大量用户追捧，无形中完成了对品牌产品的强烈"种草"。同时，基于推荐流、Live Feeds、直播间等抖音直播全链路营销资源，用户群体可以实现从浏览到点击再到购买、分享和回顾的消费全流程，进一步促成 MUFE 品牌粉丝沉淀。

2．爆发期：超级挑战赛造势+名人达人引领，全民共创引爆声量

抖音挑战赛作为打造爆款内容的营销利器，是品牌引流不可或缺的技能。MUFE 前期完成种子用户积累后，在抖音发起"花式不脱妆"超级挑战赛，开创新颖的创意互动玩法，借助"名人+达人"的粉丝效应，引发全民跟拍创作热潮，助推品牌频频霸榜热搜。MUFE 基于中国区品牌大使、青春偶像黄××的号召力和影响力，借助抖音 TopView 第一眼震撼视觉冲击，通过 IDOL 趣味定制素材和代言官方素材配合，兼顾互动和转化，锁定达人粉丝群体、爱好时尚潮流的美妆客群，多维度定向投放，为挑战赛引流。同时，从挑战赛主题中衍生抖音定制黄××"吃火锅不脱妆"和"跳舞不脱妆"话题，首创视频弹

幕形式，营造"实时围观"的热度效果：联动蓝 V 主题定制文字链、蓝 V 主页下拉星粉通自定义磁铁等落地页资源，增强名人粉丝间的互动体验氛围，为挑战赛预热做足势能。

3. 转化期：国际美妆首个小店开业，打通转化链路效果显著

作为抖音生态系统中的一环，小店能有效帮助商家拓宽变现渠道，提升流量价值。MUFE 经过充足准备后，快速开通小店，协同多方资源制造"开业直播最强音"。在关键选品环节，MUFE 通过丰富、定制的彩妆产品体系和独家折扣优惠福利在第一时间"吊足胃口"。基于优质选品保障，MUFE 集结已经具有丰富直播经验的专业彩妆大师，在 5 月 8 日小店开业之时，进行 11 小时的连续霸屏直播，迅速聚拢用户强势围观。其间，彩妆师还与拥有千万量级粉丝的某美妆博主连麦互动，充分调动直播间的气氛，全面激活用户群体抢购热潮。

不仅如此，太古里门店探店、海报特效等线上场景的精心布局，有效提升了用户群体"身临其境"的参与感，无形中促进"拔草"转化。高性价比、便捷流畅的购物通道的构建，帮助 MUFE 大大短缩消费路径，形成高效"拔草"的营销闭环。在 MUFE 官方抖音账号粉丝基础、达人粉丝强势聚集和抖音流量扶持三方力量汇聚下，品牌热度一路高涨，流量转化效果显著。"彩妆师+达人"的超长直播带来 1 000 万的曝光量，总下单金额突破 430 万元，远超预期 3 倍。其中，主推明星单品小散粉 20 小时售出 1.7 万件，登顶人气好物第一名。

资料来源：搜狐网。

思考讨论题：

1. 在注意力稀缺的网络时代，企业该如何吸引消费者的关注？
2. 结合本案例，请谈谈网络促销成功的关键是什么。

第 3 章　网络营销调研

学习目标

【知识目标】

（1）理解网络营销调研的内涵。

（2）了解网络营销调研的优势与不足。

（3）熟悉网络营销调研的过程。

（4）掌握网络营销调研的方法。

（5）掌握网络营销调研的策略。

【素质目标】

（1）培养正确的网络营销调研理念。

（2）提升撰写高水平网络营销调研报告的写作素养。

（3）提升独立开展网络营销调研活动的能力。

知识结构图

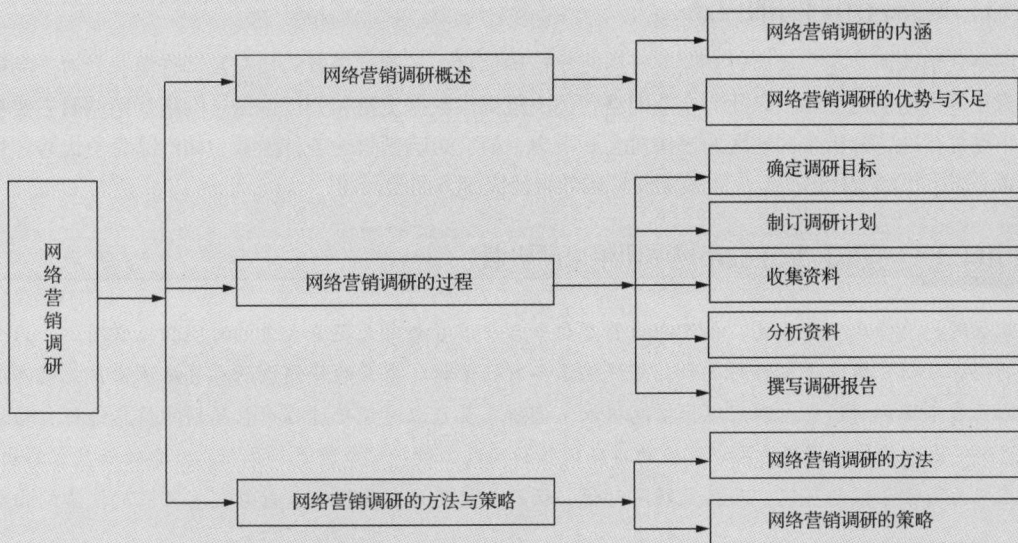

用调研赢得市场

电商平台计算机数码产品的市场竞争非常激烈，但 A 平台却能在激烈的竞争中一枝独秀，笔记本电脑的在线市场份额占比超过了 75%，也就是说线上每售出 4 台笔记本电脑，至少有 3 台来自 A 平台。这既是 A 平台计算机数码"行业第一"实力的证明，更是用户对 A 平台信任的体现。

这一切都离不开 A 平台用户直连制造商（Customer to Manufacturer, C2M）对用户需求的探索。早在 C2M 的摸索阶段，A 平台就以"用户深访"的形式对不同行业的用户需求进行调研，发现了上班族和游戏玩家对笔记本电脑的不同需求点。

对于 A 平台来说，用户才是最好的产品经理，除了开拓细分市场，A 平台更是从细节入手，不断为用户打造"爆款"产品。在产品设计上，A 平台挖掘用户的每一个需求点，反向推动品牌厂商创新研发。依托 A 平台大数据，用户在选购、下单、收货、评价反馈的每一步都成了 A 平台的评估参数，用户浏览哪种规格的产品较多，用户在页面停留时间的长短都关乎着"用户喜好"。

A 平台还将用户喜好传达给品牌厂商，助推"爆款"笔记本电脑的诞生。例如，计算机制造商 B 企业的拯救者 Y7000P 便是由 A 平台 C2M 反向定制打造的一款"现象级"爆款产品。除 B 企业的拯救者 Y7000P 外，A 平台 C2M 还打造了一系列其他笔记本电脑厂商的爆款产品。

资料来源：改编自 CIVMO 新闻。

3.1　网络营销调研概述

互联网作为一种新的信息传播媒体，因其高效、快速与开放的特性为企业开展营销调研提供了一条便利途径。通过网络开展营销调研可以有效地提高调研的效率，因此，目前在营销调研中，网络营销调研所占的比重越来越高。

3.1.1　网络营销调研的内涵

网络营销调研是指企业通过互联网开展收集市场信息、了解竞争者的情报及调查消费者对产品或服务的意见等市场调研活动，以此为企业网络营销决策提供数据支持和分析依据。网络营销调研主要在于探索市场可行性，分析不同地区的销售机会和潜力，研究影响销售的各种因素，如产品竞争优势、目标消费者心态、市场变化趋势、广告监测与广告效果研究等方面的问题。

阅读资料 3-1　互联网给企业市场调研带来新机遇

互联网是消费者发表意见、相互沟通的重要平台。消费者每天花费大量的时间在互联网上，为企业的市场调查及研究搭建了良好的平台，并提供了丰富的素材。企业的营销调研人员足不出户，就可以通过网络开展市场调研活动。利用现代信息技术，调研人员可以对调研过程中收集到的信息进行自动化处理，迅速得出有价值的调研结果。传统的市场调研利用人工进行信息收集和分析，效率较低且容易出错，也存在人为因素干预的可能。而在互联网时代，调研人员运用大数据、云计算技术可以对搜集到的数据信息进行自动化、快捷化的整合处理，在短时间内即可得出更具客观性的调研结果，从而帮助企业更好地完成市场调研工作。

网络营销调研的主要内容如下。

1. 消费者的需求特征

网络消费者的需求特征及其变化趋势调查是网络营销调研的重要内容。利用互联网了解消费者的需求状况，首先要识别消费者的个人特征，如地址、性别、年龄、职业等。为鼓励消费者填答问卷和保护消费者的隐私信息，企业在调查中要采取一些技巧，从侧面了解、印证与推测有用的信息。

2. 企业产品或服务的信息

企业可通过网络营销调研了解企业当前所提供的产品或服务的市场地位、消费者反应等，将其与消费者需求进行对比，找出差距。企业现有产品或服务的相关信息包括产品供求状况、市场容量、市场占有率、消费者满意度、产品或服务销量变化、消费者建议等。

3. 目标市场信息

目标市场信息主要包括市场容量、产品供求形势、销售份额、市场开发潜力、市场存在的问题、竞争格局等。

4. 竞争对手及其产品信息

竞争对手分析主要包括分析竞争对手是谁，其实力如何、竞争策略是什么、网络营销战略定位是怎样的、发展潜力如何等，对于竞争产品则主要了解产品的市场占有率、广告手段、消费者满意度、销量变化等。

5. 市场宏观环境信息

企业在做重大网络营销决策时，必须对市场宏观环境进行分析，包括政治、法律、经济、文化、地理、人口、科技等各个方面。该类宏观信息可以通过相应的网站或相关文献获取。此外，企业还应根据实际情况了解合作方、供应商、中间商等相关信息。

3.1.2 网络营销调研的优势与不足

网络营销调研是企业通过互联网开展的调研活动，因而与传统市场调研相比，具有较为显著的差异，其中既有优势，也有不足。

1. 网络营销调研的优势

概括来讲，网络营销调研主要具有以下几个方面的优势。

（1）经济、高效。企业进行网络营销调研时是不受时空限制的，不需要派出专人开展实地调查，仅在网络上即可完成。而且信息的收集和录入也是通过网络用户的终端直接完成的，大大提高了市场调研的工作效率。

（2）准确、及时。在传统的营销调研方式中，受访者多是被拦截或抽取到的，在回答问题时相对被动。而网络营销调研的受访者多数是对问卷内容感兴趣的人，回答问题时更可能是经过认真思考和亲身体验的。因此，网络营销调研的结果相对真实可靠。同时，由于信息在网络上传递十分迅速，网络营销调研可以保证企业及时获得调研信息。

（3）易于接受。美国的唐纳·米切尔（Donna Mitchell）教授曾对网络营销调研与传统调研的效果进行对比研究，结果表明，受访者认为网络调研更重要、更有趣、更愉快、更轻松。在网络营销调研中，受访者愿意回答更多的问题，而且反馈的信息更坦白。此外，网络营销调研一般采用匿名提交的方法，可以更好地为受访者保密，使受访者更易于接受此类调研。

2. 网络营销调研的不足

除了以上优势，网络营销调研还存在着一些不足。

（1）覆盖范围受限。网络营销调研的覆盖范围是指网络营销调研对象占调研目标总体的比率。其中，目标总体是调研所涉及的总体对象，网络营销调研对象是指普通网民。但在某些时候、某些地方，调研可能会因网络不普及而使调研覆盖范围受限。

（2）对象缺乏代表性。愿意接受网络营销调研的网民以中青年人居多，这使得网络营销调研对象难以具有真正的代表性。如果一家经营老年保健品的企业希望通过市场调研获取目标消费者的需求信息，网络调研这种方式就不太适合。

（3）过程难控制。网络营销调研较多采用网络问卷的方式进行。由于网络的虚拟性，调研人员很难控制调研过程，如无法防止调研对象以外的人填写调研问卷等，而这些问题可能带来调研结果的偏差。

由于网络营销调研存在以上不足，并非所有的营销调研都可以只通过互联网来实现，所以营销管理者在进行市场调研之前要先考虑调研范围是否适用网络营销调研。

3.2 网络营销调研的过程

与传统营销调研一样，网络营销调研应遵循一定的方法和步骤，才能保证调研质量。通常，网络营销调研的实施过程如下。

3.2.1 确定调研目标

确定调研目标是网络营销调研的首要任务。调研目标既不可过于宽泛，也不能过于狭窄，要明确地界定调研目标并充分考虑网络调研成果的实效性。在确定调查目标时，企业应考虑企业的消费者或潜在消费者是否上网、企业的网络消费者群体规模是否足够大、网络消费者群体是否具有代表性等一系列问题，以保证网络营销调研结果的有效性。

3.2.2 制订调研计划

制订可行的网络营销调研计划包括确定资料来源、营销调研的对象、调查方法、抽样方案，以及规划调研进度及经费预算等。

（1）确定资料来源。企业首先应考虑为实现调研目标需要哪些类型的资料，是一手资料还是二手资料。

（2）确定营销调研的对象。网络营销调研的对象，主要分为企业面向的消费者或潜在消费者、企业的竞争对手、企业的合作者和行业内的中立者4类，前两类是调研中经常选择的对象。

（3）确定调查方法。网络营销调研经常使用的方法有网络问卷调查法、网络讨论法、网络观察法、网络文献法等，企业应根据实际情况选择其中的一种或多种。

（4）确定抽样方案，包括抽样单位、样本规模及抽样程序等。抽样单位是抽样的目标总体。样本规模则涉及调研结果的可靠性，因此样本数量需足够大，并包括目标总体范围内所能发现的各类样本。而在制定抽样程序时，应尽量采用随机抽样。

（5）规划调研进度及经费预算。在网络营销调研计划中，规划调研进度及经费预算是对调研时间和调研经费的预先安排与筹划，旨在确保调研工作按计划有序进行，并合理预估所需费用，以保障调研工作的顺利完成。

3.2.3 收集资料

网络通信技术的迅速发展，使信息搜集变得非常简单。在传统的调研过程中，调研者需整理纸质问卷，手工录入数据；而在网络营销调研中，企业只需将访问者反馈的信息进行下载、归类，或直接从网上下载相关数据即可。

3.2.4　分析资料

在网络营销调研中，信息分析非常重要，它直接关系到信息的使用和企业的决策。调研者如何从数据中提炼与调查目标相关的信息，会直接影响最终的调研结果。在这一阶段，调研者需要抱着耐心细致的工作态度，善于归纳总结，去粗取精，去伪存真。同时，分析资料时还需要掌握相应的数据分析技术和借助先进的统计分析工具。常用的数据分析技术包括交叉列表分析、概括分析、综合指标分析和动态分析等，而目前国际上较为通用的分析软件有 SPSS、SAS 等。

阅读资料 3-2　SY 网"体验口碑营销"中的数据调研

SY 网是一个专门给用户提供免费的试用品的平台。用户在 SY 网进行注册，即可免费领取企业提供的试用品。用户在试用了某个产品或服务后，必须提交试用心得，供企业获取市场和用户数据。

SY 网在为消费者提供产品试用、评论分享、折扣优惠等体验的同时，也为企业提供进行品牌推广、获取销售线索、开展市场调研、建立用户俱乐部等全方位的营销推广服务。

SY 网主打的旗号"体验口碑营销"，是指企业以用户为中心，让潜在消费者亲身体验其产品和服务，产生好感，形成购买和口碑传播。这种营销方式不仅可以为试用产品选择合适的消费者，而且能够通过对申请使用者的信息分析，为企业提供市场调研数据，让企业在今后的营销中有的放矢。同时，SY 网鼓励试用者在获得试用体验机会后对产品进行评价和反馈，帮助企业改善产品。

3.2.5　撰写调研报告

撰写调研报告是整个网络营销调研活动的最后阶段。调研报告一般包括标题、摘要、目录或索引、正文、结语、附录等部分。

1. 标题

标题是对调研报告本质内容的高度概括。一个好的调研报告，其标题不仅能直接反映报告的核心思想和基本内容，还会因为它揭示的深刻内涵引发读者强烈的阅读欲望。所以，标题要开宗明义，做到直接、确切、精练。

2. 摘要

摘要是对本次网络营销调研情况的简要说明，主要用高度概括的语言介绍此次调研的背景、目的、意义、内容、方法和结论等。

3. 目录或索引

调研报告如果内容较丰富，页码较多，从方便阅读对象的角度出发，应当使用报告目录或索引，将报告文本的主要章、节、目及附录资料的标题列于报告之前，在报告目录中写明章、节、目的标题及号码和页码。

4. 正文

正文是调研报告陈述情况、列举调查材料、分析论证的主体部分。在正文部分，报告必须真实、客观地阐明全部有关论据，包括从问题的提出到引出的结论、论证的全部过程及与之相联系的各种分析研究的方法。

此外，正文的内容结构也要精心安排，基本要求是结构严谨、条理清楚、重点突出。要做到这几点，就要将调查得到的数据、材料、图表、观点等进行科学分类和做符合逻辑的安排。

5. 结语

结语是调研报告的结束部分，没有固定的格式。一般来说，这部分内容是对正文的概括和归纳，是对调研报告主要内容的总结。有的结语会强调报告所论及问题的重要性，以提示阅读者关注；有的会提出报告中尚未解决的问题，以引起重视；有的则和盘托出解决问题的办法、建议或措施。无论是哪种结语，其结论和建议与正文的论述都要紧密对应，不要重复，以免画蛇添足。

6. 附录

附录是对正文内容的必要补充，是用以论证、说明或进一步阐述正文内容的某些资料，如调查问卷、调查抽样细节、原始资料的来源、调研获得的原始数据图表（正文一般只列出汇总后的图表）等。

相关人员撰写调研报告不应简单堆砌数据和资料，而应在科学分析数据后，整理得出相应的有价值的结果，为企业制定营销策略提供依据。在撰写调研报告前，相关人员要先了解报告阅读者希望看到的报告形式及期望获得的信息。调研报告要清晰明了、图文并茂。相关人员在写作的过程中还要注意语言规范，不能太过口语化，以免阅读者对调研报告的准确性产生怀疑。

案例分析

M 外卖平台"春节宅经济"报告

2020 年 2 月 19 日，M 外卖平台发布的《2020 春节宅经济大数据》报告显示，春节期间 M 外卖平台烘焙类商品的搜索量增长了 100 多倍。同时，蔬菜、肉、海鲜等食材类商品的平均销量环比增幅达 200%，香菜以近百万份销量，与土豆、西红柿等一并登上"国民蔬菜榜"。

春节期间，人们开发了钻研厨艺这项"娱乐行为"，导致 M 外卖平台上购买非餐饮类商品的平均客单价增长了 80.7%。报告显示，M 外卖平台上烘焙类商品的搜索量增加了 100 多倍，带动酵母/酒曲类商品销量增长近 40 倍，饺子皮销量增长 7 倍多。

在家研究做菜的人也在增加。数据显示，春节期间，葱、姜、蒜售出 393 万份，酱油、醋、十三香等各式调味料的总体销量增长 8 倍多。在 M 外卖平台买菜食谱中，家常菜、烘焙、滋补靓汤、冬季养生、应季时蔬、无辣不欢等菜谱最受欢迎。

从购物人群年龄看，使用 M 外卖购物的人中，有 1% 出生于 1970 年之前，36% 的消费者是"80 后"，"90 后"以 53% 的比例牢牢占据主力军位置，推动方便面、豆干、饮料、膨化食品、叶菜成为 2020 年 1 月商品销量的 Top5，堪称"宅家快乐 5 件套"。

报告数据显示，2020 年 1 月，蔬菜、肉食海鲜等各类食材销量的平均环比增幅达到 200%，生菜、香菜、油菜等叶菜整体销量最高，达 814 万份。其中，香菜的销量接近百万份，土豆、西红柿、洋葱、胡萝卜等各自的销量与香菜处于同等量级。

从肉类食材来看，海鲜类涨幅最高，鱼、虾、蟹比平时多卖了 3.5 倍，大闸蟹、银鱼等都成了抢购的目标。在 M 外卖平台上，春节期间购买食材的平均客单价上涨了 70%。

此外，春节期间，人们通过 M 外卖平台买走了 500 多万个口罩，各类维生素 C 销售近 20 万份，感冒清热类的中成药也售出了 20 多万份。

资料来源：新京报网。

案例分析：《M 外卖平台"春节宅经济"报告》语言通俗易懂，观点明确，阐述较为清晰。报告中大量使用数据对"春节宅经济"进行描述，直观明了，让阅读者一目了然。而且数字比文字表述更为准确，增加了调研报告的精确性。

3.3　网络营销调研的方法与策略

3.3.1　网络营销调研的方法

1. 网络问卷调查法

网络问卷调查法在网络营销调研中应用最为广泛。网络问卷调查法是调研者将其所要获取的信息设计成调查问卷在网上发布，让受访者通过网络填写问卷并提交的一种调查形式。

调查问卷一般包括卷首语、问题指导语、问卷的主体及结束语 4 个组成部分。其中，卷首语用来说明由谁执行此项调查、调查目的和调查意义。问题指导语即填表说明，用来向受访者解释怎样正确地填写问卷。问卷的主体包括问题和选项，是问卷的核心部分。问题的类型分为封闭型问题（问题后有若干备选答案，受访者只需在备选答案中做出选择即可）、开放型问题（只提问题，不设相关备选答案，受访者有自由发挥的空间）和半封闭型问题（在封闭型问题的基础上，再附上开放型问题）3 类。结束语用来表示对受访者的感谢，或承诺提供一些奖品、优惠等。

网络调查问卷的发布是将设计好的问卷通过一定的方式在网上发布，让受访者了解并参与调查。常见的发布方式有以下几种。

（1）网站（页）发布

网站（页）发布即将设计好的问卷放在网站的某个网页上，这要求问卷有吸引力并易于回答。发布方法可以是在网站上添加调查问卷的标志或链接文字，使访问者通过单击链接进入问卷页面，并完成问卷的填写。例如，华为在其官网的花粉俱乐部发布了调查问卷链接，以供访问者填写，如图 3-1 所示。

图 3-1　华为官网上发布的调查问卷链接

（2）弹出式调查

调研者在网站上设计一个弹出窗口，当访问者进入网站时，自动弹出窗口，请求访问者参与网上调查。若访问者有兴趣参与，单击窗口中的"是"按钮，就可以在新窗口中填写问卷并在线提交。调研者可以在网站上安装抽样软件，采用一定的抽样方法自动抽取受访者。这类似于传统调查中的随机拦截式调查，并且可采用跟踪文件的方式避免访问者重复填写问卷。

（3）E-mail 调查

E-mail 调查是将问卷直接发送到受访者的个人电子邮箱中，让受访者主动参与调查，填写并回复邮

件。这类似于传统调查中的邮寄问卷调查，需要调研者收集目标群体的电子邮箱地址作为抽样样本。该类调查的不足之处在于，问卷以平面文本格式为主，无法实现跳答、检查等较复杂的问卷设计，并且抽样的完备性和问卷的回收率较难保障，这将影响问卷调查的质量。

（4）讨论组调查

讨论组调查是指在相关的讨论群组中发布问卷，邀请受访者参与调查。该调查也属于主动型调查。但在新闻组和电子布告栏系统（Bulletin Board System，BBS）上发布时，调研者应注意调查的内容与讨论组主题的相关性，否则容易引发受访者的反感或抵制情绪，从而无法完成调研。

（5）专业的问卷调查平台

专业的问卷调查平台功能强大，能够为用户提供全面的问卷调查解决方案，提供的服务包括问卷设计、问卷发布、数据采集、统计分析、生成报表和报告等。例如，问卷网提供多种精品调查问卷模板，支持微信、微博、QQ 等多种发布模式，能自动生成专业的分析报告。问卷网的市场营销调研问卷模板如图 3-2 所示。

图 3-2　问卷网的市场营销调研问卷模板

再如，问卷星提供大量调研问卷模板，统计分析报告和原始答卷可免费下载，还支持手机填写，多渠道（QQ 好友、QQ 群、QQ 空间、微信好友、微信群、朋友圈、发送问卷二维码、群发短信邀请、群发邮件邀请）推送问卷、收集答卷和提供红包抽奖，大大提高了调研的便利性和受访者的参与热情。

2. 网络讨论法

网络讨论法是互联网上的小组讨论法，它通过新闻组、邮件列表讨论组、BBS 或网络实时交谈（Internet Relay Chat，IRC）、网络会议等进行讨论，从而获得资料和信息。

3. 网络观察法

网络观察法，即实地调查法在互联网上的应用，是一种对网站的访问情况和用户的网络行为进行观察和监测的调研方法。网络观察法具有直接性、情境性与及时性等优点，但也存在一些弊端：其一，该方法只能反映客观事实的发生过程，而不能说明其原因；其二，观察者在某种程度上会影响被观察者，难免使调查结果带有主观性和片面性；其三，调查时间较长，费用偏高。

延伸学习

网络讨论法的实施步骤

4. 网络文献法

网络文献法是利用互联网收集二手数据的调研方法，主要利用搜索引擎、网络社区、新闻组和 E-mail 等途径进行。

（1）利用搜索引擎收集资料

搜索引擎是指自动从互联网上收集信息，对其进行一定程度的整理后，将信息提供给用户进行查询的系统。搜索引擎是互联网上使用最普遍的网络信息检索工具。当前，许多的企业、非营利组织、国际组织等已经建立并使用网站，使用搜索引擎查询信息越来越方便快捷。

（2）利用网络社区收集资料

网络社区是指包括 BBS、贴吧、公告栏、群组讨论等形式在内的网上交流空间。同一主题的网络社区集中了具有共同兴趣的访问者，他们在社区里获取信息，寄托情感，使网络社区具有很强的用户黏性，这也为网络二手资料的收集提供了方便。

（3）利用新闻组收集资料

新闻组是一个基于网络的计算机组合，这些计算机被称为新闻服务器。不同的用户通过一些软件可连接到新闻服务器上，阅读其他人的消息并参与讨论。用于访问新闻组的软件有微软的 Outlook Express（OE）等。

（4）利用 E-mail 收集资料

利用 E-mail 收集资料具有成本低、便利快捷等优点。利用 E-mail，企业可以收到企业外部主体（如用户、供应商和分销商等）发送给企业的邮件，也可以收到企业在一些相关的知名网站注册订阅的相关邮件信息；许多网络内容服务商（ICP）等为保持与用户的沟通，也会定期给企业用户发送 E-mail，发布自己的最新动态和有关产品服务的信息。

阅读资料 3-3　互联网技术给调研方式方法带来了革命性变革

互联网技术的发展让在线收集数据信息成为可能，在线调查、网上问卷调查、发送电子邮件、社交工具互动、智能搜索、大数据抓取信息等方式，极大地拓宽了信息收集的渠道，缩短了调研的时长，大大提升了调研的便捷性、经济性和准确性。

在调研范围上，网络调研可以跨区域、跨群体进行，只要接受调研者能够上网就可以。调研者可以收集到来自各个地域的信息。而传统的调研往往局限于特定区域内，有其先天不足，而互联网使跨区域、跨群体的大规模调研成为可能。

在调研形态上，综合性调研成为重要方式。传统的调研一般以单一的语言、文字形式居多，而大数据具有体量巨大、类型多样等特点，大数据技术具有速率极高、效度较准、综合性强的优势，运用于网络调研则可以从多渠道获取相关信息，对于相关议题，可以综合政治、经济、社会发展状况，网民论坛、微信微博言论，文字、图片、视频等多种形式，对相关信息进行系统性整合，从而形成多维度、立体化的调研结果。

在调研时间上，长时段调研得以实施，调研的幅度大大延展。在现实社会中，人们对于许多问题的观察、认识往往并不是一次性调研就可以得出结论的，而是需要做连续、动态的调研。互联网技术可以通过程序设置，对网络空间进行长时段、动态调研，从而使调研的连续性大大增强。

资料来源：学习时报。

3.3.2　网络营销调研的策略

1. 提高网络调研参与度

在传统的营销调研中，调研者可以采用不同的抽样方法来选择调研对象，主动通过调查区域的选择、职业类型的判断、年龄阶段的界定等各类标准有针对性地选取样本。网络营销调研则不同，调研者难以决定谁将成为网站的访问者，也无法确定调研对象的群体范围。因而，如何吸引较多的访问者成为网络营销调研的关键问题。

所以，网络营销调研者应采取一些手段激励用户参与调研。例如，通过在网站提供免费咨询服务等，增加注册、登录网站的用户数量，并激励用户填写网站上的调查问卷，参与网站互动，从而达到市场调研的目的。某制药企业网站就通过开设健康咨询栏目，向访问者介绍医药常识，以吸引更多有健康知识需求的人登录网站。也可以通过适当的物质奖励，如在网站发放优惠券、试用品等，鼓励访问者完成问卷或参与讨论，提高网络调研的参与度。某日化企业就经常在网站上推出试用活动，使会员可以网上申请付邮试用，并提交试用报告。图 3-3 所示为某日化企业网站推出的试用活动截图。

此外，调研者通过访问者的注册信息或其他途径获得消费者或潜在消费者的电子邮箱地址，可以通过电子邮件与其联系，向他们发送有关产品、服务的问卷或其他调研相关信息，并请求他们回复。调研者可以根据受访者回复的信息，了解消费者的消费心理及消费行为的变化趋势，并据此调整企业的市场营销策略。

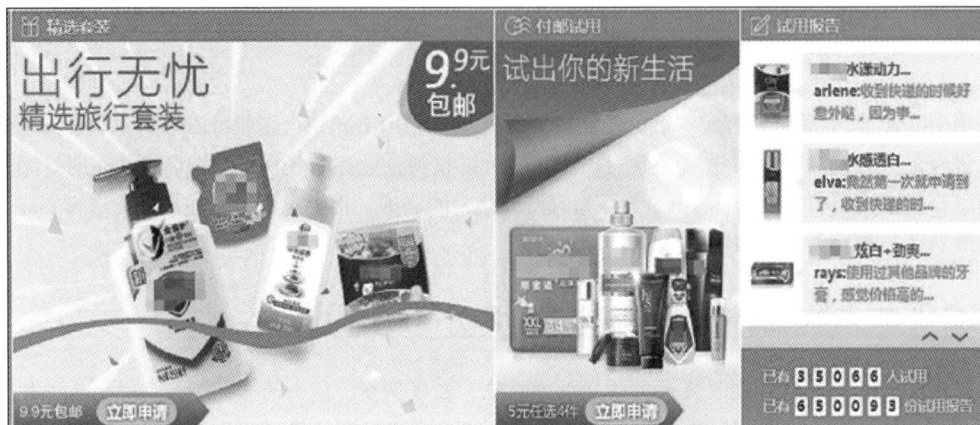

图 3-3　某日化企业网站推出的试用活动截图

2. 改善网络问卷调查效果

（1）精心设计在线问卷

网络问卷调查是网络营销调研中最常用的方式，其中在线问卷的质量直接影响调研的结果，因此企业应根据调研目标精心设计问卷。设计在线问卷时要做到表述清晰、问题排序有策略、提问具有艺术性、合理设置有奖问卷的奖项，要避免提诱导性的问题，尽量不使用专业术语，还要避免复合型题目。

此外，问卷设计出来后，应多方征求意见，认真进行修改、补充和完善。最好先在小范围内进行试验调查，听取受访者的意见，看问卷是否符合设计的初衷与调查的需要，从而保证问卷调查的实际效果，避免出现大的失误。

（2）充分利用网络的多媒体手段

网络信息的传递是多维的，它能将文字、图像和声音有机组合在一起，传递多感官的信息，让受访者身临其境般地感受产品或服务。借助多媒体，受访者可以深度体验产品、服务。产品的性能、款式、价格、名称和广告页等市场调研中重点涉及的内容也是令消费者比较敏感的因素。通过不同的方式、不同的组合进行测试，营销人员可以更清楚地分辨哪种因素对产品来说是最重要的，哪些组合对消费者而言是最有吸引力的。

延伸学习

网络问卷设计应注意的问题

本章实训

【实训主题】网络问卷调查

【实训目的】通过实训，掌握网络问卷调查方法。

【实训内容及过程】

（1）以小组为单位，组建任务团队。

（2）各团队自主确定网络问卷调查的主题。

（3）以团队为单位设计调查问卷，进行预调研，并在预调研的基础上优化问卷。

（4）任务团队在问卷星或其他网络问卷调查平台上发布问卷。

（5）回收问卷，各团队对有效问卷进行统计分析。

（6）各团队分别撰写调研报告，完成后提交给授课教师评阅。

【实训成果】

实训作业——《××网络问卷调查报告》。

练 习 题

一、单选题

1.（　　）主要包括市场容量、产品供求形势、销售份额、市场开发潜力、市场存在的问题等。

　　A．竞争对手信息　　　B．企业产品信息　　　C．目标市场信息　　　D．市场结构信息

2．网络营销调研的首要任务是（　　）。

　　A．制订调研计划　　　B．收集资料　　　　　C．确定调研目标　　　D．撰写调研报告

3．（　　）是对调研报告本质内容的高度概括。

　　A．标题　　　　　　　B．摘要　　　　　　　C．目录　　　　　　　D．索引

4．在网络营销调研中应用最广泛的方法是（　　）。

　　A．网络讨论法　　　　B．网络问卷调查法　　C．网络观察法　　　　D．网络文献法

5．调查问卷的（　　）用来说明由谁执行此项调查、调查目的和调查意义。

　　A．问题指导语　　　　B．卷首语　　　　　　C．主体　　　　　　　D．结束语

二、多选题

1．营销调研报告通常在结构上包括（　　）等部分。

　　A．标题　　　　　　　B．摘要　　　　　　　C．正文

　　D．结语　　　　　　　E．附录

2．根据问题的备选项情况，网络问卷中的问题可分为（　　）。

　　A．封闭型问题　　　　B．开放型问题　　　　C．半封闭型问题

　　D．直接型问题　　　　E．间接型问题

3．网络营销调研的主要内容包括（　　）。

　　A．消费者的需求信息　　　　　　　　　　　B．企业产品或服务的信息

　　C．目标市场信息　　　　　　　　　　　　　D．竞争对手及其产品信息

　　E．市场宏观环境信息

4.利用网络文献法收集资料，可利用的途径主要包括（　　）。

　　A．搜索引擎　　　　　　B．网络社区　　　　　　C．新闻组

　　D．E-mail　　　　　　　E．网络问卷

5.在一手数据调研中，网络营销调研常借助的手段有（　　）。

　　A．网络问卷　　　　　　　　　　　　B．计算机辅助调查系统

　　C．网络调研软件系统　　　　　　　　D．搜索引擎

　　E．网络数据库

三、名词解释

1.网络营销调研　　2.网络问卷调查法　　3.网络讨论法　　4.网络观察法

四、简答及论述题

1.简述网络营销调研中查找一手资料的主要方法。

2.网络营销调研有哪些优点和不足？

3.在互联网上查找二手资料的主要途径有哪些？

4.试论述网络营销调研的实施过程。

5.试论述网络营销调研的策略。

案例讨论

B公司的网络营销调研

B公司是一家世界知名的啤酒企业，在进入A国市场时，通过网络营销调研对消费者进行了全面而又深入的了解，调查的具体内容包括消费者的人口统计特征、消费者购买啤酒的动机、消费者购买啤酒的决策过程、消费者选择啤酒的标准、消费者对不同品牌啤酒的评价、消费者获取啤酒产品的信息来源（包括接触媒体情况）等。

调研发现，A国年轻人的购买能力较强，愿意花时间去追求自己喜爱的事物，对新产品有好奇心，愿意尝试购买新产品。年轻的消费者有自己的表达方式和独特的语言，往往是市场舆论的制造者和意见领袖。

通过网络营销调研，B公司准确把握了A国啤酒市场的现状，确立了以年轻人为诉求对象的广告策略。广告制作好之后，B公司先小范围地在几家视频网站投放广告，测试新广告是否受欢迎。过了一段时间，B公司发现，新广告的播放量和传播效果都很好。同时，B公司在广告的留言区查看了消费者的观看感受，并根据一些好的反馈意见，对广告内容进行了微调。新广告全面推出后，受到了大众的普遍欢迎，进一步提高了B公司的知名度。

思考讨论题

结合本案例，请谈谈如何开展网络营销调研。

第Ⅱ篇

工具与推广篇

第 4 章　搜索引擎营销

学习目标

【知识目标】

（1）掌握搜索引擎营销的含义与分类。

（2）了解搜索引擎的作用与工作流程。

（3）掌握搜索引擎营销的特点。

（4）熟悉搜索引擎营销的模式。

【素质目标】

（1）培养学习搜索引擎营销的兴趣。

（2）树立敏锐的搜索引擎营销意识。

（3）树立正确的搜索引擎营销理念。

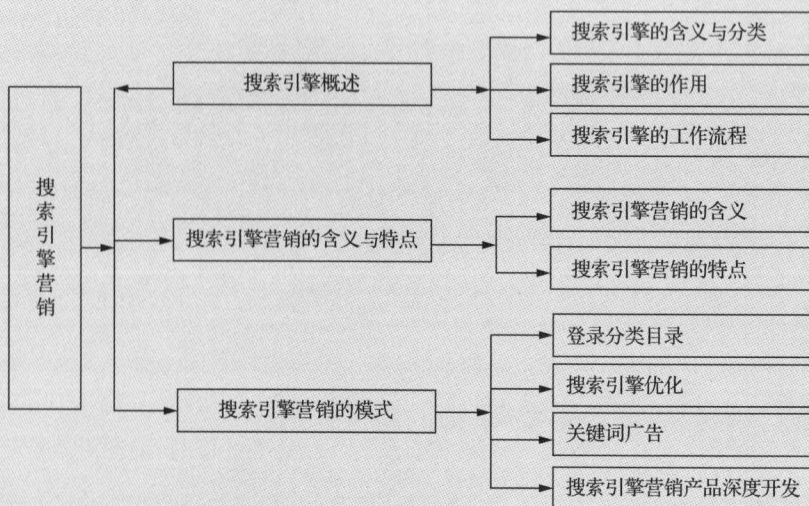

搜索引擎引入生成式人工智能技术

2023 年上半年，搜索引擎引入生成式人工智能技术，将推动用户使用体验和搜索营销方式产生重大改变。

1. 搜索引擎企业相继推出生成式人工智能搜索服务

微软将 ChatGPT 与搜索引擎整合推出"新必应"，首次展示了生成式人工智能在搜索领域的应用实践和发展前景；百度推出"文心一言"并整合到搜索服务中；360 搜索发布"360 智脑"并向公众开放产品测试。除传统搜索引擎企业外，电子商务等领域的互联网企业也积极开发相关产品，如京东将生成式人工智能技术融入"言犀"平台，提供的智能知识库等服务可以满足企业员工业务检索、信息获取等场景的需求。

2. 生成式人工智能的发展将对搜索引擎行业产生深远影响

在用户体验方面，基于生成式人工智能的搜索引擎通过交互问答，可以展示经过推理整合的结果，为用户提供了更人性化的互动、更多样化的内容、更高效的信息收集方式。模型可靠性的逐步改善，未来将大幅提升用户搜索服务的使用体验。在企业营销方面，生成式人工智能将带来搜索引擎推荐算法的创新，可以辅助企业策划营销活动和创作文案，帮助搜索营销市场实现新发展。数据显示，发布生成式人工智能产品后，微软第一、二季度含搜索在内的广告营收同比分别增长 10%和 8%，百度在线营销和云服务等市场的潜在客户数量 3 月同比增长超过 400%。

资料来源：中国互联网络信息中心，第 52 次《中国互联网络发展状况统计报告》。

4.1　搜索引擎概述

4.1.1　搜索引擎的含义与分类

1. 搜索引擎的含义

搜索引擎是指根据一定的策略，运用特定的计算机程序，从互联网上搜集信息并对信息进行组织和处理，以供用户检索查询的系统。搜索引擎的概念主要涵盖两个方面的内容：一方面，搜索引擎是由一系列技术支持构建的网络信息在线查询系统，它具有相对稳定的检索功能，如关键词检索、分类浏览式检索等；另一方面，这种查询系统借助不同网站的服务器，协助网络用户查询信息，并且该服务是搜索引擎的核心服务项目。

2. 搜索引擎的分类

目前，在网络上运行的搜索引擎为数众多，按照不同的分类标准，它们可分为不同的类型。例如，根据搜索内容划分，搜索引擎可以分为大型综合类搜索引擎、专用搜索引擎、购物搜索引擎等；按照使用端的不同，其可以分为 PC 端搜索引擎和移动端搜索引擎等；从工作原理的角度对搜索引擎进行分类，其又可分为分类目录式搜索引擎、全文检索式搜索引擎、元搜索引擎和集成搜索引擎等。

4.1.2　搜索引擎的作用

搜索引擎作为互联网的基础应用，是网民获取信息的重要工具。中国互联网络信息中心发布的第 52 次《中国互联网络发展状况统计报告》显示，截至 2023 年 6 月，我国搜索引擎用户规模达 8.41 亿人，较 2022 年 12 月增长 3 963 万人，占网民整体的 78.0%。在互联网用户的各类应用中，搜索引擎排名第 5。

对企业而言，搜索引擎主要具有以下作用。

一是作为市场信息发现的工具。搜索引擎是一种重要的市场信息发现工具，企业对搜索引擎的利用能力，决定了企业的信息发现和市场运作能力。通过搜索引擎，企业可以搜索的信息主要包括供货商和原材料资源信息，市场供求、会展及其他商务信息，设备、技术、知识等信息，组织、人才及咨询信息等。

二是作为信息传播的工具。随着网民人数的增加，更多人将在网络上进行搜索作为信息获取的首选方式，而任意一个搜索请求，都可能查到数以万计的内容。由于搜索引擎所采用的搜索技术、信息分类方式等有所不同，信息查询的效率也不同。搜索能力通常会受到 3 个方面因素的影响：①所选搜索引擎链接的信息资源数量和信息资源范围；②所设想的关键词与系统预设的信息资源分类方式的一致性；③系统自身技术水平和信息搜索能力。高效的站内搜索可以让用户快速、准确地找到目标信息，从而更有效地促进产品或服务的销售。对网站访问者搜索行为开展深度分析，则可帮助企业进一步制定更为有效的网络营销策略。

4.1.3 搜索引擎的工作流程

了解搜索引擎的工作流程对日常搜索应用和网站营销推广都会有很大的帮助。搜索引擎的工作流程可分为以下几个步骤。

1. 抓取网页

每个独立的搜索引擎都有自己的网页抓取程序，该程序被称为蜘蛛（Spider）。搜索引擎蜘蛛访问网站页面时，类似于普通用户使用的浏览器。蜘蛛会跟踪网页中的链接，连续地抓取网页，即爬行。蜘蛛发出页面访问请求后，服务器返回超文本标记语言（Hypertext Markup Language，HTML）代码，蜘蛛把搜到的代码存入原始页面数据库。搜索引擎为了提高爬行和抓取的速度，都会使用多个蜘蛛并分布爬行。

蜘蛛访问任何一个网站时，都会先访问网站根目录下的 robots.txt 文件。如果网站禁止搜索引擎抓取某些文件或目录，蜘蛛将遵守协议，不抓取被禁止的网站。和浏览器一样，搜索引擎蜘蛛也有标明自己身份的代理名称，站长可以在日志文件中看到搜索引擎的特定代理名称，从而辨识搜索引擎蜘蛛。

2. 索引

搜索引擎抓取到网页后，还要做大量的预处理工作才能提供检索服务。其中，最重要的就是提取关键词，建立索引数据库。索引（Index）是指对蜘蛛抓取的页面文件进行分解、分析，并以巨大表格的形式存入数据库的过程。在索引数据库中，网页文字内容及关键词的位置、字体、颜色等相关信息都有相应的记录。

3. 关键词处理

用户在搜索引擎界面填入关键词，单击"搜索"按钮后，搜索引擎即对关键词进行处理，包括中文分词处理、去除停止词、指令处理、拼写错误纠正、整合搜索触发等。关键词的处理必须十分快速。

4. 排序

对关键词进行处理后，搜索引擎程序便开始工作，从索引数据库中找出所有包含关键词的网页，并且根据排名算法计算出哪些网页应该排在前面，然后按照一定格式返回搜索页面。

4.2 搜索引擎营销的含义与特点

4.2.1 搜索引擎营销的含义

搜索引擎营销（Search Engine Marketing，SEM）是指基于搜索引擎平台，通过一整套的技术和策略系统，利用人们对搜索引擎的依赖和使用习惯，在人们检索信息的时候尽可能将营销信息传递给目标用户的一种营销方式。搜索引擎营销要求以最少的投入获得来自搜索引擎最多的访问量，并获取相应的商业价值。用户利用搜索引擎进行信息搜索是一种主动表达自己真实需要的方式，因此搜索与某类产品或某个品牌相关的关键词的用户，就是该产品或品牌所寻找的目标受众或潜在目标受众。这也是搜索引擎应用于网络营销的基本原理。

搜索引擎营销得以实现的基本过程是：企业将信息发布在网站上使其成为以网页形式存在的信息源，企业营销人员通过免费注册搜索引擎、交换链接或付费的竞价排名、关键字广告等手段，使企业网站被各大搜索引擎收录到各自的索引数据库中。这样，当用户利用关键词进行检索（对于分类目录则是进行逐级目录查询）时，检索结果中就会罗列相关的索引信息及其链接，用户根据对检索结果的判断，选择有兴趣的信息并单击进入信息源所在网页，从而完成了从企业发布信息到用户获取信息的整个过程，如图 4-1 所示。

图 4-1　搜索引擎营销信息传递的过程

4.2.2　搜索引擎营销的特点

搜索引擎营销的实质就是通过搜索引擎工具，向用户传递他们所关注对象的营销信息。与其他网络营销方法相比，搜索引擎营销有以下特点。

1. 用户主动创造"被营销"的机会

搜索引擎营销和其他网络营销方法最主要的不同点在于，营销机会是用户创造的。以关键词广告为例，它平时在搜索引擎工具上并不存在，只有当用户输入了关键词时，它才在关键词搜索结果中出现。这就使用户主动创造了"被营销"的机会。

2. 以用户为主导

搜索引擎检索出来的是网页信息的索引而不是网页的全部内容，所以这些搜索结果只能发挥引导的作用。在搜索引擎营销中，使用什么搜索引擎、通过搜索引擎检索什么信息完全是由用户自己决定的，在搜索结果中单击哪些网页也取决于用户的判断。搜索引擎营销这种以用户为主导的特性，极大地减少了营销活动对用户的干扰，完美贴合了网络营销的基本思想。同时，比起随便单击广告条的人，搜索者的访问更有针对性，从而使搜索引擎营销可以产生很好的营销效果。

3. 按效果付费

搜索引擎营销是按照点击次数来收费的，而展示则是不收费的。这意味着企业的广告只有被网络用户检索到并单击后才产生费用，而用户的单击则代表着其对该广告展示的产品或服务具有一定的需求。因此，这种按效果付费的方式更为合理、科学，避免了企业广告费的无效投入。

4. 分析统计简单

企业在和搜索引擎建立业务联系后，可以很方便地从后台看到每天的点击量、点击率，有利于企业分析营销效果，从而优化营销方式。

5. 用户定位精准

搜索引擎营销在用户定位方面表现突出，尤其是搜索结果页面的关键词广告，完全可以与用户检索所使用的关键词高度相关，从而提高营销信息被关注的概率，最终达到增强网络营销效果的目的。

除此之外，门槛低、投资回报率高、动态更新随时调整、广泛使用等都是搜索引擎营销的显著特点。

但需注意的是，搜索引擎营销的效果表现为网站访问量的增加而不是销售量的提升，其使命是获得访问量，至于访问量是否可以最终转化为收益，不是搜索引擎营销可以决定的。要想真正提高销量，企业还要做好各个方面的工作。

4.3 搜索引擎营销的模式

搜索引擎营销追求高性价比，力求以最少的投入获得最多的来自搜索引擎的访问量，并产生商业价值。搜索引擎营销的模式主要有以下几种。

4.3.1 登录分类目录

网站登录搜索引擎的方法比较简单，只需要按照搜索引擎的提示逐步填写即可。比较常用的搜索引擎登录有百度网站登录等，如图 4-2 所示。

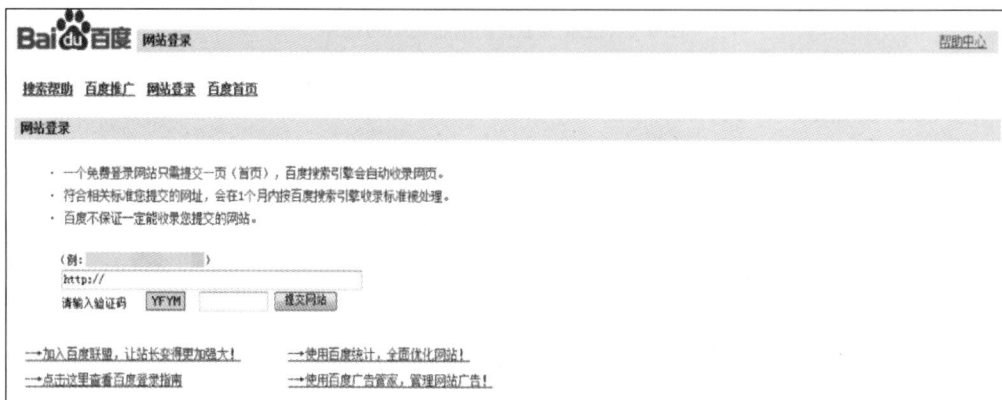

图 4-2 百度的网站登录界面

通常搜索引擎登录审核需要提供网站名称、网站地址、关键词、网站的描述和站长联系方式等信息。大部分的搜索引擎是要对所收到的信息进行人工审核的。管理员在收到用户提交的信息后会访问网站，判断用户所提交的信息是否属实，所选择的类别是否合理，并决定是否收录该网站。登录审核通过后，搜索引擎数据库更新时会显示收录信息。

搜索引擎登录有免费登录和付费登录之分。

1. 免费登录分类目录

免费登录分类目录是传统的网站推广手段。目前多数重要的搜索引擎都已开始收费，只有少数搜索引擎可以免费登录。搜索引擎的发展趋势表明，免费搜索引擎登录的方式将逐步退出网络营销舞台。

2. 付费登录分类目录

付费登录分类目录与免费登录分类目录相似，只是用户在网站缴纳费用后才可以获得登录的资格。一些搜索引擎提供的固定排名服务通常也是在付费登录的基础上展开的。此类搜索引擎营销的效果与网站本身没有太大关系，主要取决于费用。因此，一般情况下，只要缴费，信息都可以被登录。但与免费登录分类目录一样，这种付费登录搜索引擎的营销效果也正日益变差。

4.3.2 搜索引擎优化

所谓搜索引擎优化，是指通过对网站栏目结构和网站内容等基本要素的优化设计，提升网站对搜索引擎的友好性，使网站中尽可能多的网页被搜索引擎收录，并且在搜索中获得好的排名效果，从搜索引擎的自然检索中获得尽可能多的潜在用户。

具体来说，企业可以采取以下优化措施。

1. 关键词优化

用户在搜索引擎中检索信息都是通过输入关键词来实现的，选择关键词是整个网站登录过程中最基本也是最重要的一步，是进行网页优化的基础。然而，选择关键词并非一件轻而易举的事，要考虑诸多因素，如关键词与网站内容的关联性、词语间组合排列的合理性、与搜索工具要求的符合度、与热门关键词的区分度等。选择关键词应注意：仔细揣摩潜在客户的心理，设想其查询有关信息时最有可能使用的关键词；挑选的关键词必须与企业自身的产品或服务有关；根据企业的业务或产品的种类，尽可能选取具体的词作为关键词，而避免以含义宽泛的一般性词语作为主打关键词；选用较长的关键词，较长的关键词包含更多的信息，因而更容易被搜索引擎所发现；分析错拼词，很多人在搜索时会犯拼写错误，而企业通过分析错拼词，可以更好地理解用户的搜索目的。

延伸学习

关键词的常见类型

2. 网站栏目结构优化

网站栏目结构作为网站内容的骨架，对于提高用户体验、促进搜索引擎优化（SEO）和增强网站整体价值具有重要作用。一个清晰、简洁、易于导航的栏目结构能够使用户快速找到所需信息，从而提高用户满意度和留存率。优化后的栏目结构有助于搜索引擎爬虫更高效地抓取网站内容，提高网站在搜索引擎中的排名。

例如，一家在线书店的网站栏目结构可能包括"首页""图书分类"（如小说、科技、自助等）、"作者""购物车"和"联系我们"等。为了优化这一结构，可以考虑以下几点：

（1）将最受欢迎或最新上架的图书放在首页显著位置；

（2）根据图书销量和用户评价调整图书分类的排序；

（3）在"作者"页面提供作者介绍和作品列表，方便用户查找特定作者的作品；

（4）在"购物车"页面提供一键结算和多种支付方式，提高用户购物体验。

3. 网页优化

静态网页是指网页文件中没有程序，只有 HTML 代码，一般是以.html 或.htm 为后缀名的网页。静态网页内容不会在制作完成后发生变化，任何人访问都显示一样的内容。如果需要内容发生变化，就必须修改源代码，然后再上传到服务器上。静态网页上都有一个固定的统一资源定位器（Uniform Resource Locator，URL），且网页 URL 以.htm、.html、.shtml 等常见形式为后缀，不含有动态网页的"？"。而搜索引擎一般不会从一个网站的数据库中访问全部网页，搜索引擎蜘蛛也不去抓取网址中"？"后面的内容，所以采用动态网页的网站在进行搜索引擎推广时，需要做一定的技术处理才能适应搜索引擎的要求。

4. 内部链接优化

延伸学习

网站的内部链接简称网站内链，是指在一个网站域名下的不同内容页面之间的互相链接，内链可以分为通用链接和推荐链接。合理的内链布局有利于提高用户体验和搜索引擎蜘蛛对网站的爬行索引效率，利于网站权重的有效传递，从而增加搜索引擎的收录与提升网站权重。内部链接的优化，包括相关性链接、锚文本链接、导航链接等的优化。如果网站有两个以上的域名，要避免两个或更多域名同时指向一个空间，因为搜索引擎可能会认为这是网页复制，从而收录其中一个 URL，而将

网站内链优化的作用

另一个 URL 列为复制站点。当网站存在复制站点时，搜索引擎会认为网站有作弊的嫌疑。这对网站的排名极为不利。

5. 外部链接优化

外部链接优化可以从以下几个方面着手：首先，尽量保持外部链接的多样性，外部链接的类别有博客、论坛、新闻、分类信息、贴吧、知道、百科、相关信息等；其次，每天增加一定数量的外部链接，可以使关键词排名获得提升；最后，与一些网站相关性比较高、整体质量比较好的网站交换友情链接，巩固关键词排名。

6. 网站内容优化

很多人认为只要进行了搜索引擎优化就可以提升营销效果，实际上对于网络营销而言，基于网站内容的推广才是搜索引擎营销的核心。网站内容推广策略是搜索引擎营销策略的具体应用，高质量的网站内容是网站推广的基础。从直接浏览者的角度来看，网上的信息通常并不能完全满足所有用户的需求。每增加一个网页的内容，就意味着为满足用户的信息需求付出了一点努力。因此，网站内容推广策略的基本出发点是可以为用户提供有效的信息和服务。这样，无论用户通过哪种渠道来到网站，都可以获得尽可能详尽的信息。

阅读资料 4-1 搜索引擎优化效果评估的指标

1. 搜索引擎排名

观察网站在各大搜索引擎中的排名，排名越靠前，说明搜索引擎优化效果越好。

2. 关键词排名

关注网站在主要关键词搜索结果中的排名。如果网站在相关关键词搜索结果中排名靠前，则说明搜索引擎优化效果较好。

3. 反向链接数量

反向链接是从一个网站到另一个网站的页面的链接。谷歌和其他主要的搜索引擎认为反向链接是对特定页面的"投票"。有大量反向链接的网页往往有较高的自然搜索引擎排名。反向链接数量越多，说明搜索引擎优化效果越好。

4. 网站流量

网站流量是指通过搜索引擎或其他渠道访问网站的人数。通过观察网站流量的增加情况，企业可以评估搜索引擎优化的效果。

5. 站点转化率

站点转化率是指将访问转化为客户或者进行其他有价值的操作的概率。通过提高站点转化率，企业可以提高盈利能力。

4.3.3 关键词广告

关键词就是用户在搜索框中输入的文字，其形式较为多样，可以是中文、英文或中英文混合体，可以是一个字、两个字甚至是一句话。按照搜索目的的不同，关键词大致可以分为导航类关键词、交易类关键词和信息类关键词。

关键词广告是当用户利用某一关键词进行检索时，在检索结果页面出现的与该关键词相关的广告内容，如图 4-3 所示。由于关键词广告只有在发生特定关键词检索时才出现在搜索结果页面的显著位置，所以其针对性比较强，被认为是性价比较高的网络营销模式，近年来已成为搜索引擎营销中发展最快的一种营销模式。

用户通过关键词在搜索引擎中查找相关信息，这些相关信息能否被找到，和关键词的选择、使用分不开。搜索引擎通过分析用户关键字、词、句的内容、种类、频率，可以直接分析用户的搜索行为，揭

微课堂

关键词广告

示用户对网上信息的兴趣所在。

关键词广告的形式比较简单，不需要复杂的广告设计过程，因此极大地提高了广告投放的效率。同时，较低的广告成本和门槛使得个人店铺、小企业也一样可以利用关键词广告进行推广。关键词广告通常采用点击付费计价模式，企业只为点击的广告付费。

关键词广告还有一种竞价排名的方式，是将出价高的关键词排在前面，这为经济实力比较强而且希望排名靠前的网站提供了方便。企业可以很方便地对关键词广告进行管理，并随时查看流量统计。传统的搜索引擎优化中缺乏关键词流量分析手段，并不能准确统计所有访问者来自哪个搜索引擎，以及使用的关键词是什么。而付费的关键词广告可以提供详尽的流量统计资料和方便的关键词管理功能，使企业可以根据自身的营销策略更换关键词广告。

图 4-3　百度关键词广告示例截图

此外，基于网页内容定位的网络广告是关键词广告的进一步延伸，其广告载体不仅是搜索引擎的搜索结果网页，也可以延伸到合作伙伴的网页。

案例分析

一个村庄与世界的互联

江西婺源县篁岭村是一个山清水秀的江南小乡村，这里远离城市的污染和喧嚣，空气纯净，地肥水美，风景如画。土生土长的篁岭人祖辈以务农为生，靠天吃饭，老百姓的生产生活条件很艰苦。与外界相比，这里显得落后、闭塞，人们虽然拥有宝贵的旅游资源，却依然守着"金饭碗"过着苦日子。

2009 年，婺源县乡村文化发展有限公司正式成立，怀揣光大篁岭之梦的曹锦钟成为公司的副总裁。公司成立之初，通过传统的宣传推广方式，篁岭村吸引了一些游客，企业也逐渐走向正轨。不过在曹锦钟看来，游客的数量远远没有达到预期，而且大部分游客都来自江西本地及附近的几个省市，与公司把篁岭村推向全国、推向世界的设想存在巨大差距。采用切实有效的宣传推广手段成为公司最急迫的需求。

要让更多的人知道篁岭村，就要让更多的人搜索到篁岭村，而提到搜索，曹锦钟和公司首先想到的是 B 搜索引擎。于是公司尝试与 B 搜索引擎进行合作，而这次合作让公司业绩得到了迅速提升。曹锦钟介绍，在与 B 搜索引擎合作之后，公司网站流量由每天的 300 人增加到 900 人，咨询电话由 50 个增加到 200 个，两年间篁岭景区的游客量和经营业绩就翻了三番。

业绩的突飞猛进，让每一个篁岭人都感到无比兴奋。然而走在景区中，曹锦钟又发现了一个有趣的现象，以前游客来景区带的多是相机，现在却是人手一个手机或平板电脑，拍好照片后可直接上传。这让他有了新的思考，即利用移动互联网的变化来提升篁岭景区的品牌知名度。

在移动互联时代，更好地抓住手机移动端的客户，将成为篁岭景区未来品牌营销的优势和成功的保障。因此婺源县乡村文化发展有限公司与 B 搜索引擎进一步合作，开发手机移动客户端。游客可以通过手机搜索，快速找到景区的详细旅行攻略，并进行网络订票。自驾游的客人还可以通过地图软件直接导航到景区。

对于 B 搜索引擎推广和移动推广带来的两次提升，曹锦钟很感慨："对于我们来说，B 搜索引擎就是一个万能的工具，它不仅让有需求的客户找到我们，而且我们也可以通过它去掌握更多的信息资源。"

篁岭村从一个普通村庄到现在和全世界互联，实现了质的飞跃，给游客带来了科技化、人性化、智能化和国际化的景区游览体验。更重要的是，篁岭村老百姓的生活得到了巨大的改善。

案例分析： 篁岭景区通过与 B 搜索引擎合作，大大提高了网站的搜索排名和流量。SEO 是一种提高网站在搜索引擎结果中排名的策略，对于吸引潜在游客和提高景区知名度非常有效。关键词优化和内容质量的提升，使得篁岭景区的搜索排名提高，从而吸引了更多的游客。篁岭景区与 B 搜索引擎的成功合作，不仅提升了景区知名度，也使 B 搜索引擎的用户体验得到了提升。这种合作是一种双赢的策略，双方都可以从对方的优势中获益。

4.3.4 搜索引擎营销产品深度开发

随着互联网技术带来的信息爆炸，用户对于信息的需求更加个性化。传统的搜索引擎大而全的信息内容与用户更加准确、只有深度的内容需求产生了矛盾。因此，内容与用户精准连接并提升用户的搜索体验，成为现有搜索引擎产品功能突破的关键。

百度进一步加强搜索引擎的信息分发能力。百度搜索引擎与百度内容产生循环互补效应，以搜索引擎技术和手机百度 App 信息流为基础，通过"搜索+推荐"的方式分发百家号等自有内容和联盟内容，提升内容与用户的适配度和广告的转化能力。搜索引擎信息分发能力升级的背后是实时的匹配计算与动态建模，而这些功能依赖的是搜索引擎丰富的用户标签积累、自然语言处理及深度学习等技术的应用。搜索引擎技术成为信息分发能力升级的关键因素。

谷歌正加强移动搜索引擎对于信息、用户与服务之间的连接作用。例如，谷歌搜索引擎根据用户搜索食品的请求来前置食谱等相关信息，并且与周边餐厅的线下服务相结合提供 O2O 服务。在移动互联网时代，用户获取信息更加碎片化与场景化，搜索引擎将通过用户的搜索行为，将用户的需求与实体服务相结合，激活搜索引擎。

搜狐旗下的搜狗科技有限公司推出的搜狗知音引擎，是搜狗在"自然交互+知识计算"的人工智能战略下，自主研发的新一代智能语音交互系统。搜狗知音引擎集成了搜狗领先的语音识别、对话问答、机器翻译、语音合成等多项核心技术，向用户提供人机交互的完整解决方案。

搜狗知音引擎是一款主打语音交互技术的手机搜索引擎，可以做到识别速度更快、纠错能力更强、支持更加复杂多轮的交互以及提供更加完善的服务。该技术致力于让人机交互更加自然，不仅"能听会说"，还具有"能理解会思考"的能力。

除了自有产品，如搜狗输入法、搜狗 AI 硬件、搜狗搜索、搜狗地图、搜狗百科等之外，搜狗知音引擎还在车载、智能家居、可穿戴设备等多样化应用场景上落地，与小米、海尔、创维、魅族、蔚来等多家企业合作，为行业和个人用户提供优质可靠的语音交互服务。未来，搜狗知音引擎将在物联网（Internet of Things，IOT）场景中得到更为广泛的应用，帮助用户实现万物语音互联的智慧生活。

阅读资料 4-2　如何进行搜索引擎营销

第一步，了解产品或服务针对哪些用户群体（例如，25—35 岁的男性群体；规模为 50—100 人的贸易行业的企业）。

第二步，了解目标群体的搜索习惯（目标群体习惯使用什么关键词来搜索目标产品）。

第三步，了解目标群体经常会访问哪些类型的网站，如图 4-4 所示。

图 4-4　不同类型的网站

第四步，分析目标用户最关注产品的哪些特性（影响用户购买的主要特性，如品牌、价格、性能、可扩展性、服务优势等）。

第五步，进行竞价广告账户及广告组规划（创建 Google 及百度的广告系列及广告组，需要考虑管理的便捷性以及广告文案与广告组下关键词的相关性），如图 4-5 所示。

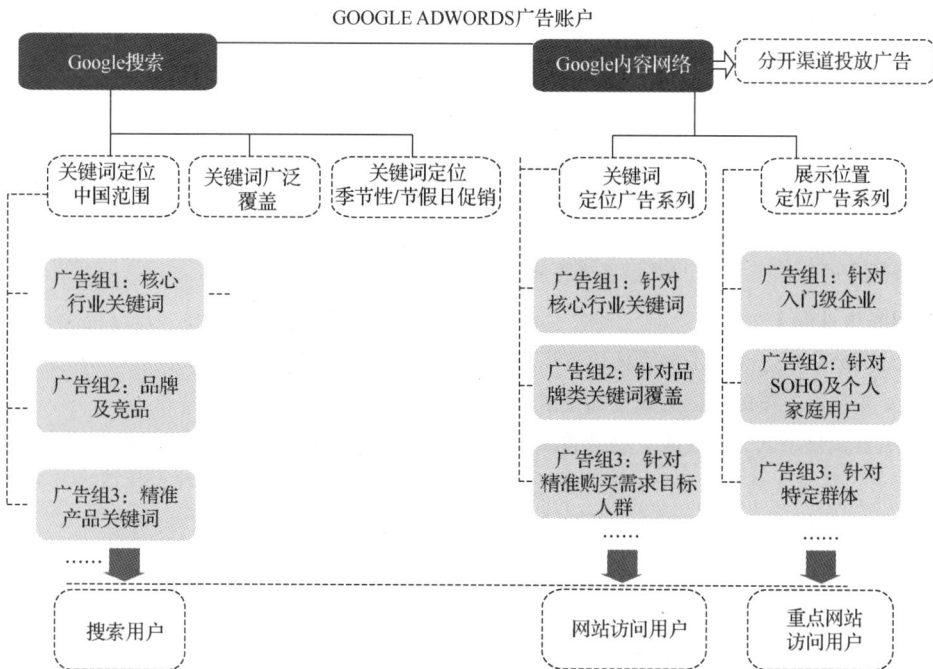

图 4-5　Google 广告规划

第六步，选择关键词。可以使用谷歌关键词分析工具及百度竞价后台的关键词分析工具，这些工具都是以用户搜索数据为基础的，具有很高的参考价值，如图4-6所示。

图4-6　百度竞价后台的关键词分析工具

资料来源：百度文库。

本章实训

【实训主题】搜索引擎营销的使用

【实训目的】通过实际操作，掌握百度搜索引擎的使用技巧。

【实训内容及过程】

（1）通过文献学习，初步了解百度搜索引擎的使用方法。

（2）确定要搜索的关键词，完成常规搜索。

（3）分别尝试使用双引号搜索、括号搜索、加号搜索、减号搜索、限定字符搜索、限定域名搜索、限定URL搜索、限定文档类型搜索、百度的高级语法"intitle、site、inurl"等搜索技巧进行关键词搜索。

（4）对比使用以上搜索技巧后发生的搜索结果的变化，撰写总结。

（5）在班级微信群分享总结，同学间进行讨论。

【实训成果】

实训作业——《百度搜索引擎的使用技巧总结》。

练习题

一、单选题

1. 根据（   ）的不同，搜索引擎可以分为大型综合类搜索引擎、专用搜索引擎、购物搜索引擎等。

    A．使用端   B．工作原理   C．搜索内容   D．使用原理

2. 搜索引擎工作流程的第一步是（   ）。

    A．索引   B．抓取网页   C．搜索词处理   D．排序

3. 在搜索引擎中检索信息都是通过输入（   ）来实现的，它是整个网站登录过程中最基本也是最重要的一步，是进行网页优化的基础。

    A．产品词   B．关键词   C．地域词   D．品牌词

4. 以下有关搜索引擎营销特点的描述错误的是（   ）。

    A．以用户为主导   B．按效果付费   C．分析统计复杂   D．用户定位精准

5. （   ）要尽量保持多样性，其类别有博客、论坛、新闻、分类信息、贴吧、知道、百科、相关信息等。

    A．内部链接   B．外部链接   C．全方位链接   D．以上均不正确

二、多选题

1. 从工作原理的角度对搜索引擎进行分类，可将其分为分（   ）。

    A．分类目录式搜索引擎   B．专用搜索引擎

    C．集成搜索引擎   D．全文检索式搜索引擎

    E．元搜索引擎

2. 搜索引擎优化的方法包括（   ）等。

    A．登录分类目录   B．关键词优化   C．内部链接优化

    D．外部链接优化   E．网页优化

3. 关于搜索引擎的作用，说法正确的有（   ）。

    A．市场信息发现的工具

    B．信息传播的工具

    C．企业对搜索引擎的利用能力，决定了企业的信息发现和市场运用能力

    D．由于搜索引擎所采用的搜索技术、信息分类方式等会有所不同，这将影响信息查询的效率

    E．搜索能力通常不会受到所选搜索引擎链接的信息资源数量和信息源范围的影响

4. 通常搜索引擎登录审核需要提供（   ）等。

    A．网站名称   B．网站地址   C．关键词

    D．网站的描述   E．站长联系方式

5. 按照搜索目的不同，关键词大致可以分为（   ）。

    A．产品类关键词   B．导航类关键词   C．交易类关键词

    D．地域类关键词   E．信息类关键词

三、名词解释

1. 搜索引擎　　2. 搜索引擎营销　　3. 关键词广告　4. 网站内链

四、简答及论述题

1. 搜索引擎营销的主要模式有哪几种？

2．搜索引擎营销的特点主要有哪些？

3．试论述搜索引擎优化的具体措施。

4．试论述在目前的竞争态势下，国内主要搜索引擎产品如何进行深度开发。

案例讨论

两则百度搜索引擎营销投放案例

某口腔医院规模大，技术力量先进，通过创建多个账户，在百度上进行搜索引擎营销推广，获得了一批精准客户，医院的知名度也有了明显提升。

该医院的搜索引擎营销竞价推广选择百度搜索引擎是综合考虑各方面因素的结果。百度平台大，对用户有较强的汇聚力和吸引力，曝光率高，可有效引导潜在用户。

经过 3 个月的投放，该口腔医院的推广数据整体质量有了很大提升，展现量从之前的 924 次/周下降到 397 次/周，但点击率由之前的不到 20% 增加到 58%。再结合来医院预约客户的成本对比，虽然搜索引擎营销投放比单纯的搜索引擎推广在成本上增加了 25%，但医院整体形象有了较大提升，且客户预约数量有了明显增长。

通过百度搜索引擎营销竞价推广，该口腔医院实现了客户的大幅度增长。

此外，某综合类大型招聘网站也通过百度搜索引擎营销竞价推广优化关键词排名，实现了预算的合理化安排。

该网站的注册用户量大，覆盖范围达全国重点一、二、三线城市。同时，该招聘网站就业类型多种多样，覆盖各行各业，几乎包含所有的劳动力就业范围。

用户量大和就业范围广虽然意味着流量入口的多样化，但管理也成了难题。全国各城市的人才需求量各有不同，因此网站需要针对性地调整投放预算。

例如，"北上广深"等一线城市，行业选择性多，同时也有其他的招聘网站与该网站竞争。所以，为了获得更好的排名，该网站在这些城市的投放预算需要明显高于二、三线城市。

针对这一特点，该网站开设多个百度账户，并根据城市制订推广计划，优化关键词排名。

之后，营销人员先根据地域列出关键词图表，并将其复制到其他城市。这样整体的城市推广计划基本制订完成。在推广单元上，营销人员依据关键词词性和词义分组，如"品牌词+上海""招聘网站名称+上海+职业""上海+品牌疑问词"等。一般而言，地域词、品牌词、疑问词、通用词是重点词，可以将词性类似的关键词放入一个推广单元。

该大型招聘网站的搜索引擎营销推广策略只是一个案例，营销人员要擅长运用多种策略从而实现获取客户的目标。虽然该大型招聘网站的搜索引擎营销推广与口腔医院的在细节上有所不同，但总体的搜索引擎营销投放策略以及数据分析思路本质上是类似的。

资料来源：渠成. 全网营销实战. 北京：清华大学出版社，2021.

思考讨论题：

结合案例，请谈谈搜索引擎营销推广的策略。

第 5 章 网络广告营销

学习目标

【知识目标】

（1）理解网络广告的概念与特点。

（2）熟悉网络广告的发布方式。

（3）了解网络广告的分类及不同类型网络广告的特点。

（4）掌握网络广告的策划流程。

（5）掌握网络广告预算与效果评估的方法。

【素质目标】

（1）培养学习网络广告相关知识的兴趣。

（2）树立正确的网络广告策划理念。

（3）遵守社会公德，自觉抵制低俗网络广告。

知识结构图

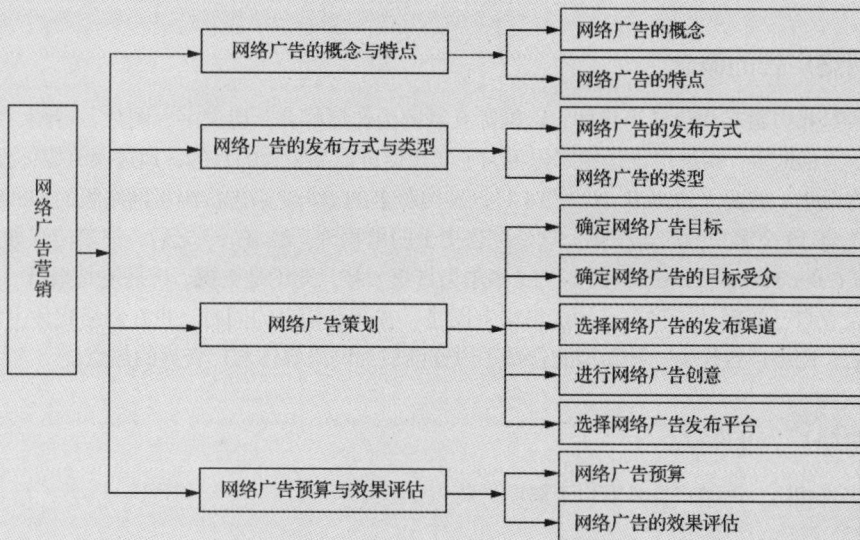

接地气的淘菜菜广告短片

或许，对于很多人来说，买菜是生活中的小事，琐碎而繁杂，甚至一地鸡毛。但会生活的人，总能从一餐一粟的烟火气里收获满满的幸福感。

在我国消费升级大背景下，下沉市场用户也不再仅仅追求价格，而是对商品品质、丰富品类和品牌信誉有了更多的关注。而且相对一线城市，下沉市场的人们，生活节奏慢，更关注生活本身的乐趣。

基于上述消费市场洞察，阿里巴巴旗下社区电商平台淘菜菜整合盒马集市和淘宝买菜，开启全新的品牌升级。淘菜菜从与消费者强关联的"生活"出发，打出"会生活，淘菜菜"的广告口号，将买菜和幸福生活的智慧巧妙相连，助力用户消费升级，重塑平台心智。

此次淘菜菜品牌升级，瞄准的是下沉市场用户群体，目的是让他们的买菜场景从传统菜市场转到线上。针对这群特殊的大众家庭买菜决策用户，如何打破他们固有的认知呢？

淘菜菜通过短片所呈现的四个生活场景，延伸出"好牌靠好运，好菜凭好价""舞伴不常有，好货常在手""好女婿难找，好菜任你选""远亲上门难，鲜货易送达"，传达平台优价好菜、鲜货直达和好货任选的差异化优势。

短片中的四组人物群像，正是淘菜菜精准沟通的目标人群。而短片营造极具烟火气和人情味的生活场景，和他们的生活十分契合，再加上人物用方言沟通，易增强用户的代入感，引发情感共鸣，进而打破他们对传统买菜的固有认知壁垒。

淘菜菜的广告短片通过市井烟火气生活，以及平台买菜的价值点露出，传递人间真实的生活幸福感，无形中增强了用户对"会生活，淘菜菜"的广告口号的价值认同，淘菜菜也由此树立了充满烟火气和温情的品牌形象。

资料来源：品牌营销官。

5.1　网络广告的概念与特点

5.1.1　网络广告的概念

网络广告是指以数字化信息为载体，以国际互联网为传播媒介，以文字、图片、音频、视频等形式发布的广告。通俗地讲，网络广告是指广告主为了实现促进商品销售的目的，通过网络媒体发布的广告。

网络广告诞生于美国。1994年10月14日，美国著名的 *Wired* 杂志推出了网络版的 Hotwired，其主页上有 AT&T 等14个客户的广告横幅。这是广告史上的里程碑。继 *Wired* 之后，许多传媒如美国的有线电视新闻网（Cable News Network，CNN）、《华尔街日报》等，无论是电视、广播还是报纸、杂志，也都纷纷上网并设立自己的网站，将自己的资料搬上网络，在刊登信息的同时，也在网络媒体上经营广告业务。自此以后，网络广告作为一种新型的营销手段逐渐成为网络媒体与广告界的热点。

5.1.2　网络广告的特点

与传统广告相比，网络广告具有以下鲜明的特点。

1. 非强迫性

传统广告具有一定的强迫性，无论是广播、电视还是报纸、杂志等，均要千方百计地抓住受众的视觉和听觉，将有关信息强行灌输给受众。而网络广告接受与否的选择权掌握在受众手里，因而具有非强迫性的特点。

2. 实时性与交互性

网络广告在制作完成之后可以实时发布、修改和撤回这一特性，可以帮助企业做到广告变化与经营决策变化同步，从而提升企业经营决策的灵活性。

网络广告是一种交互式的广告，用户可以根据自己的需求，随时与广告主进行互动和沟通，实现信息的双向交流。

3. 广泛性

网络广告的广泛性表现在以下几个方面。（1）传播范围广，无时间地域限制。网络广告可传播到互联网覆盖的所有区域，网络用户浏览广告不受时空限制。（2）内容详尽。传统广告由于受媒体的播放时间和版面的限制，其内容也必然受限；而网络广告则不存在上述问题，广告主可根据需要将广告做得十分详尽，以便广告受众进一步了解相关信息。（3）形式多样。网络广告的表现形式包括动态影像、文字、声音、图像、表格、动画等，广告主可以根据广告创意需要任意进行组合创作，从而最大限度地调动各种艺术表现手段，制作出形式多样、生动活泼且能够激发消费者购买欲望的广告。

4. 易统计性和可评估性

运用传统媒体发布广告时，评价广告效果比较困难。而在互联网上发布广告，广告主可通过权威公正的访客流量统计系统，精确统计每个广告被多少用户看过，以及这些用户浏览这些广告的时间分布、地理分布等，这有助于广告主和广告商正确评估广告效果，审定广告投放策略。

5. 重复性和检索性

网络广告可以将文字、声音、画面、视频等结合之后供用户主动检索，重复观看。

6. 视听效果的综合性

随着多媒体技术和网络技术的发展，网络广告可以集文字、动画、图像、声音与虚拟现实等于一体，营造让人身临其境的氛围，既满足用户收集信息的需要，又使其获得了视觉、听觉的享受，增加了广告的吸引力。

7. 经济性

目前，在互联网上发布广告相对传统媒体而言便宜很多，相对于电台、电视、报刊等媒体动辄成千上万元的广告费，网络广告具有很强的经济性。

8. 广告发布方式的多样性

传统广告的发布主要是通过广告代理商实现的，即由广告主委托广告公司实施广告计划，广告媒介通过广告公司来承揽广告业务，广告公司同时作为广告客户的代理人和广告媒介的代理人提供双向的服务。而在网络上发布广告使广告主有更大的自主权，广告主既可以自行发布，又可以通过广告代理商发布。

5.2　网络广告的发布方式与类型

5.2.1　网络广告的发布方式

网络广告有多种发布方式，企业既可以通过内部网络平台进行发布，也可以利用现有的外部网络平台来发布；既可以通过传统的 PC 端发布，也可通过新兴的移动端（如平板电脑、智能手机）发布。其中，内部网络平台包括企业网站、企业博客、企业微博和企业微信等；外部网络平台包括搜索引擎网站或内容网站、专类销售网、友情链接、虚拟社区和公告栏、网上报纸或杂志、新闻组、网络黄页等。此外，PC 端发布的广告形式和移动端发布的广告形式也有很大的不同。到底采取哪一种或哪几种网络广告发布方式，取决于企业自身的实力和具体的业务需要。

5.2.2　网络广告的类型

1997 年我国第一条互联网广告出现，这可视作网络广告的发端。经过 20 多年的发展，网络广告的形式已丰富多样。若按照演进过程划分，除了最初的按钮广告、旗帜广告、文字链广告、浮动式广告、弹出窗口式广告，以及后来的电子邮件广告、关键词搜索广告、富媒体广告、网络视频广告等，还有随着移动应用程序日渐兴起的开屏广告、插屏广告等。如果以触发方式及呈现形式划分，网络广告大致可分为展示类（品牌图形广告、富媒体广告、视频贴片广告）、搜索类（通用搜索广告、垂直搜索广告）、交互类（微信摇一摇或滑动式朋友圈广告、短视频定制创意社交话题广告）和其他类（分类广告、电子邮件广告、植入广告等）。

为帮助读者清晰了解网络广告的分类，本书将网络广告划分为两大类型，一类是传统的网络广告，另一类是创新的网络广告。以上两大类网络广告又可划分为若干具体的类型，下面分别进行介绍。

1. 传统的网络广告类型

（1）旗帜广告

旗帜广告（Banner）是非常常见和传统的网络广告形式，又名"横幅广告"。网络媒体通常在自己网站的页面中分割出 2 厘米×3 厘米、3 厘米×16 厘米或 2 厘米×20 厘米的版面（视各媒体的版面规划而定）发布广告，因其像一面旗帜，故称为旗帜广告，如图 5-1 所示。旗帜广告允许广告主用简练的语言、独特的图片介绍企业的产品或宣传企业形象。

图 5-1　旗帜广告

旗帜广告分为非链接型和链接型两种。非链接型旗帜广告不与广告主的主页或网站相链接；链接型旗帜广告与广告主的主页或网站相链接，浏览者可以单击链接，进而看到广告主想要传递的更为详细的信息。为了吸引更多的用户注意并单击链接，旗帜广告通常利用多种多样的艺术形式进行处理，如做成动画跳动效果，或做成霓虹灯的闪烁效果等。

（2）按钮广告

按钮广告是由旗帜广告演变而来的一种网络广告形式，在制作方法、付费方式等方面与旗帜广告基本一样，但在形状和大小方面有所不同。按钮广告一般尺寸较小，放置位置灵活，表现手法简单，通常由一个标志性的图案构成，如图 5-2 所示。按钮广告的不足在于其被动性和有限性，用户需要主动单击才能了解到有关企业或产品的更为详尽的信息。

图 5-2　京东主页上的按钮广告

（3）企业网站广告

企业网站广告是指企业在自建的网站上所发布的广告。企业在自建网站上发布广告不受第三方媒体的限制，因此拥有完全的自主权。企业可以根据需要在网站上发布企业形象广告和产品/服务广告等，从而让受众全面地了解企业及企业的产品和服务。海信官网主页广告如图 5-3 所示。

图 5-3　海信官网主页广告

（4）文字链接广告

文字链接广告（Text Link Ads）以一个词组或一行文字作为一个广告，用户单击后可以进入相应的广告页面。文字链接广告可以出现在页面的任何位置，可以竖排或横排。这是一种对用户干扰最少的网络广告形式，但吸引力有限。文字链接广告如图 5-4 所示。

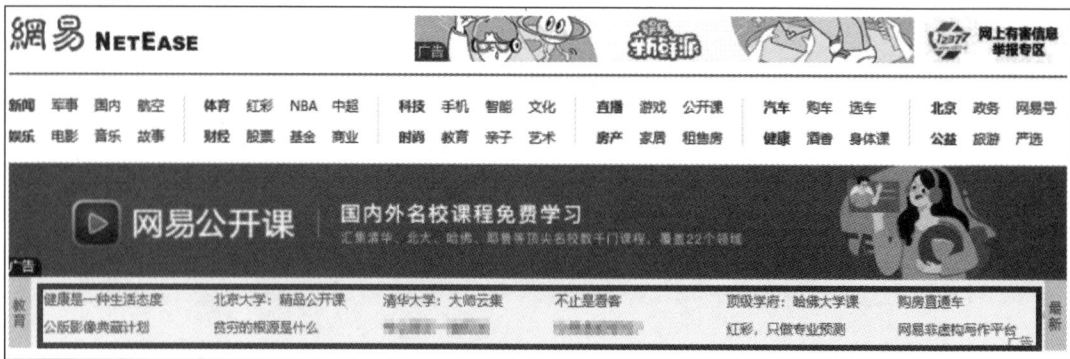

图 5-4　文字链接广告

（5）浮动式广告

浮动式广告（Floating Ads）可大可小，它会在屏幕上自行移动，甚至会随着鼠标的移动而移动，用户单击即可打开广告链接。图 5-5 所示是浮动式广告的一种形式。虽然这种广告的吸引力较强，但它会干扰用户正常浏览页面，从而招致用户的不满。很多浏览器或反病毒软件都具有屏蔽此类广告的功能，所以企业在投放这类广告时要充分考虑这一点。

（6）弹出窗口式广告

弹出窗口式广告（Pop-up Ads）是指打开网站后自动弹出的广告。该类广告具有一定的强迫性，无论用户单击与否，广告都会出现在用户面前。该类广告被广泛用于品牌宣传、产品促销、招生或咨询等活动中。但需要注意的是，由于弹出窗口式广告大多具有强制性，用户对其通常很厌恶，一般都会主动屏蔽该类广告。

图 5-5　浮动式广告

（7）电子邮件广告

电子邮件（E-mail）广告以订阅的方式将广告信息通过电子邮件发送给所需的用户。这是一种精准投放的广告，目的性很强，但需注意必须得到用户的许可，否则会被用户视为骚扰。

（8）关键词搜索广告

关键词搜索广告（Keyword Search Ads）是充分利用搜索引擎资源开展网络营销的一种手段，属于按点击次数收费的网络广告类型。关键词搜索广告有两种基本形式，一是关键词搜索结果页面上方的广告横幅，可以由客户买断。这种广告针对性强，品牌效应好，点击率高。二是在关键词搜索结果的网站中，客户根据需要购买相应的排名，以提高自己的网站被访问的概率。关键词搜索广告如图 5-6 所示。

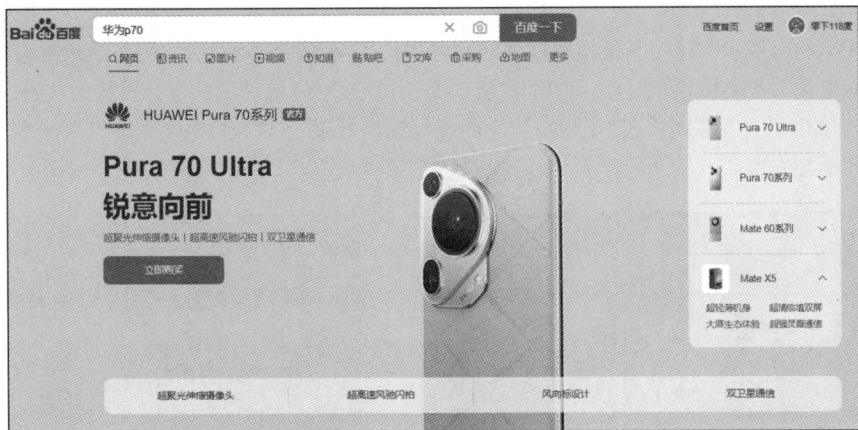

图 5-6　关键词搜索广告

2. 创新的网络广告类型

（1）流媒体广告

流媒体广告是指广告主借助流媒体技术（流媒体技术是一种使音频、视频和其他多媒体元素在互联网上以实时的、无须下载等待的方式进行播放的技术）在网络上发布广告的一种网络广告形式。流媒体技术可将一连串的媒体数据压缩，通过分段发送数据，在网上即时传输影音，从而实现媒体数据边传送边播放，因此大大节省了下载等待时间和存储空间。根据广告所传达的内容分类，流媒体广告可以分为静态广告和动态广告。静态广告指的是图文结合或高品质动画形式的广告，比旗帜广告更具观赏性。动态广告又可分为音频流广告和视频流广告这两种表现形式，这两种广告可分别被认为是传统的广播广告和电视广告在网络媒体上的再现。

（2）富媒体广告

富媒体广告是基于富媒体技术的一种用浏览器插件或其他脚本语言编写的具有视频效果和交互功能的网络广告形式。其实富媒体并不是一种真正的媒体，而是指目前在网络上应用的一种高频宽带技术。借助富媒体技术，网络广告能够突破网络带宽的限制，实现流畅播放。同时，富媒体广告自身通过程序设计就可实现调查、竞赛等相对复杂的用户交互功能。此外，相对于传统的网络广告，富媒体广告的表现形式更为丰富，不仅有视频广告、扩展类广告和浮层类广告等，还包含地址栏广告、网页背景广告等。

（3）网络游戏广告

网络游戏广告是以网络游戏为载体，将广告植入游戏，以网络玩家为目标受众的一种网络广告形式。网络游戏广告将广告变成游戏的一部分，使广告与游戏紧密结合，让玩家在游戏的状态下体验产品的特性，从而大大增强了广告的传播效果。网络游戏中的 OPPO 和 vivo 广告如图 5-7 所示。

（4）网络视频广告

网络视频广告是目前较为流行的一种广告形式，可分为传统的视频广告和用户自发制作的视频广告。传统的视频广告是指直接在线播放广告主提供的网络视频，相当于将电视广告放到网上。而用户自发制作的视频广告是用户自制的原创广告，通过网络平台尤其是移动端网络平台进行展示，以传播

图 5-7　网络游戏中的 OPPO 和 vivo 广告

广告信息，我们在微信和各类短视频平台上经常可以看到这种类型的广告。抖音 App 上的果蔬洗洁精广告如图 5-8 所示。

（5）OTT 广告

OTT 是 Over the Top 的缩写，是指通过互联网向用户提供各种应用服务，现在泛指互联网电视业务，一般包括智能电视、各类机顶盒终端。OTT 广告则是通过 OTT 终端对用户进行投放的广告，如图 5-9 所示。OTT 广告实现了"互联网广告+电视广告"的叠加溢出效果，OTT 给电视大屏带来诸多互联网元素，使之媒体属性更加丰富。

图 5-8　抖音 App 上的果蔬洗洁精广告

图 5-9　雪佛兰 OTT 广告

OTT 具备可寻址、可用户画像等特点，平台覆盖海量人群标签，为其开展精准营销奠定了基础。目前各平台根据品牌需求，支持人群圈选和定向投放。具体来看，可以实现精准人群/城市/社区定向，将创新的广告内容，分时段进行定向投放，精准触达目标消费人群。

（6）社交媒体广告

社交媒体（Social Media），也称社会化媒体，指的是互联网上人们用来创作、分享、交流意见、观点及经验的虚拟社区和网络平台。社交媒体广告是基于社交平台来展现的一种广告形式，其中，社交媒体平台包括微信、微博、社交网站、知识变现平台、论坛等。

不同的社交媒体所展示的网络广告类型有所差异，有些是某一社交媒体所特有的，如随着微信的出现而诞生的朋友圈广告、公众号底部广告、文中广告、视频贴片式广告、互选广告与小程序广告等。微信小程序广告如图 5-10 所示。

延伸学习

社交媒体广告的优势

图 5-10　微信小程序广告

（7）移动广告

移动广告是以智能移动终端（智能手机、平板电脑等）为载体发布的广告，具有针对性和交互性强、送达率高等特点。近年来，随着移动网络用户的不断增加，移动广告开始受到广告主的青睐。移动广告的表现形式丰富，不仅包括传统的图片广告、文字广告、插播广告、链接广告、视频广告等，还有各种 App 和小程序上出现的创新广告形式，如开屏广告、插屏广告等。喜马拉雅 App 上的开屏广告如图 5-11 所示。

如今，诸如流媒体、虚拟现实建模语言（Virtual Reality Modeling Language，VRML）等网络视频技术的发展，为网络广告的发展提供了技术上的保障。随着互联网技术的发展及宽带技术水平的提高，网络广告的表现形式也越来越丰富。

图 5-11　喜马拉雅 App 上的开屏广告

5.3　网络广告策划

网络广告策划是根据互联网的特征及目标受众的特征对广告活动进行的运筹和规划，它本质上与传统的广告策划思路相似，包括确定网络广告目标、确定网络广告的目标受众、选择网络广告的发布渠道、进行网络广告创意等一系列活动。

5.3.1　确定网络广告目标

网络广告目标是一定时期内广告主期望的，通过在网上发布广告而实现的预期广告活动成果，如促进商品销售，提高商品知名度、美誉度，改变消费者认知，加强与目标消费者的互动，增强市场竞争力等。因此，网络广告目标不是单一的，而是多元的。

确定网络广告目标的目的是通过信息沟通，使消费者产生对品牌的认识、情感、态度和行为的变化，从而实现企业的营销目标。在确定网络广告目标时，应遵循以下原则：（1）广告目标要符合企业的营销目标；（2）广告目标要切实可行；（3）广告目标要明确具体；（4）单个广告的目标应单一；（5）广告目标要有一定弹性；（6）广告目标要有协调性；（7）广告目标要考虑公益性。

5.3.2　确定网络广告的目标受众

广告的目标受众（Target Audience）即广告传播的诉求对象。目标受众决定了广告媒体的选择和传播策略，同时也决定了广告文案的内容。因此，企业发布网络广告前必须根据广告的营销目标确定目标受众，这样制作的广告才有针对性。

通常，网民在广告接受态度较理性的情况下，希望能够看到与自身需求相关的广告。以受众为核心的网络广告能够精准定位用户需求，改善用户体验和广告效果。随着精准投放和受众营销等概念的市场接受程度不断提升，实时竞价（Real-Time Bidding，RTB）和受众购买（Audience Buying）的需求方平台（Demand-Side Platform，DSP）企业逐渐被市场认可，基于受众购买的网络广告将日益受到广告主的重视。

5.3.3　选择网络广告的发布渠道

企业应根据自身的需求，本着广告效益最大化的原则选择最佳的网络广告发布渠道。常见的网络广告发布渠道主要有以下几种。

网络广告的策划流程

1. 企业网站

企业网站是企业在 Internet 上建立的站点，目的是为展示企业形象、发布产品信息、提供商业服务等提供更多的途径和可能。网站是企业从事电子商务活动的基本平台，是企业进行广告宣传的绝佳窗口。在互联网上发布的网络广告，无论是按钮广告还是链接型旗帜广告，都提供了快速链接至企业网站的功能。所以，企业建立自己的网站是非常有必要的。企业的网站地址如企业的地址、名称、标志、电话、传真一样成为企业独有的标识，并被转化为企业的无形资产。

2. 博客、微博、微信等自媒体平台

随着博客、微博、微信等自媒体平台的兴起，网络广告拥有了新的发布途径。企业通过自建的博客、微博和微信来推送广告，目标定位准确，针对性很强，受关注程度较高。

3. 搜索引擎网站或门户网站

在我国，搜索引擎是仅次于即时通信、网络视频、网络支付和网络购物的第五大网络应用。根据中国互联网络信息中心发布的第 52 次《中国互联网络发展状况统计报告》，截至 2023 年 6 月，我国搜索引擎用户规模达 8.41 亿人，较 2022 年 12 月增长 3 963 万人，占网民整体的 78.0%。百度、搜狗、360、神马等搜索引擎是网民检索信息的主要工具，每天网络用户访问量巨大。在搜索引擎网站上投放广告，覆盖面广、针对性强、目标精准，而且按效果收费，性价比高。百度搜索引擎网站上的激光打印机广告如图 5-12 所示。

图 5-12 百度搜索引擎网站上的激光打印机广告

广告主也可以选择与门户网站合作，如搜狐、网易、新浪、凤凰网等，它们提供了大量的互联网用户感兴趣并需要的免费信息服务，包括新闻、评论、生活、财经等内容。因此，这些网站的访问量非常大，是十分引人注目的站点。目前，这样的网站是网络广告发布的主要渠道，并且发布广告的形式多种多样。

4. 专类销售网

专类销售网是指汇聚某一类直接在互联网上进行销售的产品的网站。以汽车之家网站（见图 5-13）为例，只要消费者在网站页面上填写自己所需汽车的类型、价位、制造者、型号等信息，然后单击搜索按钮，屏幕上马上就会出现匹配的汽车，当然还包括在何处可以购买此种汽车等信息。消费者在考虑购买汽车时，很可能会先通过此类网站进行查询。所以，对汽车代理商和经销商来说，汽车专类销售网是一个不错的网络广告发布平台。

5. 友情链接

利用友情链接，企业间可以相互推送广告。建立友情链接要本着平等的原则。这里所谓的平等有着广泛的含义，网站的访问量、在搜索引擎中的排名、相互之间信息的补充程度、链接的位置、链接的具体形式（图像还是文本，是否在专门的 Resource 网页，或单独介绍你的网站）等都是必须考虑的因素。

图 5-13　汽车之家网站主页

6. 虚拟社区和公告栏

虚拟社区和公告栏是网上比较流行的交流沟通渠道，任何用户只要注册，就可以在 BBS 或虚拟社区上浏览、发布信息。企业在上面发表与产品相关的评论和建议，可以起到非常好的口碑宣传作用。

7. 网上报纸或杂志

在互联网日益发展的今天，新闻界也不甘落于人后，一些世界著名的报纸和杂志也纷纷触网，在互联网上建立自己的主页。更有一些新兴的报纸与杂志，干脆脱离了传统的"纸"的媒体，完完全全地成为一种"网上报纸或杂志"。

8. 新闻组

新闻组也是一种常见的网络服务，它与公告牌相似，人人都可以订阅它，并可成为新闻组的一员。成员可以在新闻组上阅读大量的公告，也可以发布自己的公告或者回复他人的公告。新闻组是一种很好的讨论与分享信息的方式。对于企业来说，新闻组是一种非常有效的传播自己的广告信息的渠道。

9. 网络黄页

网络黄页是指互联网上专门提供查询检索服务的网站，代表性的网络黄页有中国黄页（见图 5-14）。这类站点就如同电话黄页一样，按类别划分，便于用户进行站点的查询。在网络黄页上发布广告的好处，一是针对性强，查询过程都以关键字区分；二是醒目，广告处于页面的明显位置，易被用户注意。

图 5-14　中国黄页网主页

10. 短视频平台

短视频相较于文字和图片，表现方式更为直观，对受众的刺激更为强烈，而且在内容上更为有趣。随着移动互联网技术的发展，网速越来越快，视频播放也越来越流畅，同时，手机流量资费的大幅下降使得资费因素对用户的限制越来越小，这为短视频的爆发式发展奠定了坚实的基础。如今，短视频 App 已成为时下互联网上热门的应用之一，抖音、快手等短视频平台的用户规模数以亿计，成为商家投放网络广告的重要平台。

阅读资料 5-1　快手的广告形式

短视频平台快手目前有两种广告形式，一种是快手粉丝头条，主要针对"快手视频"进行推广，用户拍摄了快手视频并且有推广的需求，即可通过快手粉丝头条自行充值开通推广。该项服务按每千人印象成本计费。快手粉丝头条能满足增加视频曝光量、增加快手粉丝等推广需求。快手粉丝头条推广的素材来自"快手视频"，并且面临严格的审核，对于不适合使用快手粉丝头条进行推广的视频，平台将会予以拒绝。

另一种广告是快手开辟的专门的视频信息流广告。快手在"发现""同城"频道页留有广告位置，广告主可以通过官方的广告后台投放符合要求的广告。广告形式可以为视频、图片以及超链接等，相比快手粉丝头条，该广告可以更大限度地满足广告主的宣传需求。

5.3.4　进行网络广告创意

网络广告策划中极具魅力、最能体现水平的部分就是创意。它包括两个方面：一是内容、形式、视觉表现、广告诉求的创意；二是技术上的创意。网络广告的创意主要来自互联网本身，互联网是一个超媒介，它融合了其他媒介的特点。因为有不同的传播目的、传播对象，互联网可以承载不同的广告创意。同时，互联网是计算机科技和网络科技的结合，注定具有高科技特性，这也带来了更加多变的表现方法，为网络广告创意提供了更多的方向。

案例分析

网易严选"双十一"广告短片不走寻常路

网易严选于 2021 年推出了广告短片《离了吧，双十一》（见图 5-15），从消费者视角对"双十一"复杂的套路来了一次"吐槽"，玩的虽然还是"反套路"风格，但剧情依旧让人直呼"想不到"。

广告中，女主角的名字是"买家美少女壮士1991"，代表广大买家；而男主角的名字则是"双十一"，代表那个曾经"单纯"、但现在"套路"满满的"双十一"，在他们的"婚姻生活"中，妻子想要轻松愉快地买东西，丈夫想的却是自己的业务增长逻辑……

资料来源：鸟哥笔记 App。

图 5-15　网易严选广告短片《离了吧，双十一》截图

案例分析： 网易的这则广告短片表面上是控诉"感情危机"，实际上剑指"双 11""套路营销"的行业陋习，网易作为"双 11"的一股清流，输出了网易严选"回归真实生活，拒绝套路"的消费观念，又成功吸引了消费者的关注。该广告通过独特的创意和视角，展现了网易严选对消费者的真正关心与体贴，引发了消费者的情感共鸣，从而提高了网易严选的品牌知名度和美誉度。

良好的创意是网络广告颖而出，吸引目标受众注意的关键。为创作出高水平的网络广告，相关人员在进行网络广告创意时，应把握好以下几点：

1. 打造强有力的视觉冲击效果

网络信息浩如烟海，如果广告不具有强大的视觉冲击力，必然不能为目标受众所关注。因此，广告创意者应尽量创作出能瞬间吸引受众注意力的广告作品，以便引起受众的关注。

2. 传递简单易懂而又有趣的信息

当今社会生活节奏加快，网络用户的时间越来越碎片化，如果广告内容冗长、晦涩难懂或平淡无奇，则很难吸引网络用户。事实上，简单易懂而又有趣的广告更容易被受众所关注。为什么抖音上的很多广告都不让我们反感？就是因为这些广告时长很短而又非常有趣，很难让我们产生厌烦的感觉。当然，这也与抖音强大的后台算法有关，它可以根据用户的喜好，进行精准的广告推送。

3. 适度的曝光率

网络用户的一个基本特点是"喜新厌旧"，即用户的关注度会随着广告上网时间的增加而降低。因此，当某一则广告的曝光率达到某种程度，并且出现下降倾向时，广告创意者就必须考虑更换该广告。

4. 发展互动性

随着网络技术的研究和发展，未来网络广告必定朝着互动性方向发展。网络广告如能增加游戏活动功能，则点击率会大大提高。索尼在线的娱乐站发布的凯洛格公司的网络游戏广告，以一组游戏为特色，使用户在参加其中一个游戏后有机会赢得一盒爆米花。发布这则广告后，凯洛格公司主页的访问者增加了 3 倍，访问时间增加了 2 倍，该广告的浏览率高达 14.5%。

5.3.5　选择网络广告发布平台

选择网络广告发布平台时应注意多个问题，如该平台用户是否与广告目标受众一致、是否有足够多的活跃用户、是否具备流量和数据优势、平台的管理水平如何、广告计价是否合理、平台能够支持哪些广告形式、在审核方面是否有特殊要求等。

5.4　网络广告预算与效果评估

5.4.1　网络广告预算

发布广告是一项商业活动。对广告活动费用开支计划的设计、安排及分配就是广告预算，它规定了计划期内广告活动所需的金额及其在各项工作上的分配。对广告主来说，广告预算的目标就是力求以最低的成本获得最佳的广告效果。

1. 网络广告预算编制的方法

目前常用的网络广告预算编制的方法主要有以下几种。

（1）期望行动制。这种方法以购买者的实际购买行动为参照来确定广告费用。一般的做法是，先预估一个可能的购买量的范围，再乘以每一单位购买行动的广告费，取其平均值就得到广告预算结果。预期的购买人数一般参照同类商品以往年份的统计数字，每一单位的广告费用可根据商品及企业的目标来定。这种做法尤其适合农产品、大众消费品、家用电器等有较稳定购买量的商品，它的预期购买数目较容易接近实际的数字。

（2）产品跟踪制。这种方法通常只确定每一单位商品用多少广告费，再根据实际成交量来确定预算费用，常常使用的是以往的数据，具有时滞性，但好处是便于操作，具有一定的客观性。

（3）阶段费用制。这是广告预算中最常用的方法之一，其根据企业营销计划要达到的阶段性目标来制定广告预算。这种方法能够根据市场环境的变化和产品生命周期，及时调整广告费用投入，因而被普遍采用。

（4）参照对手制。这种方法主要是参照竞争对手的广告投入情况来制定广告预算，具有较强的针对性，而且也较为灵活。

（5）市场风向制。这种方法依据商业环境的变化来制订预算计划，在商业环境恶化时，一般加大广告力度，加大预算，这有助于扩大市场。但选择此时拓展市场往往要有较大的成本投入，并且效果要在商业环境改善后才能有所体现。在市场繁荣、商品销售向好时，广告预算则可以适当减少。

（6）比例提成制。这种方法根据销售比例或盈利比例来制定广告预算。按销售比例计算的方法是先确定一定的销售额基数，然后根据一定的广告投入比率计算出广告预算。这种方法简便易行，制定预算的过程也不复杂，有一定的科学性。

2. 网络广告的付费模式

（1）每千人印象成本（Cost Per Mille，CPM）

传统媒体广告业通常将每千人成本作为确定媒体广告价格的基础。互联网网站可以精确地统计其页面的访问次数，因此网络广告也可以按访问人次付费。所以，网络广告沿用了传统媒体广告的做法，一般以广告网页被 1 000 次浏览为基准计价单位。

（2）每千次点击成本（Cost Per Thousand Clickd-Throughs，CPC）

该付费模式以网页上的广告被单击并链接到相关网站或详细内容页面 1 000 次为基准。例如，广告主购买了 10 个 CPC，意味着其投放的广告可被单击 10 000 次。虽然 CPC 的费用比 CPM 的费用高得多，但广告主往往更倾向于选择 CPC 这种付费模式。因为 CPC 真实反映了受众确实看到了广告，并且进入了广告主的网站或页面。CPC 也是目前国际上流行的广告付费模式。

（3）每行动成本（Cost Per Action，CPA）

CPA 模式是按广告投放实际效果（如回应的有效问卷或定单）来计费的。计算公式为：CPA=总成本/转化次数。CPA 模式对于广告主而言，能够在一定程度上规避广告费用的风险，因为只有当用户产生实际行动时，广告主才需要支付费用。对于网站或广告发布者而言，CPA 模式存在一定风险，因为广告投放的成功与否很大程度上取决于产品本身的受关注程度、性价比以及网友的消费习惯等因素，这些因素都是广告发布者难以完全控制的。

（4）每购买成本（Cost Per Purchase，CPP）

这是广告主为避免广告费用风险而采用的一种付费模式，也称销售提成付费模式，即广告主在广告带来销售收益后，按销售数量付给广告网站较一般广告价格更高的费用。

（5）按业绩付费（Pay-For-Performance，PFP）

按业绩付费是从 CPM 转变而来的一种付费模式，其基于业绩的定价计费标准有点击次数、销售业绩和导航情况等。

5.4.2 网络广告的效果评估

网络媒体具有较强的机动性和可调整性，一旦网络广告效果不佳，广告主就应对其进行调整，如调整曝光次数、修正广告内容等，一般检测期为一周或 10 万次曝光后。

对网络广告效果的评估，较准确的评价指标是曝光次数（Impression）及广告点击率（Click Through Rate，CTR）。曝光次数是指有广告的页面被访问的次数，即广告管理软件的计数器上所统计的数字。广告点击率是指访客单击广告的次数占广告曝光次数的比率。

评估广告效果还要考虑事先设定的广告目标，不同的目标将导致不同的结果。例如，当广告的目标是建立品牌形象时，广告点击率并不是主要的评价指标，优质的、有效的曝光次数才是评估的重点。

为了进行公正的网络广告效果评估，广告主除了运用网站自身的广告管理软件和稽核工具外，还可以利用第三方认证机构。许多传统的大广告主，如宝洁、英特尔、微软等，都愿意在公正的数字稽核下，支付比传统媒体更高的价格来刊登网络广告。

本章实训

【实训主题】网红品牌的广告策略

【实训目的】通过实训，掌握网红品牌的广告策略。

【实训内容及过程】

（1）以小组为单位组建任务实训团队。

（2）各任务团队在广泛搜集资料的基础上，从广告受众、广告创意特点和网络广告效果评价三个方面对江小白、卫龙辣条和喜茶网红品牌的网络广告进行对比分析。

（3）撰写分析报告，并做成 PPT 进行展示。

（4）由教师给出实训成绩，作为本课程的平时成绩之一。

【实训成果】

分析报告——《网红品牌的网络广告分析》。

练习题

一、单选题

1．网络广告于 1994 年诞生于（　　）。

　　A．中国　　　　　　　B．日本　　　　　　　C．英国　　　　　　　D．美国

2．（　　）是常见的网络广告形式，又名"横幅广告"，是互联网上最为传统的广告形式。

　　A．按钮广告　　　　　B．分类广告　　　　　C．旗帜广告　　　　　D．视频广告

3．（　　）可以将文字、声音、画面结合之后供用户主动检索，重复观看。

　　A．杂志广告　　　　　B．网络广告　　　　　C．电视广告　　　　　D．报纸广告

4．网络广告策划的内容不包括（　　）。

　　A．确定网络广告目标　　　　　　　　　　　B．进行市场调研

　　C．确定网络广告的目标受众　　　　　　　　D．对网络广告效果进行评估

5．在（　　）上投放广告，覆盖面广、针对性强、目标精准，而且按效果收费，性价比高。

　　A．网络黄页　　　　　B．企业主页　　　　　C．门户网站　　　　　D．搜索引擎网站

二、多选题

1．网络广告的主要特点有（　　　）。

　　A．非强迫性　　　　　B．实时性与交互性　　　C．广泛性　　　　　　D．易统计性和可评估性

　　E．视听效果的综合性

2．网络广告的广泛性表现在（　　　）。

　　A．内容详尽　　　　　B．形式多样　　　　　　C．传播范围广，无时间地域限制

　　D．传播速度快　　　　E．经济性

3．网络广告的发布渠道包括（　　　）。

　　A．企业网站　　　　　　　　　　　　　　　B．博客、微博、微信等自媒体平台

　　C．搜索引擎网站或门户网站　　　　　　　　D．专类销售网

　　E．友情链接

4．下列属于网络广告的付费模式的有（　　　）。

　　A．每千人印象成本　　B．每千次点击成本　　　C．每行动成本

　　D．每购买成本　　　　E．按成本付费

5．目前常用的网络广告预算的编制方法包括（　　　）。

　　A．期望行动制　　　　B．产品跟踪制　　　　　C．阶段费用制

　　D．参照对手制　　　　E．市场风向制

三、名词解释

1．网络广告　　2．网络视频广告　　3．网络广告目标　　4．网络广告策划　　5．网络广告预算

四、简答及论述题

1．与传统广告相比，网络广告的特点主要有哪些？

2．关键词搜索广告有哪两种基本的模式？

3．在确定网络广告目标时应遵循哪些原则？

4．试论述网络广告发布渠道的选择方法。

5．试论述进行网络广告创意的几个关键点。

案例讨论

《京东图书 问你买书》短视频广告

最美人间四月天，花开满园春满园。2022年4月24日零时，京东图书围绕世界读书日发起的读书月活动圆满收官。在18天的时间里，京东图书集结数百万种好书新书，携手数千家合作伙伴及第三方图书商家，为广大读者带来一场盛大的阅读嘉年华。特别是21—23日的巅峰72小时盛典实现了总体33%的同比增幅，有力展现了京东图书以供应链为基础、以阅读为核心的全景生态的勃勃生机，在建设书香社会、推进全民阅读方面履行了企业社会责任。

"去年世界读书日买的那本书，折封了么？"2022年4月23日，人民网微信公众号的文章中如此发问。

这是京东图书发起"问你买书"活动的契机。京东图书认识到，书的价值需要通过阅读来实现。为免于陷入"买了书却不看书"的怪圈，京东携手作家余华、诗人余秀华发起了"京东图书 问你买书"活动，通过向读者回购图书的公益方式，传递"让好书不再尘封，读者有其书，书者有人读"的价值。《京

东图书 问你买书》宣传海报如图 5-16 所示。

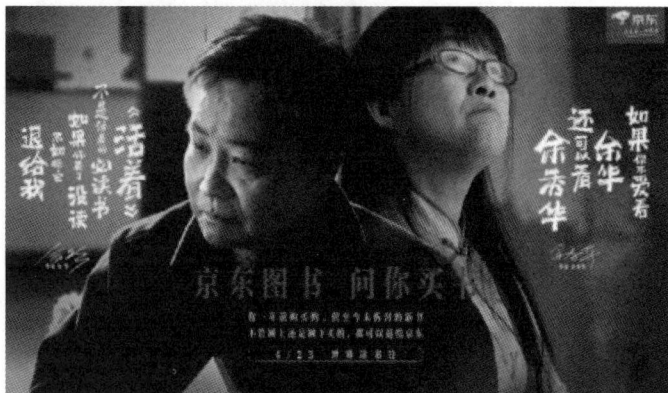

图 5-16 《京东图书 问你买书》宣传海报

不同于"说教式"的品牌观点输出，京东图书打造了一支别具一格的短视频广告，由作家余华和诗人余秀华出演，向大众传达买书要读的朴素理念。

短视频广告中男主人面对余华的突然到访，显得有些措手不及，即使那本《活着》在书架上已经落了厚厚的一层灰，却硬着头皮说读了读了，还偷偷地擦去积灰，这样尴尬的场面让人忍俊不禁。这一小小的细节也点醒了很多人，也许男主人就是现实中很多买书人的真实写照。

在短视频广告的第二部分，诗人余秀华以"我不是余华，我是余秀华"诙谐承接，两个场景相互呼应，一个抛梗，一个接梗，让观众产生浓厚的兴趣，急于了解后面的剧情走向。

而短视频广告中的小女孩念词时表情严肃认真，偶然出现的几处错误读法也成了点睛之笔，观众都沉浸在这极富感染力的情境中，观点的输出真实而有力量。

如今，"热爱"已经是被品牌们频频主张的万能词语。可如何浇灌热爱、把热爱付诸行动，始终是未诉说的空白。因此，让热爱不被辜负，成为这一次"京东图书 问你买书"想要表达的内核。在此次短视频广告创意中，京东图书不再是与消费者对立的卖书商的角色，而是借作家之口，以朋友的身份，用行动建立与消费者之间的信赖关系，展现品牌的诚意与实力。

与此同时，京东图书还将世界读书日高潮期活动的触角延伸到线上线下各种渠道，在北京、广州、成都、重庆等地的地标性区域都能看到京东读书月的大屏广告；在微博、抖音、微信等流量聚集地，以及大量导购媒体、社交媒体、团购群、内容分发渠道等，读者都能够便利地得到京东图书的高潮期信息。

资料来源：新华财经、百度百家号。

思考讨论题：

1. 京东世界读书日期间的活动为何能引起广大读者的共鸣？
2. 结合本案例，请谈谈短视频广告的网络发布策略。

第6章 网络社交媒体营销

 **学习目标**

【知识目标】

（1）理解网络社交媒体营销的含义。

（2）掌握网络社交媒体营销的策略。

（3）熟悉微信营销的含义与特点。

（4）熟悉博客营销及微博营销的含义与特点。

（5）熟悉小红书、知乎社区营销的特点。

【素质目标】

（1）培养关注直播社交媒体营销发展的积极意识。

（2）提升学生对新生事物的敏感度和洞察力。

（3）建立社交媒体营销的新思维。

 **知识结构图**

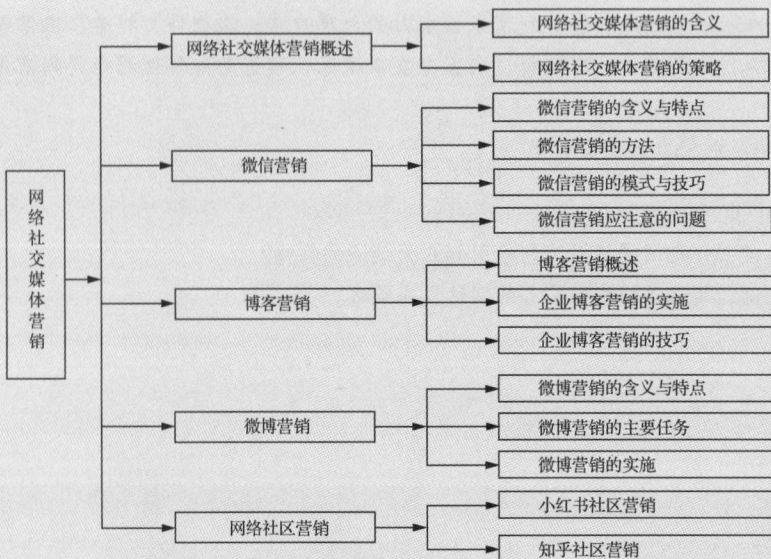

一条微信朋友圈信息引发的爱心助农接力

2022年12月1日下午1时8分许，网名为"难得糊涂"的鹿邑县菜农胡先生通过抖音账号向郑州一餐饮公司负责人樊先生发了一条私信："樊总你好，我是你的粉丝，也是菜农，现有一批西芹到郑州卖不出去，看看你们店里有没有需要？帮助我们消化一下，不至于让老百姓的菜烂到地里，我的电话是138×××××××，我们需要你们的帮助。"樊先生立即回复："我安排人和你联系。"当天下午5时许，该公司采供部就完成购买5 000斤芹菜。

同时，樊先生在朋友圈转发爱心助农信息，发动身边有需要的餐饮企业购买芹菜，共同助力菜农，尽自己所能帮助菜农解决蔬菜滞销问题。不少餐饮企业得知这一信息后，纷纷报名购买蔬菜，一场帮助菜农销售滞销菜的爱心接力在这个寒冷的冬季悄然展开……很快，一车蔬菜就被抢购一空。

"力所能及帮助他人，自己内心无比快乐。"2022年12月2日，得知菜农的问题已经解决，樊先生感到由衷的高兴，便发了一条朋友圈信息，还配了一张在某社交平台的私信截图。很快，这则信息便在朋友圈刷了屏，好友们纷纷点赞回复。

资料来源：河南日报农村版。

6.1 网络社交媒体营销概述

6.1.1 网络社交媒体营销的含义

网络社交媒体是指通过互联网和移动通信技术构建的一种数字平台，用以促进用户之间的交流、分享与互动。网络社交媒体为用户提供了创建个人资料、发布内容、关注他人并与他人交流的渠道，包括各种在线社区、社交网络、微信、博客、微博、视频分享平台等。

网络社交媒体营销是指企业通过网络社交媒体发布特定的信息以引起目标受众关注，从而提升企业品牌及产品的曝光率，最终实现销售目标的营销方法。网络社交媒体营销具有提高品牌知名度、创建和维护客户关系、提升商品销量、降低营销推广成本以及扩大目标受众等优势，如今被越来越多的企业所采用。

利用网络社交媒体开展营销的方式有很多，其中较为常见的有微信营销、微博营销、博客营销、网络社区营销，本书将在下文分别对其进行阐述。

6.1.2 网络社交媒体营销的策略

1. 发布的内容真实可信并持续更新

企业在网络社交媒体上发布内容的真实与否，是建立用户信任、实现后期宣传效果转化的关键。企业在网络社交媒体上的名字和头像一定要真实，账号信息也要填写完整，并应尽快获得官方认证。企业在网络社交媒体上发布的内容一定要准确、可靠，以免失信于目标受众。此外，为了提升受关注度以持续获得流量，企业还需在网络社交媒体上不断更新用户喜闻乐见的内容。

2. 积极与用户互动

在网络社交媒体营销活动中，将用户转化为忠实顾客的过程，实际上就是人际关系建立和加深的过程。企业在网络社交媒体上仅发布内容而不与用户互动，就会让话题失去活力，导致热度降低。因此，企业应对用户的评论给予一定的回应，提升互动水平，以增强用户的黏性。

3. 及时关注网络社交媒体的舆情

俗话说"好事不出门，坏事传千里"。尤其在当今的网络时代，企业一旦出现负面信息，就会经由各种社交媒体疯狂传播，从而给企业带来致命的打击。因此，企业需要及时关注网络社交媒体中的舆情，当用户反馈负面信息时，应采取有效的公关措施来及时化解，以免造成更大的负面影响。

4. 多渠道联动

在网络社交媒体上要想获得更好的宣传效果，企业需要将多个网络社交媒体联动起来，以实现全媒体的信息覆盖。这样能够帮助企业获得更多的曝光率，从而实现扩大宣传范围的目的。这需要企业将自己所有的网络社交媒体关联起来，同步更新信息，并加强不同社交媒体间的交流，实现互相引流，从而在闭环中实现更多的用户转化。

5. 做好数据分析

网络社交媒体营销效果的提升得益于营销策略的不断调整和完善。企业应定期对网络社交媒体营销的数据进行科学的分析，以及时发现问题，改进营销策略。

由于各种网络社交媒体的营销方式都具有不同的特性，所以企业需要了解各种方式的优缺点，根据媒介的不同特性实施不同的营销策略，将优势最大化，达到最佳的营销效果。营销活动媒介不止微信、微博、短信等，现在是一个多元化的营销时代，企业要采取一系列的营销策略，有针对性地开展营销活动。

6.2 微信营销

6.2.1 微信营销的含义与特点

1. 微信营销的含义

微信是腾讯公司于 2011 年推出的一个为智能终端提供即时通信服务的免费应用程序，已从最初的社交通信工具，发展为连接人与人、人与商业的平台。微信营销是一种创新的网络营销模式，主要利用手机、平板电脑中的微信进行区域定位营销，并借助微官网、微信公众平台、微会员、微推送、微活动、微支付等来开展营销活动。

2. 微信营销的特点

微信不同于微博，作为纯粹的沟通工具，对于商家、媒体和用户之间的对话不需要公之于众，所以亲密度更高，完全可以做一些真正满足用户需求的个性化内容推送。微信营销具有以下特点。

（1）点对点精准营销。微信点对点的交流方式具有良好的互动性，精准推送信息的同时更能与用户形成一种朋友关系。微信拥有庞大的用户群，借助移动端，能够让每个个体都有机会接收企业推送的消息，继而实现企业对个体的点对点精准营销。

（2）功能多样化。微信平台除了基本的聊天功能外，还有朋友圈、语音对讲、公众平台、二维码、摇一摇等功能，如图 6-1 所示。

（3）曝光量高。微信是由即时通信工具演变而来的，拥有强大的提醒功能，能及时提醒用户查看未读信息。企业借助微信可以将营销活动信息快速、精准地发送给目标用户。在企业将微信

图 6-1　微信平台的功能

信息发布给目标用户之后，微信信息中心会通过多种方式（如铃声、震动、屏幕显示等）提醒用户阅读信息。因此，微信营销具有非常高的曝光率。

（4）强关系的营销。微信的点对点产品形态注定了其能够通过互动的形式将普通关系发展成强关系，从而产生更大的价值。微信营销通过互动的形式与用户建立联系，用一切形式让企业与消费者形成朋友的关系。你不会相信陌生人，但是会信任你的"朋友"。

（5）营销成本低。微信账户免费注册使用，与电视媒体、纸质媒体等传统媒体相比，微信具有超低的传播成本，开展营销活动成本低。

当然，微信营销也有自身的限制，如与微博相比，微信是一个封闭的社区，所有的信息传播基本局限于朋友圈；而微博是一个公共空间，话题找准后，扩散的速度比微信快很多。

6.2.2　微信营销的方法

微信营销平台主要包括微信个人账号、微信公众平台两大部分。其中，微信公众平台又包含了订阅号、服务号、企业号以及小程序，同时微信还支持接入第三方平台，其结构如图 6-2 所示。

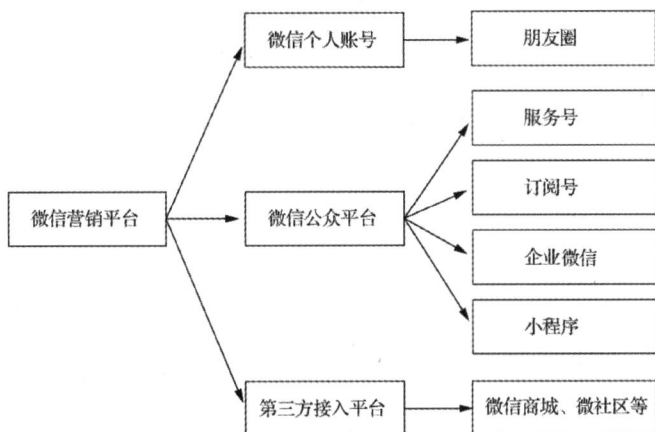

图 6-2　微信营销平台的结构

1. 微信个人账号营销

开展微信个人账号营销需按以下步骤进行，即注册微信个人账号、装饰微信个人账号、增加微信好友数量、朋友圈广告宣传、与客户沟通达成交易，如图 6-3 所示。

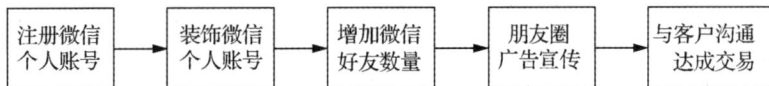

图 6-3　微信个人账号营销步骤

企业开展微信个人账号营销首先要注册微信账号，只要有手机号，就可以免费注册。注册之后要注意对个人账号进行"装饰"，以取得客户的信任与好感。开展微信个人账号营销的关键是拥有一定数量的微信好友。企业可以通过通讯录导入、扫描二维码、按微信号或手机号搜索、微信摇一摇等多种方式添加好友；也可以通过微博、知乎、社群等媒介宣传自己的微信账号，吸引目标客户主动添加你为好友；还可以建立专门的微信群，在群内进行商品信息推送，通过群内好友相互介绍，找到目标客户。开展微信个人账号营销要充分发挥微信朋友圈的作用，可以将其作为推送商品信息的一个重要窗口。同时，要注意多与微信好友沟

延伸学习

企业如何做好微信公众号的内容营销

通，建立与他们的友好关系，以便达成交易。企业在客户购买商品之后一定要加强售后服务，使客户满意，从而促使其重复购买。

2. 微信公众平台营销

微信公众平台相当于一个自媒体平台，个人和企业均可申请公众平台账号，如图6-4所示。在微信公众平台上个人或企业可以发送文字、图片、语音、视频等信息来和特定用户进行沟通、互动，从而进行营销和宣传。

图 6-4 微信公众平台界面

企业可以利用微信公众平台进行营销活动，通过后台的用户分组和地域控制，实现精准的商品信息推送。利用二次开发展示商家微官网、微会员、微推送、微支付、微活动、微报名、微分享、微名片等，微信公众平台营销已经成为一种主流的线上线下微信互动营销方式。目前，微信公众平台主要包括服务号、订阅号、企业微信和小程序 4 种类型的账号。由于微信小程序是在服务号、订阅号及企业微信之后推出的，在使用方式上与其他公众账号有所不同，加之微信小程序营销对企业而言意义重大，因此我们将在本书第14章第4节对其进行重点阐述。微信公众平台中服务号、订阅号及企业微信的具体差异如表6-1所示。

表 6-1 微信公众平台不同账号类型的差异

账号类型	功能类型	具体功能
服务号	旨在为用户提供服务	为用户提供更专业的服务，提高企业管理能力，帮助企业搭建全新的公众号服务平台。其具体功能如下。 （1）一个月（自然月）内仅可以发送 4 条群发消息； （2）发给订阅用户（粉丝）的消息，会显示在对方的聊天列表中，相当于微信的首页； （3）服务号会出现在订阅用户（粉丝）的通讯录中，通讯录中有一个公众号的文件夹，用户点开可以查看所有服务号； （4）服务号可申请自定义菜单

账号类型	功能类型	具体功能
订阅号	旨在为用户提供信息	企业可以通过订阅号向用户传达资讯，以便于企业与用户构建更好的沟通模式。其具体功能如下。 （1）每天（24 小时内）可以发送一条群发消息； （2）发给订阅用户（粉丝）的消息，将会显示在对方的订阅号文件夹中，用户点击两次才可以打开； （3）在订阅用户（粉丝）的通讯录中，订阅号将被放入订阅号文件夹； （4）个人只能申请订阅号
企业微信	主要用于企业内部通信	提供免费的办公应用，助力企业高效办公和管理。

服务号主要用于为用户提供服务，同时可以销售产品。例如，在中国移动服务号中，用户将个人手机号与该服务号绑定后，可以查阅相关业务、变更业务套餐以及给手机充值等，方便快捷。用户服务需求高的企业在开通订阅号的同时，也会再开通服务号。

订阅号主要用于企业产品信息传播。企业可以通过订阅号，每天推送一条相关信息来展示自己的企业文化、理念和特色，或做宣传推广活动，从而树立品牌形象。很多企业和媒体都使用订阅号开展营销活动。

企业微信是企业的专业办公管理工具，具有与微信一致的沟通体验，能够为企业用户提供丰富的免费办公应用，并与微信消息、小程序、微信支付等互通，助力企业高效办公和管理。

3. 第三方接入平台

微信开放平台是微信 4.0 版本推出的新功能，微信的应用开发者可通过微信开放接口接入第三方应用平台。常用的第三方接入平台有微信商城、微社区等，下面对其功能进行简单的介绍。

（1）微信商城

微信本来是手机端的社交平台，自微信公众平台于 2012 年 8 月 23 日正式上线后，两年内就拥有了超过 6 亿用户，这样惊人的数据吸引了无数企业的眼球，庞大的用户人群后面隐含着巨大的商机。微信第三方平台顺势而发，推出微信电商服务产品"微信商城"，助力企业开启微营销，成为许多企业的一种营销方式。微信商城（又名微商城）是第三方平台基于微信公众平台推出的一款基于移动互联网的商城应用服务产品，同时又是一款集传统互联网、移动互联网、微信商城、易信商城、App 商城于一体的企业购物系统，具有会员系统、购物车/订单/结算、支付系统、自定义菜单、产品管理系统、促销功能、抽奖/投票、分佣系统等功能。微信商城可以通过微信公众号的粉丝来获取用户，如通过不断推送公众号文章或开展相关活动将粉丝转为用户，之后运营者还可以通过推送一些促销活动信息与用户建立二次联系。常见的微信商城有微店（见图 6-5）、有赞、微盟等。用户打开微信，点击通讯录，点击公众号并选择要进入的微商城，即可进入该微信商城进行购物等。图 6-6 所示为利用有赞建立的"好利来天津微商城"。

（2）微社区

微社区是基于微信公众号的互动社区，可以应用于微信服务号和订阅号，解决了同一微信公众号下用户无法直接交流、互动的难题，将信息推送方式变为用户与用户、用户与平台之间的"多对多"沟通模式，给用户带来更好的互动体验。如今，已经有数十万移动创业者、传统社区站长、微信公众号开通微社区，且已经有百万用户加入微社区。

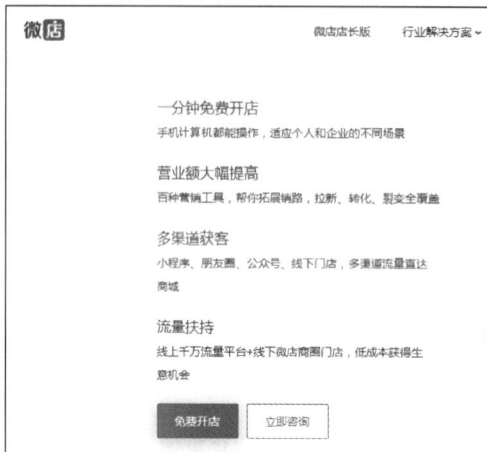

图 6-5 微店开店界面

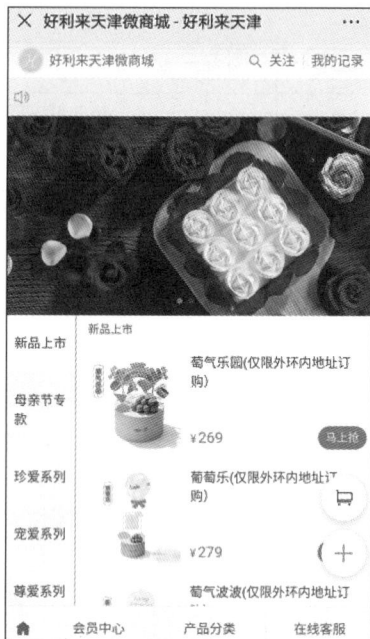

图 6-6 好利来天津微商城界面

6.2.3 微信营销的模式与技巧

1. 微信营销的模式

（1）位置签名营销

微信中有基于 LBS 功能的插件"附近"。用户打开后，可以根据自己的地理位置查找周围的微信用户。被查找到的微信用户除了显示用户名等基本信息，还会显示用户签名档的内容，所以用户可以利用这个签名档为自己的产品做免费的广告宣传。如果"附近"的使用者足够多，这个简单的签名档就会变成移动的"黄金广告位"。

（2）二维码营销

对于坐拥十多亿活跃用户的微信来说，加入二维码扫描的功能，能够大大提升其商业价值。二维码在推广微信账号方面扮演着至关重要的角色，它是连接企业与潜在用户的重要桥梁。企业可以通过多种方式展示微信二维码，并通过恰当的促销手段吸引新用户扫码关注，从而增加微信用户数量，为今后开展微信营销奠定基础。这种方式不仅提高了推广效率，还为企业带来了更多的市场机会。但这种商业模式要想真正吸引用户，就必须有一个明确的诱因，并能激发用户的真正兴趣。例如，瑞幸咖啡在门店收银台展示企业微信二维码（见图 6-7），顾客扫码后可以加入企业微信群（福利社）。瑞幸

图 6-7 瑞幸店内展示的企业微信二维码

咖啡的福利社会经常发放各类优惠券，对顾客很有吸引力。此外，瑞幸咖啡还在官方微信公众号上发布的文章中放置企业微信的二维码，用以引导用户添加好友并进群。通过企业微信二维码，瑞幸咖啡建立了与用户直接的沟通渠道，不仅增加了顾客的粘性，还有效提升了销量。

（3）微信公众平台营销

对于大众化媒体、名人及企业而言，微信开放平台+朋友圈的社交分享功能，已使微信成为移动互联网上一条不可忽视的营销渠道，而微信公众平台则使这种营销渠道更加细化和直接。下面我们通过 Y 网店的案例来进行说明。

1 号店在微信中推出了"你画我猜"活动，活动内容是用户关注该网店的微信公众号，每天 1 号店会推送一张图片给订阅用户。然后，用户可以发答案参与这个游戏，如图 6-8 所示。用户如果猜中答案并且在所规定的名额范围内，就可以获得奖品。其实"你画我猜"的游戏形式来自火爆的 App 游戏 Draw Something，并非 1 号店自主研发，只是 1 号店首次将这种游戏形式结合到微信活动推广中来。

（4）朋友圈营销

微信的朋友圈与社交网络类似，但两者之间又存在明显的区别。在朋友圈中发布的信息具有一定的私密性，受众基本是朋友圈当中的好友。这种营销方式的特点是精确度高、针对性强、互动性良好，适用于口碑营销。

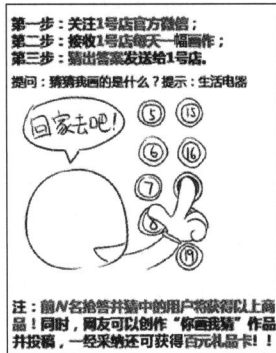

图 6-8 1 号店"你画我猜"活动

2. 微信营销的技巧

（1）吸引粉丝，拉动宣传

微信营销的核心就是用户价值。高质量的粉丝不仅可以转化为企业的利润，还有可能成为企业品牌的"代言人"，帮助企业进行宣传。企业可以充分利用老顾客、二维码关注有礼物、微信会员卡、点赞、查找附近的人等方式尽可能多地吸引潜在客户。

（2）社交分享，激励转发

企业要充分利用客户分享的力量，学会激励客户在朋友圈分享、转发。同时，企业应注意提高产品和服务的质量，好的产品和服务更会被客户分享及评论，从而被更多的客户所关注。

（3）个性推荐，精准营销

俗话说"攻心为上，攻城为下"。俘获客户的"心"，对企业来说至关重要。企业可以通过微信分组功能和地域控制，对客户进行精准的消息推送。例如，当客户去陌生城市旅游或出差时，可以根据客户签到的地理位置，提供附近的商家信息。企业还可以根据海量的客户信息，利用大数据分析工具，分析客户的购物习惯，进行更加精准的营销。

（4）互动营销，传播品牌

微信平台具有基本活动会话功能，通过一对一的推送，企业可以与粉丝开展个性化的互动，提供更加直接的互动体验，根据用户的需求发送品牌信息，使品牌在短时间内即可获得一定的知名度。

（5）促销活动，优惠不断

企业可以通过微信平台定期开展发放优惠券、转发有奖、抽奖等活动来促进销售。

（6）内容为王，妙趣横生

如果微信营销的内容有趣、实用、贴近用户生活，并能满足用户的分享需求，微信营销就成功了一半。因此，企业在开展微信营销时，拟好微信营销的内容十分关键。

6.2.4　微信营销应注意的问题

微信营销已成为一种重要的营销方式，但其不同于传统营销，不能过于注重企业品牌的推广。企业在发布信息时，内容要有趣实用、贴近生活，切不可盲目纯粹地推销产品，否则容易使他人厌恶，从而失去用户信任。

企业在进行微信营销的过程中应注意以下几个方面的问题，避免陷入误区。（1）"装饰"好自己的微信，使之完整、有趣。（2）注重粉丝质量。高质量的粉丝更有价值，更能转化为企业利润。（3）推送长度适中且实用、有趣的内容。（4）适度营销。一味地群发消息会令人反感，群发过多的无聊内容就是骚扰用户。因此，企业不可滥用群发功能，只需在适当的时候利用群发功能提醒用户即可。（5）拒绝道德绑架，不可强迫用户把信息分享到朋友圈。（6）不可将微信好友当成营销工具。朋友圈是以熟人关系为基础的，如果在朋友圈中发布的内容带有广告性质，或者将微信好友当成营销工具，往往会引起微信好友的反感甚至厌恶，不但达不到营销的目的，反而会失去微信好友。（7）不可乱发广告。用户关注某个微信账号是因为对该账号发布的产品本身感兴趣，而不是为了看广告。因此，不可乱发广告，更不可发与微信账号无关的垃圾广告。（8）及时回复用户信息。即时互动是微信营销的一大优势，企业可以通过微信与用户进行有效的沟通。（9）不可只专注于微信营销。

与传统营销相比，微信营销具有互动性强、快捷、成本低等优势，但这并不意味着微信营销是万能的。对于企业来讲，营销是多元的，只有打组合拳，才能实现营销目标。企业还可以开展线上线下营销、微博与微信互动、微电影与微信互动等。

6.3 博客营销

6.3.1 博客营销概述

1. 博客营销的含义

博客营销是博客作者利用个人的知识、兴趣和生活体验等，通过撰写博客文章来传播企业或产品信息的营销活动，目的是运用博客宣传自己或宣传企业。通常所说的博客营销有两层含义，第一层含义指的是发布原创博客提高权威度，进而吸引用户购买；第二层含义是企业付费聘请其他博客写手撰写博客，评论企业产品。真正的博客营销是靠原创的、专业化的内容吸引用户，培养一批忠实的用户，在用户群中建立信任感和权威性，形成个人品牌，进而影响用户的购买决定。

阅读资料 6-1　五大博客营销方法帮你进行电商网站推广

博客营销作为电商网络营销的一种重要形式，不仅可以有效展示品牌，更可以带来精准的客户群，并通过互动交流提高客户的忠诚度。电商网站同样需要利用这样的平台来推广品牌和信息。下面介绍 5 种博客营销的类型。

新闻营销。博客具有自发新闻的功能，企业在博客营销中要主动出击，要学会通过制造新闻吸引用户的关注。企业要主动挖掘自己产品和品牌的新闻，然后撰写高质量、新颖的新闻稿投稿给媒体，并在博客中大量发布相关内容，从而争取最大程度、最快地曝光品牌和产品。

互动营销。博客营销的目的在于推广品牌、产品或服务，最终效果就是要直接促成销量提升。企业要与用户进行良好的互动，特别是在推出新品之前和发布产品的详细信息后，要在评论中听取意见和建议，这对企业产品的市场预热能起到很好的作用。企业可以把产品的说明书、宣传册等相关的宣传资料向读者公布，以获得更多的关注。

口碑营销。博客营销带来了全新的推广理念和信息传递模式。特别是专门的产品博客或品牌博客，突破了传统博客的概念和意义，可以直接吸引目标用户，从而对其进行有目的、有计划的信息传播。这样就可以在品牌和用户之间建立深层次的沟通渠道，以优质的内容达到让用户主动宣传和推广的目的。

品牌营销。企业的品牌博客可以将品牌拓展到全新的市场和用户群体中，特别是面向年轻群体的产品和品牌。企业在品牌营销前应根据对目标受众网络行为的细致研究来策划具体营销内容，以同目标受众相似的语言方式和语气与他们沟通，以达到润物细无声的作用，引发用户对品牌的共鸣。

关键字营销。对于网络营销来说，关键字营销不可或缺，这与搜索引擎的大量使用有关。再好的产品都需要按用户的精准需求设置最佳关键字，这样也是为推广和营销加分。利用最新的概念和技术、将流行趋势与产品和品牌相结合来设置标题关键字，可以明显增加被搜索到的次数。被看到的机会越多，那么在优质博客内容的引导下，企业获得的业务洽谈机会和销量提升机会就会越多。

资料来源：营销博客。

2. 博客营销的主要任务

博客营销在企业营销中的任务主要表现在发掘市场机会、提高顾客关注度、推广产品和服务、提高品牌知名度、开展公关活动、加强企业文化建设这六个方面。

3. 博客营销的形式

企业因实力、知名度及所在行业等各方面的不同，所采用的博客营销形式也不尽相同。从博客在营销中的具体应用来看，企业开展博客营销常见的形式主要有企业网站博客频道模式、第三方企业解决方案提供者（Business Service Provider，BSP）公开平台模式、建立在第三方企业博客平台的博客营销模式、个人独立博客网站模式、博客营销外包模式、博客广告模式这 6 种。

6.3.2　企业博客营销的实施

1. 制定博客营销目标

为实现博客营销的预期效果，企业实施博客营销应首先制定明确的目标。制定博客营销目标时，企业需参照既定的经营战略，在不同时期内确定诸如增加销量、提高企业知名度与美誉度、提升市场占有率、增强客户黏性等具体目标。

2. 选择博客营销平台

目前有 3 种博客营销平台供企业选择：一是把博客放在博客服务商的托管平台上，二是把博客建立在自己的域名和服务器上，三是在企业原有的网站上开辟博客空间。这 3 种平台各具优势。首先，博客服务商托管平台往往拥有大量的用户，每个博客服务商托管平台用户的量和质都是有差别的，企业要根据自己的产品及服务的特点，结合自身的营销目标选择恰当的博客服务商托管平台，使企业的博客营销取得事半功倍的效果。把博客建立在自己的域名和服务器上，往往很难有较高的曝光率，尤其是博客刚刚建立的时候。然而此种博客一旦得到搜索引擎认可，在搜索引擎上会很有优势。企业选择在自己的网站上开辟博客空间，在用户的量上很难与博客服务商的托管平台相比，但是可以使博客内容与网站上的其他相关内容互补。

3. 选择博主

企业开展博客营销，可以由企业营销人员建立博客，也可以选择知名博主的博客。企业营销人员自主建立博客有很多优点，如博主对企业的营销理念、产品、服务及顾客都很熟悉，博客内容较为专业且有说服力，并且成本较低，更新速度快，便于即时沟通等。利用知名博主的博客开展营销活动则可利用其博客的巨大访问量，通过展示广告或软文广告的方式开展营销活动。此种方式的优点是传播速度快，使用方便，名人的示范效应还可能使营销传播效果更为明显。

4. 管理博客内容

博客内容的质量直接关系到博客营销的效果。目前，博客的数量有很多，但是绝大多数的博客内容质量不高。博客内容的质量决定了阅读者的数量及阅读后对其产生的影响。质量的高低首先取决于博客内容是不是目标受众关注的内容，因此我们要明确目标受众的需求，投其所好，发布其感兴趣的内容，吸引其阅读，如将行业信息、行业的发展动态、行业的最新研究动向、企业的研发成果等同行或顾客关心的内容作为博客内容。企业开展博客营销要注意博文的形式，要选择目标受众比较容易接受的形式开展博客营销，如软文就比一般的广告更容易吸引阅读者。博主要注意与阅读者的沟通，尤其是对阅读者的咨询及评论要及时回复，及时解决存在的问题，加强与阅读者之间的联系，从而获得更高的用户满意度，树立良好的口碑。企业还要注意及时更新博客内容，偶尔发几篇博文是很难达到营销的目的和效果的，因此，博客营销需要博主长期不断地更新，以吸引目标受众阅读。

5. 对博客营销的效果进行评估

博客营销与其他营销方式一样，需要进行效果评估。企业要及时发现博客营销中存在的问题，并不断地修正博客营销计划，力求博客营销能发挥更好的营销作用。

6.3.3 企业博客营销的技巧

1. 博客写作管理

企业用博客开展营销活动，要指定专人负责博客文章的撰写与回复等工作，保证博客的内容时常更新，以吸引更多的阅读者。同时，博客文章的发表要有计划性，企业要对博客文章的内容范围、写作及更新频率进行管理，以确保博客营销活动顺利开展。高质量的博文是吸引阅读者的根本。撰写高质量博文，不仅要注意选题、文字技巧，同时还要注意博文与企业营销目标的关系。

2. 个人观点与企业立场

企业开展博客营销需要注意处理个人观点和企业立场的关系，企业应允许和鼓励作者表明个人立场和观点。此外，企业的博文应从个人角度出发，太官方的博文是很难被大众接受的。博文作者的署名一般都是某个员工而不是某个企业，点对点的信息传播更会让阅读者感到亲切。

3. 沟通和反馈

企业博客是与用户沟通、收集反馈意见的方式之一。用户常常能给企业提供很有价值的产品意见。所以，很多人认为对话、交流、具有社区的感觉是博客的最大特点之一。

4. 谨慎处理负面评论

企业对博客留言中的负面评论需要采取正确、谨慎的态度，尤其不要轻易删除负面评论。只要用户留言中没有漫骂、诽谤，对产品的批评意见都应该保留，并且由专人给予回复和跟踪。

没有理由地删除负面评论，常常会激怒用户。如果这些用户到其他博客、论坛中广泛传播批评言论被删除的事情，反而会使企业陷入被动局面。

📖 案例分析

"支付宝锦鲤"微博营销

2018年被称为互联网的锦鲤元年，转发锦鲤已经成为社交场景中的一种流行趋势，而将这种趋势推向顶点的便是支付宝国庆期间在微博上发起的"祝你成为中国锦鲤"活动。

在此次"支付宝锦鲤"事件中，最大的爆点是那个花10分钟都看不完的锦鲤清单。支付宝发起活动后并没有直接公布奖品，而是让参与者查看评论区。这时候就预埋了评论区变身品牌广告位的隐形线。除了提前精心安排的品牌"蓝V"之外，其他品牌也看到了评论区的聚合能力，纷纷在微博评论区评论。在活动推文发出后的一个小时内，200多家品牌纷纷评论，迅速占领评论区。支付宝搭台，200多家品牌共同唱戏，上演了国庆期间规模空前的品牌集体演出。品牌之间的联动营销不仅放大了活动声量，而且使参与活动的大量"蓝V"品牌都获得了远超自己日常推文的点赞量和评论量，收获了增量级曝光。

这次活动也成为微博有史以来势头大、反响强烈的营销活动之一。据微博实时数据统计，"支付宝锦鲤"活动上线6小时，微博转发便破百万次，成为微博史上转发量最快破百万次的企业微博。这条微博最终共收获了 200 多万个转评赞、2 亿次曝光量。

案例分析："支付宝锦鲤"微博营销的成功表明，企业在发布微博营销的内容时要注意选择能引起客户及潜在客户兴趣的话题，要注意微博内容的丰富多彩性及形式的多样化。只有激起用户的参与兴趣，才能实现微博的传播裂变，助力企业实现营销目标。

6.4　微博营销

6.4.1　微博营销的含义与特点

1. 认识微博

微博是微型博客（MicroBlog）的简称，即一句话博客，是一种通过关注机制分享简短实时信息的广播式的社交网络平台。微博是一个基于用户关系进行信息分享、传播及获取的平台。用户可以通过终端接入，以文字、图片、视频等多媒体形式实现信息的即时分享、传播互动。微博的关注机制可分为单向、双向两种。

微博是由博客演变而来的，在 2009 年 9 月至 2010 年 5 月，国内四大微博（新浪微博、网易微博、搜狐微博、腾讯微博）先后上线，但后来网易微博、搜狐微博、腾讯微博逐渐淡出人们的视野。2014 年 3 月 27 日晚间，在微博领域一枝独秀的新浪微博宣布改名为"微博"，并推出了新的 Logo，新浪色彩逐步淡化。微博手机端页面如图 6-9 所示。

图 6-9　微博手机端页面

2. 微博营销的含义

微博营销是随着微博的广泛使用而产生的利用微博实现企业信息交互的一种新型营销方式，是企业借助微博这一平台开展的包括企业宣传、品牌推广、活动策划及产品介绍等在内的一系列市场营销活动。

微博营销与博客营销有很多相似之处，如两者的传播都是以内容为基础的，传播的信息对读者都要有价值等。但两者在传播模式、信息的表现形式、营销传播的核心等方面也有诸多不同之处。

延伸学习

微博营销与博客营销的区别

3. 微博营销的特点

（1）成本低廉。微博发布的信息一般短小精悍，因此使用者能轻松灵活、随时随地地发布信息，与传统的大众媒体如报纸、电视等相比，不仅前期成本投入较少，后期维护成本也更低廉。

（2）针对性强且传播速度快。关注企业微博的用户大多是对企业及其产品或服务感兴趣的人，企业在发布其产品或服务的微博时，这些信息会立刻被关注者接收。由于信息传递及时且有非常强的针对性，企业往往能实现较好的营销传播效果。

（3）灵活性强。企业可以利用文字、图片、视频等灵活多变的表现形式，使微博营销更富有表现力。同时，微博的话题选择也具有很强的灵活性，企业可以自由选择用户感兴趣的话题，吸引其阅读和参与。微博最大化地开放给用户，可以有效地提高用户的参与度，提高营销沟通效果。

（4）互动性强。企业或个人通过微博能与关注者实现实时沟通，能及时有效地获得信息反馈。

6.4.2 微博营销的主要任务

微课堂

微博营销的主要任务

1. 传递产品及活动信息

很多企业和带货主播都会通过微博发布产品信息，吸引消费者购买。例如，淘宝某头部主播常用微博推广产品，并通过微博传递产品的活动信息。需注意的是，利用微博开展营销活动时，在内容上需要遵循的原则是少做产品硬广告，增加信息的可读性，为精准受众开辟专门的信息发布通道。

2. 开展互动营销活动

微博营销的本质是微博发布者与粉丝之间的互动。互动营销意味着企业与客户之间有更近的距离、更多的交流。企业通过与客户的互动可以传递相关信息，了解客户的想法，解决客户的难题，从而获得客户的信任。

3. 开展客户服务与管理

企业可以利用微博这一新型在线客户服务平台提供在线客户服务，通过微博私信让客户轻松、便捷地享受企业提供的在线客户服务。客户可全天24小时通过微博评论、私信等多种方式获取企业的服务帮助。

此外，通过微博，企业可以收集客户信息，加强与客户之间的沟通，持续发展良好的客户关系。企业利用微博开展客户关系管理，将客户资源、销售、市场、客服和决策等集为一体，既能规范营销行为，了解新老客户的需求，提升客户资源整体价值，又能跟踪订单，有序控制订单的执行过程，还有助于避免销售隔阂，调整营销策略。

4. 舆论反应监测

社会化媒体时代的到来，使信息传播模式发生了根本性变化，微博成为社会网民关注公共事件、表达利益观点的主要渠道，因此微博也成了舆情汇集和分析的重要阵地。舆情管理对企业来说至关重要，它不仅可以为企业经营过程中产品和服务内容的定位提供基础，更可帮助企业趋利避害，减轻负面舆论压力，强化正向品牌力量。越来越多的企业开始在微博上追踪客户对其品牌的评价，监测舆论反应情况，从而迅速了解客户心理，了解其对产品的感受以及最新的需求。

5. 危机公关

企业在危机发生后及时通过微博公布信息，可以减少公众的无关猜测，有效地提高危机公关的效率。在面对危机时，企业可通过微博第一时间发布危机处理的计划，体现企业急切处理问题的决心和积极性，稳定公众情绪。同时，迅速落实初步处理举措，能体现企业在处理危机上的雷厉风行、绝不姑息。将初步举措的实施细节及结果公布于微博之上，此举不但能够表明企业已经开始行动，而且还能强化企业"积极应对""积极解决"的正面形象。

6.4.3 微博营销的实施

1. 微博营销实施的程序

（1）明确企业开展微博营销的目标

微博营销通常是企业整体营销计划的一个组成部分，因此企业在开展微博营销之前，首先要在整体营销目标的基础上制定明确的微博营销目标。在一定时期内，企业的微博营销目标可以是激发客户的需求，提高企业的市场份额；也可以是加深客户对企业的印象，树立企业的形象，为其产品今后占领市场、提高市场竞争地位奠定基础。微博营销的目标不同，微博营销策略的实施，包括微博内容的选择、微博形式的选择等都应该有所差异。

（2）制订企业微博营销活动计划

微博营销活动计划是在企业微博营销目标的指导下，微博营销活动的具体实施计划。微博营销活动计划包括微博平台的选择与安排、微博写作计划、微博营销内容发布周期、微博互动计划等相关内容。微博营销活动计划是企业长期开展微博营销活动的蓝图。

（3）发布微博营销内容

企业撰写并发布微博营销的内容要注意选择能引起客户及潜在客户兴趣的话题，要注意微博内容的丰富多彩及形式的多样化。发布的每篇微博除文字外，最好能带有图片、视频等多媒体信息，这样可以带给微博浏览者更好的浏览体验。发布微博内容应选择有价值的信息，如提供特价或打折信息，开展限时商品打折活动等都可以带来不错的传播效果。

（4）微博营销效果评估

企业应对微博营销的效果进行跟踪评估，可以从量和质两个方面进行。在量的评估方面可以选择的指标主要包括微博发布数量、粉丝数量、微博被转发次数、微博评论数量、品牌关键词提及次数等。在质的评估方面可以选择的指标主要包括微博粉丝的质量、微博粉丝与企业的相关性、被活跃用户关注的数量及比例、回复及转发评价等。

2. 微博营销实施的技巧

（1）打造个性化微博

企业要将微博打造成有感情、有思考、有回应、有特点的个性化微博，切忌将企业微博打造成一个冷冰冰的官方发布消息的窗口。打造个性化的企业微博是为了将企业的微博与其他微博区分开来，如果企业的微博没有特点和个性，就很难引起浏览者的关注。因此，企业需要从各个层面塑造微博的差异化，打造个性，这样的微博才更有吸引力，才更能持续积累粉丝，从而实现好的营销传播效果。

（2）坚持微博更新

要想吸引浏览者关注微博，使其养成浏览企业微博的习惯，企业就必须定时更新微博，同时要保证微博的质量，大量低质的博文会让浏览者失望。缺乏有价值的信息的企业微博，不仅达不到传播的目的，还可能适得其反。

（3）快速增加目标对象

微博粉丝的快速增加是目标对象快速增加的基础。企业要达到微博粉丝快速增加的目标，应注意以下几点：第一，微博的个人资料一定要完整；第二，微博发布的内容要能吸引人阅读，前期尽可能少发宣传语，多发布一些热点新闻评论或者诙谐短文来吸引更多人的关注；第三，博主应主动和目标对象沟通；第四，多参与一些热门话题的讨论来增加曝光度。仅增加粉丝数量还不够，博主还要想办法从众多的粉丝里准确找到目标用户群，并不断增加目标群体的数量。

（4）强化微博互动

互动性是企业微博可持续发展的关键。要想提高微博的互动性，企业就要提高微博发布的内容中粉丝感兴趣的内容的比例，也就是企业宣传信息所占比例不能过高。"活动+奖品+关注+评论+转发"是目前微博互动的主要方式，但实质上，绝大多数人关注的是奖品，对企业的宣传内容并不关心。另外，与赠送奖品相比，博主积极与留言者互动，认真回复留言，更能唤起粉丝的情感认同。

6.5　网络社区营销

网络社区是当前网络用户沟通的重要平台，也是很多人的精神家园。利用网络社区开展营销活动，是一种新型的营销方式。网络社区将具有共同兴趣的访问者集中在一起，达到成员相互沟通的目的。由于有众多用户的参与，网络社区不仅具备交流的功能，还蕴含着巨大的营销价值。网络社区的平台很多，本书以小红书和知乎这两个广受年轻人关注的平台为例，阐述如何在网络社区平台上开展营销活动。

6.5.1　小红书社区营销

小红书成立于 2013 年，最早是作为一个 UGC（用户创造内容）购物笔记分享社区进入用户视野的，早期内容大多为出境游购物分享及推荐，随着用户对海外购物的需求日渐增多，小红书逐渐拓展了美妆、时尚、美食等社区种类。在小红书社区里，用户分享自己的商品使用体验，也可以阅读他人分享的优质内容。随着分享社区的发展，用户自然产生了对于社区中分享产品的购买需求，于是小红书上线了购物功能，并由单纯的 UGC 社区发展成为以社区型电商为特色的跨境购物平台。

1. 小红书的发展历程

（1）探索期（2013 年）

在探索期小红书致力于建立一个能够分享优质境外购物经验笔记和攻略的 UGC 社区，在满足用户对于获得境外购物攻略的需求后还加入了自制的表情，优化相机，改进搜索功能和优化页面交互，提升用户体验并进一步增强用户黏性。

在这一阶段，小红书主要围绕着社交、攻略分享来展开。同时，社区内沉淀了大量优质的海外购物笔记和攻略，为下一步商业化尝试和社区边界拓展打下了良好的基础。

（2）成长期（2014—2016 年）

在此阶段小红书进入了快速发展期，用户数量急剧增加。用户不再满足于仅仅获得海外购物的经验和攻略，一部分没有出国计划或条件的用户产生了海淘的需求。2014 年 7 月国家正式在政策上承认了跨境电商这一商业模式，借着政策的风口，也为了满足用户对于海淘的需求，小红书推出了福利社这一购物渠道，正式涉足跨境电商领域。

这一阶段的重点在于逐步加大电商（福利社）板块的权重，优化发现页面，使用户的搜索更方便，同时优化了笔记的排版，使其视觉效果更简洁。得益于前期在社区优质产出的深厚积累，小红书在这一阶段的商业尝试获得了极大的成功。

2015 年 5 月，小红书独创了小鲜肉送货模式，在 2015 年周年庆这一天实现了 5 000 万元的销售额，周年庆期间共新增了 300 万新用户，在 App Store 使用中的排名发生了一次垂直式提升，一度达到总榜第四名。自此，小红书不再是小众圈子的独宠，正式进入了大众圈子的视野。

（3）成熟期（2017 年至今）

经过上一个阶段对商业模式的摸索，小红书成功找到了自己的定位：社交型电商平台。相对于老牌电商平台如淘宝、京东等，小红书的优势在于通过交流社区拥有了大量的社区用户，小红书通过用户分享的感性体验和使用心得来吸引用户"种草""拔草"，这实际上与现在网红粉丝文化无异，使产品通过粉丝效应获得更大的话题性和更高的转化率。同时随着小红书引入了第三方商家和品牌，社区的生态氛围也扩展到了护肤、美妆、美食、服装等品类，不断扩大的社区圈子对引入新用户有很大帮助。但同时小红书也极力维持好社区氛围，提升用户体验从而增强用户黏性。

这一阶段的重点在于维持现有用户不流失并引入新用户，由于短视频 App 的大热，因此在这一阶段社区笔记支持了发布短视频，并且围绕着短视频的优化进行了多次迭代：如增加背景音乐，更换滤镜，增加贴纸等。

得益于上一阶段运营手段的成功，小红书在这一阶段加大了运营力度，引入多个名人进驻小红书，造成了很大的粉丝效应。2018 年，小红书又赞助了多部综艺节目，极大地增加了曝光量，同时也把小红书的用户量推上了 7 000 万。

截至 2019 年 7 月，小红书的用户量已经超过 3 亿。同时从 2018 年 7 月开始，小红书开始弱化电商属性，不再强调从内容到电商的消费闭环，而转为强调自己身为一个生活方式分享社区的定位。截至 2023 年 1 月，小红书用户超过 3.5 亿，主要面向高消费、都市白领、"90 后"以及"00 后"的年轻群体，其中 24 岁以下人群占比达 58.3%，女性占比高达 87%，网络高端消费人群占比达 51%，拥有强大消费力的人群聚集造就了小红书强大的电商属性。

2. 小红书社区营销的特点

小红书的使用场景涵盖多个品牌触达用户环节，寻找新品牌、搜索购买攻略、创造新用法和分享品牌故事等都包含在内。尤其是在用户的决策时刻，小红书更是彰显了独特的平台价值。小红书对消费者的购买决策影响如图 6-10 所示。

社区氛围突出的小红书，已经成为影响众多年轻人生活方式和消费决策的重要入口。从用户画像来看，小红书月活用户超过一亿人，聚集了约 3 000 万关键意见消费者。破亿的月活用户中，有 7 成为"90 后"，70%用户居住在一二线城市。分享者全年发布约 3 亿篇笔记，其中超过 110 万篇笔记与新品有关，200 万篇笔记与试用评测有关。用户之间以分享内容相互影响，完成从"种草"到"拔草"的转化。小红书社区营销的特点主要表现在以下几个方面。

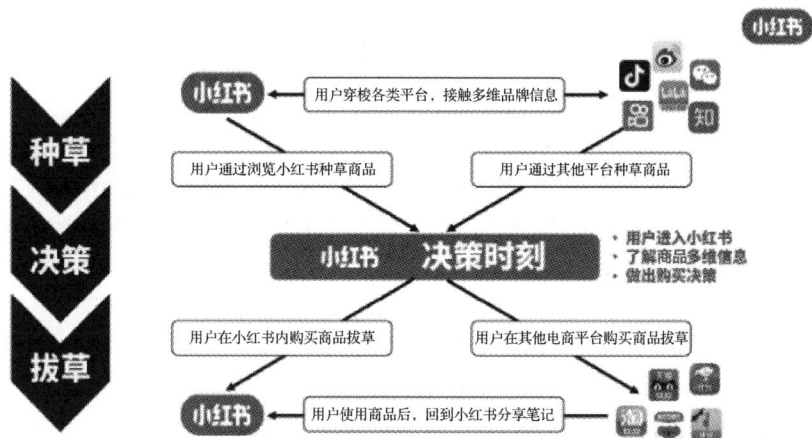

图 6-10　小红书对消费者购买决策的影响

（1）社交功能强大

小红书利用信息聚集用户，并通过用户引导消费。小红书起初是满足海外购人员的需求，但随着信息覆盖面的增大，小红书的流量迅速增加，具有相同需求的用户利用小红书交流沟通之后，可提供用户关于商品的隐形信息，使用户买到心仪商品。

（2）方便快捷

小红书在信息分享的过程中，解决了信息不对称、语言交流障碍等问题，给用户提供了极大的便利。小红书"自营 +第三方电商平台"的社群营销，丰富了市场的交易渠道，扩大了市场的就业范围，给海漂人员提供了分享外国购物经验的机会，增大了国内外的市场交易额，满足了创始人、第三方电商平台、用户、外商、物流等多方的需求，一举多得。

（3）信息分享多元化

小红书具有多元化的信息分享途径，用户可通过手动笔记、视频直播、动画编辑等形式进行分享。除了"红薯粉"之外，用户可通过直播形式增加自己的粉丝，我们可称其为博主。博主拥有的粉丝量越多，越可以满足商家的营销条件。此形式除了营销商品外，还可以营销用户（博主）自己，具有多层盈利环节，层层相扣。

3. 小红书社区营销的策略

（1）KOL 营销策略

对平台关键意见领袖的优势资源的整合不需要太过依赖头部达人，可以采用以腰部达人为主、尾部达人为辅的战略进行推进。其中，腰部达人以意见领袖的角色对话题进行创建，而尾部达人以话题推广的辅助角色对其进行扩散，吸引自己的粉丝和路人，形成独特的 UGC 氛围。与此同时，平台可顺势推出粉丝互动、热榜排名、关键词推荐等活动，借助粉丝的力量进行链式传播。在此过程中，消费者从购买到体验到认可再到传播形成一个新的消费体系并与其他消费者交互，取代传统上封闭的、单独的购买—评价的消费体系。用户在这个过程中，受关键意见领袖的影响，潜移默化地被产品植入第一印象，这样，产品就在与竞品的被选择中脱颖而出。同时，小红书以低成本获得新用户的加入与日活的提升，进一步提升平台影响力。这将有利于品牌方、商家或机构在小红书上进行资源的投放和平台的运营，逐步提升资源收益。

（2）名人效应策略

名人的优势在于自带流量，话题性高，传播范围广，能为品牌带来更多的关注。很多名人的粉丝购买力强，他们认为只要能够与自己的偶像在某一方面有所关联，就会愿意做出相应的行为，如愿意为了自己的偶像而花钱购买商品。小红书正是抓住这一点，大力邀请名人入驻，从而获取粉丝经济。

（3）个性化推荐策略

在网络社区环境中，社交平台可以通过对用户的紧密接触，精确地掌握用户的消费偏好。用户在其中也可以根据自己的使用偏好来对信息进行快速的识别和过滤。小红书对于平台所发布的内容，在对其进行标签化的同时，让用户所发布的商品笔记拥有了相较传统平台的差异化优势。这方便了商家对商品按目标受众进行划分，提高了其向潜在消费者推送商品的准确性和有效性。消费者也在搜索商品或了解商品的同时，节约了获取信息的成本与时间。不仅如此，小红书也对消费者的评论，包括点赞、心愿单等的信息数据进行了整理和分析，通过不断的算法升级和迭代，实现更加精准的商品推荐，以个性化的商品推荐和社交氛围，满足消费者的需求。

（4）种草营销策略

相较于传统的营销模式，小红书的 UGC 营销模式与众不同。它采用了社交平台来激发相当数量的用户进行生活和商品的分享，从而实现商品信息的传播，再进一步激发其他用户进行购买。该类分享用户在不断分享商品的过程中会成为头部用户。粉丝在看到头部用户分享宣传商品时，会激发消费意愿，从而引入大量的流量提升消费额。这一过程可以被定义为"种草"。小红书的宣传群体并不是网红，而是引入大量普通用户，通过他们对生活好物的分享来进行口碑宣传，给年轻群体提供这样一个种草社区，既满足消费者购物后的分享欲望，同时也能获取其他消费者的信任。小红书的功能更像百科全书。小红书的用户不仅可以得到自己想要获取的信息，还不会将小红书看作传统电商平台，从而不会产生厌倦心理和抵触情绪。小红书也因此降低了营销成本，吸引了更多粉丝，获得了更大的经济价值。

6.5.2 知乎社区营销

知乎成立于 2010 年，是一个标志性的问答社区，用户可以在知乎上共享知识、经验和见解，并找到自己的答案，而图文内容是用户在知乎上生产和消费的主要内容形式。截至 2020 年 12 月 31 日，知乎社区累计拥有 3.532 亿条内容，其中包括 3.153 亿条问答，多元化的内容涵盖了 1 000 多个垂直行业和 571 000 个主题。知乎平台上的内容创作者累计达到 4 310 万人。

1. 知乎的发展历程

（1）创立期（2010—2012 年）

知乎的创立期也称为邀请制时期，这一时期知乎维持着小众、分享高质量知识内容的社区氛围，同时这一时期也是知乎进行产品打磨、内容与用户关系沉淀的关键时期。

（2）成长期（2013—2016 年）

2013 年 4 月，知乎开放注册后，用户数快速增长，从 2012 年年底的 40 万注册用户猛增至 2013 年年底的 400 万，增长了九倍。这一时期的知乎无论是用户圈层还是内容领域都在快速地扩张，社区也步入加速成长时期。

（3）成熟期（2016 年至今）

2016 年，随着知识付费概念的兴起，知乎也推出了如"值乎""知乎 Live"等多项知识付费功能，之后同时构建起从"超级会员"到"盐选会员"的会员体系；此外，知乎也在 2018 年参考微博热搜推出了知乎"热榜"功能。2019 年年底，知乎开始向商家和品牌提供"内容商务解决方案"的营销体系，进一步扩展平台的广告功能，多项功能及服务的推出加速了知乎的商业化进程。

2. 知乎社区营销的优势

知乎社区营销是一种新兴的网络营销模式，它将传统的营销理念与知乎社区的特性相结合，充分利用知乎的互联网技术和海量的社区用户，以创造独特的营销机制，达到高效营销的目的。知乎社区营销的优势主要体现在以下两个方面。

一是知乎社区营销能够有效提高品牌的知名度和美誉度并培养忠诚客户。知乎对文章质量有着极高的要求，用户在知乎上阅读到的企业营销软文大都是能够引发用户共鸣的精品佳作。这些文章能够有效提高企业品牌的知名度和美誉度，帮助企业在互联网上形成强大的口碑效应，提升用户的品牌忠诚度，进而培养更多的忠诚客户。

二是知乎社区营销能够有效联系受众，实现高效互动营销。通过知乎社区营销，企业可以与知乎社区用户进行实时互动，让用户融入其中。这可帮助企业了解其受众需求，使其接受最新信息，促进受众参与营销活动，提升营销成效。

阅读资料 6-2　如何在知乎社区开展有效的营销活动

第一，明确自己的目标用户和定位。在开展营销活动之前，企业需要认真思考自己的目标用户群体和目标市场。同时，还需要对自己的品牌定位做好规划，做好形象定位，从而能够更好地推出活动方案。

第二，制订明确的推广计划。企业在确定了目标用户和市场之后，需要制订有针对性的推广计划，并确定计划的执行时间和方式。可以通过发布有趣的内容、回答用户问题、开展问答活动等方式来提升自己在知乎上的影响力。

第三，选择合适的营销方式。知乎上的营销方式多种多样，包括投放广告、开展话题挑战、写推广文章等。合适的营销方式需要企业根据自己的品牌属性和宣传产品的不同而定。

第四，落实营销效果的监测及改进。企业通过设定目标和衡量指标，对营销效果进行实时监测和改进。同时，对用户的留言和评论进行积极回应和解答，建立良好的品牌口碑和形象。

资料来源：曼朗网。

3. 知乎社区营销的策略

知乎社区是一个极具潜力的网络营销平台，企业借助它可以增强用户黏性，提升知名度和品牌力，让更多用户了解企业的产品和服务，从而实现企业的营销目标。在知乎上开展营销活动，可采取以下策略。

（1）有针对性地传递营销信息

开展知乎社区营销，企业要熟悉知乎的功能，把握知乎的最新发展动向，理解不同类别用户的行为习惯，有针对性地把企业的营销信息传递给目标用户。

（2）注重提高知名度和品牌力

企业要在知乎上建立自己的宣传页面或专栏，并不断更新内容，以专业、新鲜的话题和内容吸引用户的关注。企业可以发布有深度的专业知识、有趣的产品广告、有益的行业新闻，不断提高企业的知名度和品牌力。

（3）充分运用内容营销手段

知乎的内容展现形式多样，既可以是文字，也可以是视频、图片和图文，如图6-11所示。内容营销是知乎社区营销的一种有效手段。通过内容营销，企业专注于创作有价值、与品牌有关联、始终如一的内容，以此来吸引和保留目标受众，并最终带来客户收益。

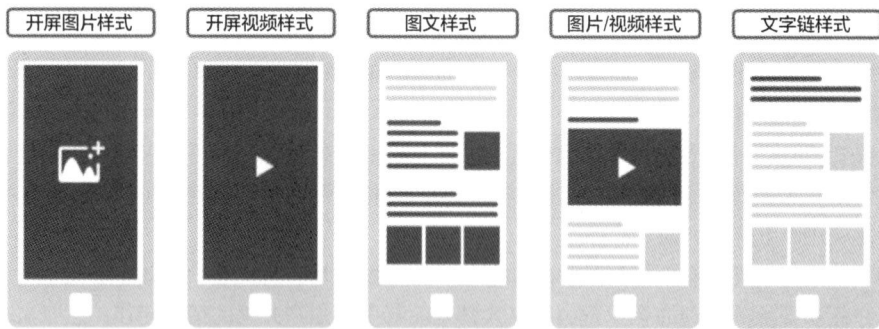

图6-11　知乎的内容展现形式

知乎内容营销的具体方法如下。

一是通过热门话题提问精准识别用户。知乎社区以问答为主，大量热门话题的访问量很高，对于企业和品牌商来说，分析热门话题参与者有助于精准地识别用户。

二是注重关键词营销。在知乎社区平台上只要回答问题，内容就可以永久存在，普通用户通过搜索关键词可以找到需要的问题和答案。

三是采用多种营销模式。知乎平台上的营销模式有回答问题、撰写文案、"知+"广告服务等，都可以为企业的营销目标服务。

（4）采用有效的促销方式

在知乎社区，企业也可以通过多种促销方式将品牌和产品推荐给目标用户，如以赠品或优惠的形式吸引用户参与，从而提升企业的营销效果。

本章实训

【实训主题】微信朋友圈营销

【实训目的】通过实训，掌握微信朋友圈营销的方法与技巧。

【实训内容及过程】

（1）分配实训任务：每一位同学在自己的朋友圈开展一次营销活动。

（2）要求同学确定营销的产品、制作营销海报和文案，在朋友圈发布。

（3）搜集各自的点赞数和评论情况，提交截图到班级群。

（4）一周后，同学们撰写微信朋友圈营销实训总结。

【实训成果】

实训作业——微信朋友圈营销实训总结。

练习题

一、单选题

1. 以下不属于网络社交媒体的是（　　）。

　　A. 微博　　　　　　　B. 微信　　　　　　　C. 博客　　　　　　　D. 广播

2. 微信中的朋友圈属于（　　）。

　　A. 微信公众平台　　　B. 第三方接入平台　　C. 微信个人账号　　　D. 以上都不是

3. 利用微信个人账号开展营销活动的第一步是（　　）。

　　A. 确定营销目标　　　B. 分析微信营销环境　C. 注册微信账号　　　D. 与客户事先沟通

4. 下列选项中不属于微博营销的特点的是（　　）。

　　A. 成本低廉　　　　　B. 针对性强　　　　　C. 灵活性强　　　　　D. 互动性不好

5. 企业博客营销实施的首要程序是（　　）。

　　A. 制定博客营销目标　B. 选择博主　　　　　C. 选择博客营销平台　D. 管理博客内容

二、多选题

1. 下列属于微信公众平台的有（　　）。

　　A. 微信个人账号　　　B. 企业号　　　　　　C. 服务号

　　D. 订阅号　　　　　　E. 第三方接入平台

2. 常用的微信第三方接口有（　　）。

　　A. 微社区　　　　　　B. 腾讯风铃　　　　　C. 微信商城

　　D. 企业号　　　　　　E. 朋友圈

3. 微信公众平台包括（　　）。

　　A. 服务号　　　　　　B. 订阅号　　　　　　C. 朋友圈

　　D. 企业微信　　　　　E. 小程序

4. 下面选项中不属于博客营销的特点的有（　　）。

　　A. 影响范围广　　　　B. 创新交互方式　　　C. 非原创性

　　D. 受众不稳定　　　　E. 互动性

5．企业可以在微博上发布的内容包括（　　　）。

    A．有奖活动　　　　　　B．促销信息　　　　　　C．特色服务

    D．企业文化　　　　　　E．领导喜好

三、名词解释

1．网络社交媒体　　2．网络社交媒体营销　　3．微信营销　　4．博客营销　　5．微博营销

四、简答及论述题

1．网络社交媒体营销的策略有哪些？

2．微信营销需注意哪些问题？

3．博客营销的主要任务是什么？

4．试论述微博营销实施的程序。

5．试论述小红书社区营销策略。

📚 **案例分析**

"凯叔讲故事"的新媒体营销

王凯，凯叔讲故事创始人，1979年生于北京，毕业于中国传媒大学播音系，曾担任中央电视台经济频道《财富故事会》主持人。

王凯经常给自己的孩子讲故事，为此他阅读了很多故事绘本，并了解了孩子喜欢的故事题材。由于王凯出差时不能及时为孩子讲故事，他便录制了一些故事，由妻子放给孩子听。后来，王凯把音频发在了孩子幼儿园的家长群里，深受广大家长的喜爱。同时，他还将音频发到微博上，每个音频的转发率都很高。由此，王凯意识到很多孩子和家长都有听故事的需求。于是，从中央电视台辞职后，王凯凭借着多年配音、主持的经验和给自己的孩子讲故事的心得体会，于2014年4月创办微信公众号"凯叔讲故事"。开始时他并没想过要把自媒体品牌"凯叔讲故事"做到什么程度，可是做着做着他发现，做这件事情具有极强的幸福感。因为他一直把用户放在第一位，所以几乎每次都是用户推着他在往前走。从这时起他开始考虑，有没有机会在我国的亲子教育市场占有一席之地。

在"凯叔讲故事"微信公众号的粉丝达到一定规模后，王凯对音频产品做了调整，从讲故事延展到讲古诗词和四大名著，并开启付费模式，同时还推出了漫画绘本和动画片等周边产品。

"凯叔讲故事"微信公众号，专注于育儿内容的原创和分享，与千百万家长共享儿童心理、带娃妙招、亲子关系等内容，经过多年经营，已成为母婴类、生活类知名公众账号。

在内容生产方面，"凯叔讲故事"前期以凯叔自己独创的音视频知识内容为主，后期将凯叔原创内容打造为特色板块后，为了丰富平台内容，购买了其他少儿皆宜的音视频知识版权，同时也会与儿童领域的教育专家或机构合作，一起创作知识，因此能够为用户提供多种音视频内容选择。

"凯叔讲故事"一切以用户需求为中心，在确定故事内容时充分咨询和参考用户建议，这样自然而然就会受到更多用户欢迎。

思考讨论题：

1．"凯叔讲故事"新媒体营销成功的原因是什么？

2．结合本案例，请谈谈企业该如何开展新媒体营销。

第 7 章　网络事件营销

学习目标

【知识目标】

（1）理解网络事件营销的含义。

（2）掌握网络事件营销的策划要点。

（3）掌握网络事件营销传播的程序。

（4）熟悉网络事件营销成功的关键要素。

（5）掌握开展网络事件营销应注意的问题。

【素质目标】

（1）培养学习网络事件营销的兴趣。

（2）树立正确的网络事件营销理念。

（3）培养开展正能量事件营销的积极意识。

知识结构图

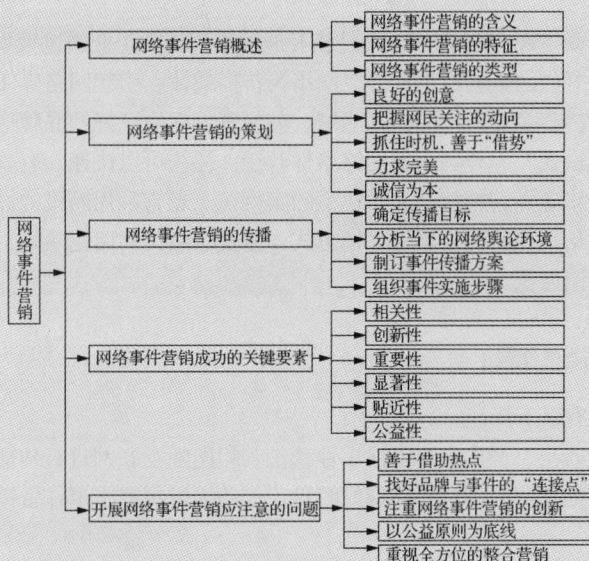

W 平台的事件营销

在 2020 年"双十一"，几乎所有购物平台都在使尽浑身解数让人"买买买"的时候，W 平台高调宣布"退出'双十一'大战"，并指出"要退出的是这个鼓吹过度消费、为销售数字狂欢的'双十一'"，同时劝大众要"理性消费"。

W 平台在 2020 年"双十一"前发布微博，表示今年"双十一"W 平台不做复杂优惠玩法，不发战报，不再为销售额开庆功会，但是会有"全年最大力度补贴"；没有养猫盖楼、组队 PK、手势地图，但是"双十一"的商品价格是全年抄底价，有些商品能够做到"保价一整年"。

同时，W 平台"友好"地劝用户：走好自己的路，不要被复杂的玩法套路。

消息一出，立马引起了轩然大波，"W 平台退出'双十一'"冲上了热搜，引发了网友的讨论，实现了 1.3 亿的阅读量。

W 平台采用逆向潮流的营销方式，将用户痛点和商家痛点纷纷指出，并巧妙地将品牌的营销广告植入这波反向营销，在吸引人眼球、引发大众围观的同时，为品牌节省了大量的营销成本，成为"双十一"系列营销中的一匹黑马。

资料来源：改编自每日经济新闻。

7.1　网络事件营销概述

随着信息技术与互联网的不断发展，网络已经成为汇集民意的新渠道。在网络这一传播媒介的协助下，网络事件营销成为企业及时、有效、全面地向大众宣传产品或服务的新型营销模式。近年来，商界不乏利用网络事件营销来提高产品知名度的案例。

7.1.1　网络事件营销的含义

网络事件营销（Internet Event Marketing）是指开展网络营销的企业通过策划、组织和利用具有新闻价值、社会影响力及名人效应的人物或事件，以网络为传播载体，引起网络媒体、社会团体和消费者的兴趣与关注，以求建立、提高企业或产品的知名度、美誉度，树立良好的品牌形象，并最终促成产品或服务销售的一种新型营销模式。企业利用好网络事件营销，往往可以快速、有效地宣传其产品和服务。著名的"封杀王老吉"网络事件营销就是非常典型的案例，王老吉利用网民的好奇及追捧等心理，向汶川捐款一亿元后，利用正话反说的网络事件营销方式，激发了网民的舆论热情，"一夜成名"，迅速提升了其产品的知名度及终端销售量。

7.1.2　网络事件营销的特征

网络事件营销一般具有以下特征。

（1）网络事件营销投入小、产出大。网络事件营销利用国际互联网进行传播，这种营销方式的投入成本较低。如果企业能够提出好的创意并选择好时机，成功地运用网络事件营销，就可以迅速提升企业品牌的知名度。

（2）网络事件营销影响面广、关注度高。互联网的及时性和普及性使得信息传播的速度和广度都大为提升。事件一旦被关注，借助互联网的口碑传播效应，就可以引发极高的社会关注度，甚至可由网络事件上升为被其他大众媒体关注的事件。

（3）网络事件营销具有隐蔽的目的性。企业策划的网络事件营销都有商业宣传的目的，但一般情况下该目的是隐蔽的，大量高明的网络事件营销都隐藏了自己的推广意图，让消费者感觉不到该事件是在做产品推广。例如，联想的"红本女"事件，尽管在事件营销的网络平台选择、时间把握等方面做得足够优秀，但忽略了网络事件"隐蔽性传播，润物细无声"的特点，让多数网友看到后就知道联想是在做广告，没有达到预期目的，以失败告终。

拓展案例

肯德基的"秒杀门"事件

（4）网络事件营销具有一定的风险性。网络事件营销是一把"双刃剑"，由于传播媒体的不可控制性及事件接受者对事件理解程度的不确定性，网络事件营销很可能引起公众的反感和质疑，如此不仅无法达到营销的目的，反而可能使企业面临公关危机。

7.1.3　网络事件营销的类型

根据事件性质的不同，网络事件营销一般可分为以下 6 种类类型。

1. 借用重大突发事件型

重大突发事件是指突然发生的、不在公众预料之中和没有心理准备的事件，重大突发事件多以灾难为主，所以在利用重大突发事件进行网络事件营销时，企业要注意把握好尺度。

2. 借用公益活动型

公益事关公众的福祉和利益，借助公益活动开展网络事件营销，有助于提升企业形象，吸引公众关注并增强用户的黏性。例如，支付宝打造的蚂蚁森林项目，从公益入手，依附移动支付 App，使用户在使用支付宝的同时还能做节能减排的公益活动，极大地提高了用户的参与度。

3. 借助公众高关注事件型

公众高关注事件一般是指公众都了解、重视，但尚不知其结果如何的重大事件，如申报世界杯举办权、载人航天飞机发射等。企业借助公众高关注事件开展网络事件营销活动，往往可以起到事半功倍的效果。

4. 借用社会问题型

社会发展的过程就是一个利益重新分配的过程，在这一过程中会产生许多新的矛盾，与这些矛盾相关的话题也是公众关注的中心。企业借用社会问题开展网络事件营销活动，更容易引起消费者的共鸣。

5. 借用名人人气型

借助名人的号召力，吸引目标消费者和媒介的关注，也是企业进行网络事件营销时经常采用的策略。例如，2023 年 6 月某知名足球明星开启了自己的第七次中国行。此举不仅引爆了球迷们的热情，还引发了各大酒店、线上平台和赞助商们的"商业狂欢"。

6. 营造事件型

营造事件是指企业通过精心策划的人为事件来吸引消费者的目光，从而实现传播目标的策略。例如，支付宝在官方微博上发布了一条"祝你成为中国锦鲤"的微博，并称转发这条微博就有可能成为全球独宠的"锦鲤"，被抽中的人将会获得全球免单大礼包。该微博不到六小时转发量破百万，周累计转发量破三百万，成为企业营销史上最快达到百万级转发量的经典案例。

7.2　网络事件营销的策划

微课堂

网络事件营销的
策划

"水可载舟，亦可覆舟"，网络事件营销可以让企业"一夜成名"，也可能使企业"一夜败北"。网络媒体传播速度快、范围广、关注度高的特性，造就了网络事件营销的独特优势。网络事件营销可以有效地提高企业品牌的推广效力，但由于网络媒体及消费者的接受度等方面存在不可控的风险，网络事件营销也可能引起消费者对企业品牌的反感。"凡事预则立，不预则废"，在实际的营销运作中，企业应注重网络事件营销的事先策划，发挥网络事件营销的巨大威力。

7.2.1　良好的创意

良好的创意是网络事件营销成功的首要条件。近些年，很多成功的网络事件营销都有较好的创新性。它们通过"唱反调"、制造悬念等方式引起网民的广泛关注，为企业产品赚足了眼球，提高了企业的关注度。"吃垮必胜客"事件营销就是一个非常值得我们学习的案例。

必胜客为吸引更多的消费者光顾，在网上发布了一则"吃垮必胜客"的帖子。帖子一经发布，立即在网上热传。该帖主要表达了对必胜客沙拉高价的不满（注：必胜客的沙拉是自助式的，三十多元一位。但必胜客规定消费者只能盛一次，能盛多少就是多少，而必胜客给的盘子又小又浅，根本装不了多少），并提供了很多种多盛食物的"秘籍"。随着帖子点击量和转载量的急速飙升，必胜客的客流量迅速增长。其实，这不过是必胜客为了吸引更多的客户而发起的一场成功的网络事件营销活动。

有一位网友这样在网上留言："我当时马上把邮件转发给我爱人了，并约好了去必胜客一试身手。到了必胜客我们立即要了一份自助沙拉，并马上开始按照邮件里介绍的方法盛取沙拉。努力了几次，我们终于发现盛沙拉用的夹子太大，做不了那么精细的搭建操作，最多也就搭2～3层，不可能搭到15层。"

而到必胜客试过身手，并且真的装满那么多层沙拉的热心网友，会在网上发帖，介绍自己"吃垮必胜客"的成功经验。甚至有网友从建筑学的角度，用11个步骤来论述如何吃垮必胜客。

"吃垮必胜客"事件抓住了公众的好奇心理，许多消费者看到帖子都纷纷前往必胜客一探究竟。其结果可以想象，随着帖子点击量的急速飙升，这样一个唱反调的营销事件最终使必胜客的流量迅速增长，达到了出奇制胜的效果。

7.2.2　把握网民关注的动向

网络事件营销要想做到有的放矢，就必须把握好网民关注的动向。大多数网民都具有较强的好奇心，喜欢关注新奇、反常、有人情味的事件。一汽红旗的网络事件营销是牢牢抓住公众及媒体关注动向的典型案例。

2021年8月5日，在第32届东京奥运会即将结束之际，一汽红旗官方微博发文，官宣为获得奥运奖牌的中国运动员赠送红旗H9汽车，如图7-1所示。

一汽红旗官方微博还宣布，每一位中国健儿都是中国骄傲，一汽红旗汽车将为本次东京奥运会中国奥运代表团的获得金牌的每名运动员敬赠红旗H9一台；同时，为获得银、铜牌的每名运动员敬赠红旗H9产品使用权；如运动员得牌不止一块，则按所得奖牌中最高等级赠送一次。

一汽红旗为奥运冠军赠车的微博官宣，不仅赢得了媒体的高度关

> 一汽红旗 ✔
> 8-5 13:22 来自 微博 weibo.com 已编辑
>
> #为中国健儿送红旗H9#
> 听说有个冠军小哥哥想要红旗车？我们早就在准备啦！
> #东京奥运会##中国奥运代表团的健儿们，每一块奖牌，都是一次红旗飘扬。每一次红旗飘扬，都值得红旗H9伴你同行！
> 所以，我们来啦
> 中国队，YYDS！#谢谢为中国拼搏的你#

图7-1　一汽红旗官方微博的发文

注，更收获了网民的广泛赞誉，并激发了网友的自发传播热潮。该话题下面，网友发文说道"大手笔!可!""格局打开了""请尽情地给他们奖励"。2021 年 8 月 6 日，#为中国健儿送红旗 H9#这一话题登上了微博热搜，并获得了 1.7 亿次阅读，6.5 万次讨论。

奥运会作为世界顶级体育赛事，聚焦了全民目光，奥运会期间凡是与中国健儿相关的话题，都有可能在网络上掀起刷屏式讨论的热潮。一汽红旗的此次网络事件营销正是充分利用了这一点，通过策划对奥运健儿的赞助活动，进一步提升了品牌在大众心中的良好形象。

7.2.3 抓住时机，善于"借势"

所谓借势，是指企业及时地抓住广受公众关注的事件、社会新闻等，结合企业或产品在传播上的目的而开展的一系列相关活动。如果企业可以充分调动公众的好奇心，则网络事件营销取得成功的概率就会变大。但是，如果企业自身不具备引起互联网和社会关注的新闻价值，就需要采用"借势"的手段，利用已有的较高关注度的事件，将网民及新闻媒体的视线拉到本企业品牌上来。

📚 案例分析

法国队夺冠，华帝全额退款

1998 年，四年一度的世界杯落幕后，法国队夺冠的消息瞬间刷爆朋友圈。这一次备受瞩目的除了最终夺冠的法国队，还有一家名叫华帝的中国企业。这个创办于 1992 年，从广东起家的厨电企业凭借"法国队夺冠，华帝退全款"这一出色的事件营销，成功地吸引了中外媒体的目光，并在广大消费者中引起了轰动。

在世界杯开赛前，厨电企业华帝发起了"法国队夺冠，华帝退全款"的劲爆促销活动（促销海报见图 7-2）。当法国队最终夺冠时，华帝受到了前所未有的关注。"法国队夺冠，华帝要上天台了!""这波搞大发了，华帝会不会兑现承诺，怎么兑现承诺？"各种猜测遍传围观群众，连平时不怎么关心足球的人也被这一闻所未闻的营销活动所吸引。

图 7-2 华帝的促销海报

在法国队夺冠当天，华帝的微信、微博搜索指数均暴涨 30 倍。促销活动期间华帝销售额达到了 10 亿元，销售增长率超过了 20%，与总计不到 8 000 万元的退款额相比，华帝的这次事件营销无疑获得了巨大的成功。

案例分析：显然，华帝的此次活动，是一次极为成功的借势营销。

一方面，短期来看，促销期间增长的销售收入，远高于为购买"夺冠套餐"的消费者退全款的损失。促销期间，华帝创下了总计 10 亿元的巨大销售额，与总计不到 8 000 万元的退款额相比，显然是稳赚不赔，收益立竿见影。

另一方面，通过这场"退全款"营销，并不是世界杯赞助商的华帝，得到了比真正赞助商远远更多的曝光和关注，知名度爆炸式飙升。大量潜在用户的瞩目，企业品牌的推广，将会带来不可估量的巨大长期收益。

7.2.4　力求完美

力求完美是指在策划网络事件营销的过程中，企业应树立社会营销观念，密切关注网络事件营销传播的力度和效果。在网络事件营销的实施过程中，企业应巧妙地利用网络媒体的特性，尊重社会公众的感情和权利，保证信息传播渠道的完整和畅通。

7.2.5　诚信为本

"巧妇难为无米之炊"，企业行为的好坏直接决定了企业信誉的好坏，企业只有首先立足于实际行动，用事实说话，为公众做实事，网络事件的传播才会"有米下锅"。因此，网络事件营销策划必须做到实事求是，不弄虚作假，才能真正让公众信服，这是企业进行网络事件营销的最基本原则。恶意的炒作会严重影响网络事件营销的传播效果，损害企业的社会形象。

7.3　网络事件营销的传播

传播与推广是网络事件营销的重要环节，其效果好坏直接影响网络事件营销的最终效果。企业要想达到网络事件营销的目的，就必须注重传播。企业只有通过有效的传播，才可能让目标群体了解该网络事件，熟悉企业品牌，从而避免让网络事件营销成为企业的独角戏。网络事件营销的传播流程一般包括以下4个步骤，如图7-3所示。

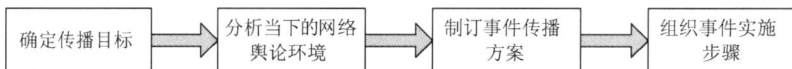

```
确定传播目标 → 分析当下的网络    → 制订事件传播    → 组织事件实施
              舆论环境            方案              步骤
```

图7-3　网络事件营销的传播流程

7.3.1　确定传播目标

实施任何网络事件营销前，企业必须先确定传播目标，包括传播对象、传播范围、传播效果等。例如，餐饮、服务行业区域性较明显，企业可选择当地的论坛作为网络事件营销的工具，传播方式也要符合当地的形势；而对于传播对象为年轻女性的网络事件营销，就应当尽量选择女性用户经常使用的网络平台，所选择的话题也应当是年轻女性感兴趣的内容。

7.3.2　分析当下的网络舆论环境

一般以直接的方式在网络平台上公开表达的意见属于显舆论，而网络的开放特性也使社会的潜舆论逐渐向显舆论发展。所处历史时期不同，网络舆论的环境也会有所不同。在网络事件营销过程中，企业应当把握好网民关注的方向，控制好舆论传播的尺度，为更好地推广企业品牌奠定基础。如果忽视舆论环境，只会跟风炒作，不断挑战公众的道德底线，企业最后必然会被人们所唾弃。

但是，随着近年来商业竞争的日益加剧，一些不良商家不断以商业创意的幌子策划种种低俗、恶俗的商业炒作事件。这些为了吸引大众眼球进行的不择手段的炒作，从社会公德的角度来说，显然与当前社会所倡导的"真善美"的道德主旋律背道而驰。因此，企业在制造事件、利用网络事件开展营销活动之前，一定要认真分析当前的网络舆论环境，三思而后行。

7.3.3　制订事件传播方案

在制订事件传播方案之前，企业要理解媒体的关注点，熟悉新闻事件的特性，善于制造新闻事件。事件要有代表性和显著性，要使公众和媒体感兴趣，满足受众的好奇心。之后，企业可根据被宣传的网络事件的特点，提前策划网络事件传播方案。

7.3.4　组织事件实施步骤

企业应选择合适的网络营销工具，如论坛（博客、视频网站）发帖。在此期间若想提高关注度，还可以联系付费网站管理员，让其推荐或置顶，同时抛出易于引起讨论的言论，撰写新闻评论等，期待大量媒体跟进报道，同时注意维护形象。

阅读资料 7-1　"国货之光"鸿星尔克为何能够爆火？

2021 年，国民品牌鸿星尔克发布官方微博称公司心系灾区，已经通过郑州慈善总会、壹基金紧急捐款 5 000 万元物资，驰援河南灾区。此消息一出立即引爆了全网，这时候人们才记起这个已经慢慢被国人淡忘的品牌。

鸿星尔克在 2020 年的时候已经亏损了 2.2 亿元，2021 年一季度又负债 6 000 多万元。由于财务问题，鸿星尔克的股票一度停止交易。尽管业绩不理想，濒临倒闭，但鸿星尔克却豪掷千金支援灾区，豪掷一亿元向福建省残疾人福利基金会捐款，此种大无畏精神可歌可泣。一时间，民间自发组织了支援国货鸿星尔克的各种活动，甚至有民众冲进鸿星尔克专卖店扫码付完钱就走。这个国民品牌成功激发了国人的爱国热情，抢购鸿星尔克形成了万人空巷的局面，以至到最后，鸿星尔克董事长吴荣照还专门出面呼吁大家理性消费。鸿星尔克从籍籍无名到突然爆火既是偶然也是必然，一个有强烈的社会责任感的企业是不会被民众忘记的，一个爱国的企业家是值得消费者尊敬的。

7.4　网络事件营销成功的关键要素

成功的网络事件营销需要具备以下 6 个要素。

7.4.1　相关性

网络事件营销中的"热点事件"一定要与品牌的核心理念相关联，不能脱离品牌的核心价值，这是网络事件营销成功的关键要素。"热点事件"与品牌核心理念的关联度越高，就越容易使消费者把对事件营销的热情转移到企业品牌上来。

7.4.2　创新性

网络事件营销的创意指数越高、趣味性越强，公众和媒体的关注度就越高，营销的效果也就越好。

例如，可口可乐与优酷跨界合作，联合推出 49 款可口可乐"台词瓶"（见图 7-4）。网友还可以个性定制独一无二的专属台词瓶，在"我们结婚吧""如果爱，请深爱"等经典台词的前面加上恋人和朋友的名字，让优酷和可口可乐替网友表白。由于创意独特，使用户产生了情感共鸣，该活动一经推出便迅速占领了微信朋友圈，成为人们津津乐道的话题，并最终让可口可乐获得了品牌、口碑和销量的进一步提升。

图 7-4   可口可乐的"台词瓶"

7.4.3　重要性

事件的重要性是影响网络事件营销效果的重要因素。事件越重要，对社会产生的影响越大，价值也越大。因此，在网络事件营销策划过程中，如何增强事件的重要性，让更多的人参与到网络事件营销中来，是企业必须考虑的问题。

7.4.4　显著性

"山不在高，有仙则名；水不在深，有龙则灵。"网络事件中的人物、地点和内容越著名，网络事件就越容易引起公众的关注。因此，企业策划网络事件营销一定要善于"借势"与"造势"，多利用"名人""名山""名水"来宣传企业品牌。在这方面，深圳市大疆创新科技公司（以下简称"大疆"）的案例让人印象深刻。

大疆是全球领先的无人飞行器控制系统及无人机解决方案的研发和生产商，客户遍及全球 100 多个国家和地区。在品牌宣传上，大疆善于通过科技名人效应进行圈内推广，很多科技领袖都是大疆无人机的用户，其中就有微软联合创始人比尔·盖茨。网上流传着这样一则趣事：向来不使用苹果设备的盖茨竟然为了体验大疆无人机而不得不使用了苹果手机。而在国内，互联网领域的王兴、王小川、张一鸣等知名企业家都是大疆的深度粉丝。科技意见领袖与互联网大咖的示范效应，让大疆很快在科技圈内流行起来，使国内外媒体对于大疆的关注度迅速提升。

7.4.5　贴近性

"物以类聚，人以群分。"企业进行网络事件营销的策划需要充分考虑公众的趋同心理。在网络事件营销的实施过程中，如果网络事件在心理上、利益上和地理上与公众接近或相关，能激发公众的兴趣，让公众参与到营销活动中，就更容易被公众接受。与企业单方面活动相比，此时营销活动会获得更多的关注，取得更好的宣传效果。在这方面，老乡鸡"200 元战略发布会"事件营销堪称经典。仅预算 200元的老乡鸡战略发布会在 2020 年 3 月 18 日由各社交媒体播出之后，因董事长幽默风趣的语言，搞笑的营销场景，成功吸引了大众的眼球，短时间内在抖音上的视频播放量就超过了 2 300 万。老乡鸡战略发布会如图 7-5 所示。

图 7-5　老乡鸡战略发布会

此次老乡鸡将社交媒体上传播的梗运用到广告中，借势网络热点使品牌获得关注。业内人士戏称，老乡鸡用 200 元的预算实现了 2 亿元的品牌传播效果。

7.4.6　公益性

公益性也是影响网络事件营销成功与否的重要因素。公益是一种社会责任，具有公益意义的营销方案更容易产生较好的社会意义和号召力。公益性网络事件营销是指企业利用互联网平台，通过发起或参加公益活动来提升品牌形象、增强社会影响力，同时为公众创造价值的一种营销方式。

例如，视频分享网站 56 网与世界自然基金会达成战略合作，在推进环保等公益事业领域频频发力，并借鉴国际非政府组织（Non-Governmental Organizations，NGO）成功的公益理念，正式推出了"彩虹计划"大型公益项目，通过该公益项目呼吁人们关注气候变化，关注环境保护，共同保护地球，切合了如今最迫切需要解决的环境问题。其中保护东北虎、地球一小时、中国湿地使者活动都引起了网友的广泛参与，成为网络热点事件。

7.5　开展网络事件营销应注意的问题

7.5.1　善于借助热点

企业进行网络事件营销，一方面可以通过策划亲自"造势"，另一方面也可以借"热点事件"甚至"热点名人"开展营销活动。例如，北京奥运会的成功举办、北京奥运会上中国代表团的骄人战绩、"神舟"系列飞船的发射等，都是世人关注的热点，企业可以利用热点事件资源进行营销活动。需要特别注意的是，营销事件的策划要尽可能把公众关注的热点转移到产品和品牌上。

拓展案例

百事可乐，
把乐带回家

7.5.2　找好品牌与事件的"连接点"

在关注热点事件的同时，企业应找好品牌与事件的"连接点"，即网络事件营销应与企业的战略相吻合，切合自身品牌的个性。当网络事件营销与企业自身的品牌形象、品牌个性相吻合时，其所发挥的威力和持续的程度远远胜于单一的事件炒作。例如，球迷所钟情的足球队获得了比赛的胜利，球迷往往会喝啤酒庆祝，如此啤酒与球赛、球迷之间就有了恰当的联系点。

7.5.3 注重网络事件营销的创新

网络事件营销的核心在于创新，只有让公众耳目一新的营销事件才可能获得较好的效果；盲目跟风往往昙花一现，难以达到引人注目的效果。例如，蒙牛赞助"神舟五号"飞天等让蒙牛名声大振，终端销量得到了大幅度提升。看到蒙牛大赚，一些企业纷纷效仿，也想通过类似的赞助活动取得成功，但最终的结果却不尽如人意。由此可见，企业进行网络事件营销的创意策划需要结合企业优势资源，提出适合企业品牌形象的创新性"点子"，才可能获得公众的广泛关注。

7.5.4 以公益原则为底线

企业开展网络事件营销必须确保以公益原则为底线。如果企业不关注公益，突破公益原则的底线，就将丧失社会意义和号召力，从而缺少更多受众的参与；没有受众的参与就不能达到营销的目的，甚至给企业造成严重的品牌信任危机。

阅读资料 7-2 "3·15"辣条事件，麻辣王子赢了所有

2019 年 3 月 15 日，"危险的辣条"报导曝光了河南兰考县、湖南平江县等地黄金口味棒、爱情王子等辣条制造商。视频中，生产线上膨化后的面球四处飞溅，生产车间地面上，满地粉尘与机器渗出的油污交织在一起。

被曝光后，上述涉事品牌并未做出回应。这个时候，一家没有被提及的品牌倒是顺势"蹭"上了热度，这个品牌就是麻辣王子。

2019 年 3 月 15 日 22 时，就在晚会曝光辣条行业乱象后不久，麻辣王子官方微博发布了一个置顶视频，并配文"行业有乱象，但总有人在坚守底线，做良心产品！听麻辣王子创始人讲述：为了让消费者吃上正宗、健康的辣条，我们做了什么？"

视频展示了麻辣王子的车间，并由品牌创始人亲自讲述品牌理念。在大家质疑辣条安全问题时，这条带有话题性质的微博在第一时间发出，获得了一大波好感。

2019 年 3 月 16 日，麻辣王子又发了一个视频，这次的视频中，其邀请了许多大学生去麻辣王子实地参观，并在微博上邀请网友前去考查。

2019 年 3 月 18 日，麻辣王子再接再厉，邀请平江县委书记也来车间考查并品尝辣条。

接二连三的微博视频让麻辣王子不仅没有受辣条风波的影响，还提高了知名度。

根据公众发展过程的不同阶段，我们可将公众划分为非公众、潜在公众、知晓公众、行动公众。若在知晓公众转化为行动公众时，企业才有所行动，便为时已晚。麻辣王子虽然没有被央视点名，却让辣条风波与其品牌有所关联。麻辣王子主动站出来展示自己生产车间的卫生环境，还让县委书记作保，无疑有效稳定住了消费者的情绪。

资料来源：网易订阅。

7.5.5 重视全方位的整合营销

企业进行网络事件营销的最终目的是推销企业产品，提高企业品牌知名度。因此，在网络事件营

销过程中，企业应树立全面整合的观念，充分利用网络的特性和优势，向社会公众进行立体化信息传播。同时企业还要综合运用组织传播、群体传播、大众传播等多种传播方式，以实现良好的整合营销传播效果。

本章实训

【实训主题】 借势型网络事件营销案例分析

【实训目的】 了解借势型网络事件营销成功运作的要点（注：借势型网络事件营销是指借助热点事件开展的网络营销活动，与之对应的是造势型网络事件营销。前者是借助热点，搭乘便车；后者是无中生有，制造事件）。

【实训内容及过程】

（1）以小组为单位，组成任务团队。

（2）通过阅读相关文献，全面认识借势型网络事件营销。

（3）搜索近年来的借势营销经典案例（如超级蓝血月借势营销、网红品牌卫龙辣条的借势营销等），分析其成功的秘诀。

（4）以小组为单位进行讨论，在讨论的基础上撰写案例分析。

（5）提交分析报告，并在班级微信群进行分享。

【实训成果】

实训作业——《借势型网络事件营销案例分析》

练习题

一、单选题

1. 网络事件营销的最终目的是（　　）。

　　A．吸引媒体关注　　　B．提升知名度　　　　C．树立品牌形象　　　D．促进销售

2. 企业进行网络事件营销的最基本原则是（　　）。

　　A．把握网民关注动向　　　　　　　　B．力求完美

　　C．善于"借势"　　　　　　　　　　　D．诚信为本

3. 网络事件营销获得成功的首要条件是（　　）。

　　A．良好的创意　　　　　　　　　　　B．公众的关注

　　C．抓住时机，善于"借势"　　　　　　D．力求完美

4. 网络事件营销的传播过程不包括（　　）。

　　A．确定传播目标　　　　　　　　　　B．分析当下的网络舆论环境

　　C．组织事件实施步骤　　　　　　　　D．策划事件营销

5. 企业开展网络事件营销必须确保以（　　）为底线。

　　A．热点事件原则　　　　　　　　　　B．公益原则

　　C．公众关注原则　　　　　　　　　　D．事件炒作原则

二、多选题

1. 下列属于网络事件营销的有（　　　）。
   A. "吃垮必胜客"　　　　　　　　　　B. "买光王老吉"
   C. "凡客体"　　　　　　　　　　　　D. "贾君鹏，你妈妈喊你回家吃饭"
   E. 肯德基"秒杀门"

2. 策划网络事件营销时，应注意吸引（　　　）的兴趣与关注。
   A. 网络媒体　　　　B. 社会团体　　　　C. 消费者
   D. 政府官员　　　　E. 竞争企业

3. 下列属于网络事件营销特征的有（　　　）。
   A. 投入少、产出多　　　　　　　　　　B. 影响面广、关注度高
   C. 具有隐蔽的目的性　　　　　　　　　D. 具有一定的风险性
   E. 无风险、回报率高

4. 网络事件营销的传播目标包括（　　　）。
   A. 传播对象　　　　B. 传播范围　　　　C. 传播效果
   D. 传播速度　　　　E. 传播性质

5. 下列关于网络事件营销的说法，正确的有（　　　）。
   A. 网络事件营销中的"热点事件"一定要与品牌的核心理念相关联
   B. 事件越重要，对社会产生的影响越大，价值也越大
   C. 新闻点是新闻宣传的噱头，网络事件营销要想取得成功，就必须有新闻点
   D. 策划网络事件营销一定要善于"借势"与"造势"，多利用"名人""名山""名水"来宣传企业品牌
   E. 策划网络事件营销需要充分考虑公众的趋同心理

三、名词解释

1. 网络事件营销　　　2. 营造事件型网络事件营销　　　3. 借势　　　4. 公众高关注事件
5. 重大突发事件

四、简答及论述题

1. 根据事件性质的不同，网络事件营销可分为哪些类型？
2. 影响网络事件营销成功的关键要素有哪些？
3. 试论述如何策划网络事件营销。
4. 试论述网络事件营销的传播流程。
5. 试论述开展网络事件营销应注意哪些问题。

📘 **案例讨论**

淄博烧烤：以网红美食＋互联网引爆撬动城市营销新密码

2023年上半年，没有人能躲过淄博烧烤的刷屏攻势，其热度就像淄博烧烤摊上的火焰，越烧越旺。

淄博烧烤爆火的节点已经无从考究，或许是大学生开春组团回淄博旅游，或许是网红博主@B太拉来的好感，无论如何，淄博确实拼命抓住了机会，推动了城市旅游的发展。

从淄博官方来说，其行动力一流，开通烧烤专列，成立烧烤协会，设置烧烤公交专线，青年驿站半

价入住，不允许出租车宰客，举办淄博烧烤节……各种体验感＋人性化的措施，相当加分。

互联网平台上层出不穷的话题，如淄博烧烤三件套吃法、出摊地点"神出鬼没"的绿豆糕大爷、"暴躁"上菜的淄博小胖等，都进一步使讨论升温。

如今，淄博的城市营销步伐没有停止，并开始重视沉淀城市文化。此前有媒体报道，淄博书画大师赵宝增走上街头为游客题字作画，作为非遗鲁派内画传人的"90 后"女生李韶玥，也是淄博打造的新名片。

资料来源：网易订阅。

思考讨论题：

1. 为什么淄博烧烤能成为 2023 年上半年人们关注的焦点？
2. 结合案例，请谈谈如何开展网络事件营销。

第 8 章 网络软文营销

学习目标

【知识目标】

（1）理解软文及网络软文营销的含义。

（2）掌握网络软文的写作要求。

（3）熟悉网络软文的写作形式。

（4）掌握高质量网络软文创作的要点及写作技巧。

（5）掌握网络软文写作的步骤。

【素质目标】

（1）树立正确的网络软文营销观念。

（2）明辨是非，掌握识别虚假网络软文营销的能力。

（3）提高网络软文写作水平，提升网络软文传播技巧。

知识结构图

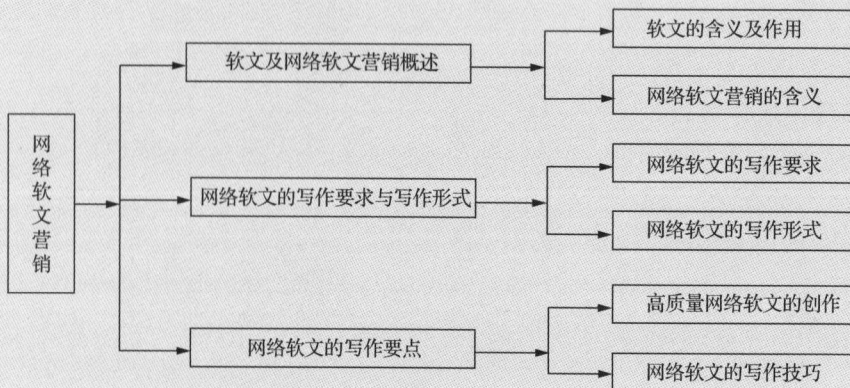

M公司的网络软文营销

随着互联网的快速普及和各类新媒体的高速发展，网络软文营销已成为企业推广品牌的重要手段。M公司是一家以营销见长的企业，其成功的网络软文营销值得借鉴。以下是M公司的具体做法。

1. 明确目标受众

M公司在每一次的网络软文营销前都会对目标受众进行充分了解，包括年龄、性别、职业等，以确保内容能够精准地吸引目标受众的注意力。

2. 找到合适的切入点

M公司在选择网络软文的切入点时往往非常注重用户的需求和痛点，如针对消费者对电池续航不足的担忧，M公司推出了一款充电宝；针对年轻人对时尚的追求，M公司推出了一款时尚手机壳。这样能够使消费者更加容易接受并认同品牌。

3. 提供有价值的内容

M公司在网络软文中所提供的内容都是具有极高价值的，这些内容不仅是为了推销产品，更是为了向读者传递品牌的价值观念和文化内涵，让消费者对品牌产生认同感并提高忠诚度。

4. 利用多平台进行整合传播

M公司在不同的平台上采用了不同的软文传播方式，如在微信公众号上发布文章、在微博上发布短文、在各大科技媒体上发布新闻稿等。这样可以最大限度地提高品牌的曝光率，吸引更多的目标受众。

M公司网络软文营销的成功原因在于，其在内容创作上始终坚持"以产品为中心、用户为导向"的原则，将用户需求和品牌价值有机结合，让读者在阅读中获得真正的价值。M公司的成功案例启发我们，在开展网络软文营销时，要始终坚持以用户为中心的原则，要注重提供有价值的软文内容，同时还要在多个网络平台上进行整合传播。企业学习M公司的网络软文营销策略，有助于更好地打造品牌，提升品牌知名度和影响力。

资料来源：改编自百度百家号。

8.1 软文及网络软文营销概述

8.1.1 软文的含义及作用

1. 软文的含义

软文，是指通过特定的概念诉求，通过理论联系实际的方式，利用心理冲击来使消费者理解企业设定的概念，从而达到宣传效果的营销模式。实际上，软文就是一种隐性的文字广告，多由企业内部策划人员或广告公司撰写，即在一篇新闻稿、使用心得、趣味故事等文章里嵌入广告，以此来宣传企业或产品。

随着软文的发展，软文的类型也多了起来，从最开始的新闻软文到如今的故事、微小说、博客、购买心得、论坛软文等多种形式。如今，软文已经成为市场营销中最有效的营销方法之一。软文从形式上可以划分为两种：狭义软文、广义软文。狭义软文即早期的付费文字广告，是企业付费后在报纸、杂志等媒体上刊登的宣传企业或产品的文字广告。广义软文是指通过专业的策划，付费在报纸、杂志、网络等各种宣传媒体上刊登文章，以此提升企业形象、宣传企业品牌。文章类别形式以新闻报道、案例分析、购买者使用反馈等居多。

2. 软文的作用

对于企业来说，软文的作用主要体现在以下几个方面。

（1）缩减广告成本。传统硬广告费用一直居高不下，很多企业都难以承受。相对于此，软文有绝对的优势，一篇原创软文的价格比硬广告费用要低很多。而且，一篇质量优秀的软文常会被读者免费转载，这样就扩大了产品的宣传范围，提升了企业的形象和口碑，从而让消费者更愿意信任企业及其产品。

（2）辅助搜索引擎优化（Search Engine Optimization，SEO）。一篇优秀的软文具备两个元素：网址链接、关键词。有了这两个元素，软文的点击率和曝光率就可以大大提高，从而可以提升企业和产品形象。如果链接页面做得完美，则可以直接激发用户的购买欲望。

（3）提高品牌知名度。要想提高品牌的知名度，仅靠硬广告是远远不够的，因其不仅费用高昂且难以持久。而在互联网上有针对性地发布网络软文，传播范围广且时间长久，有利于提高品牌的知名度。

（4）增加网站流量。抓住用户的心理，努力拉近与用户的心理距离，进而撰写一篇优秀的软文，可以给企业带来很高的流量及转换率。这样不仅可以间接地提高产品的销售量，而且还可以提升相关产品的受关注度。

阅读资料 8-1　J 企业"对不起"软文引发的关注

2013 年 1 月 31 日，J 企业在与 W 企业的"广告词"官司中败诉。2013 年 2 月 4 日 14 点开始的 2 小时内，J 企业官方微博连发 4 条微博软文。这 4 条微博软文实际上是一组平面创意，画面主角是 4 位不同肤色的小男孩，虽然天真无邪，但在号啕大哭，看起来委屈得令人心软，如图 8-1 所示。画面中的文字内容则以大写的"对不起"吸引眼球。这些文字加上图片，看起来悲情、无助而义愤填膺。很快，这组微博软文以"对不起体"走红网络，当之无愧地成为经典微博软文营销案例。

"对不起体"帮助 J 企业收获了广泛关注，24 小时内，这 4 条微博软文已经被直接转发 34 951 次，直接评论 9 270 次。事实证明，软文营销的形式不拘一格，不必像传统营销那样循规蹈矩或单一宣传，可以另辟蹊径。在软文营销兴起之前，国内企业遭遇公关危机时，习惯用官方声明加以应对，给人的感觉却难免敷衍。事实上，用形式多变、接地气的软文进行应答更容易打动消费群体。软文发挥作用通常极为迅速，而能够抢先占领消费者的心理阵地，抓住时间资源优势，形成首因效应，这更是软文营销难以被取代的价值。

图 8-1　J 企业微博软文

官司结束，原本会导致 J 企业产品话题告一段落，但该企业反其道而行之，继续用微博软文制造争议性话题，顺利获得了更大的影响力。对任何品牌而言，这都不失为一种不费力而"讨好"的营销思路。利用"对不起"式的争议话题内容进行软文营销，需要注意把握尺度和分寸，并在推出之后辅以其他市场营销策略，以期得到消费者发自内心的理解与认同。

资料来源：王建平，梁文. 软文写作与营销实战手册：软文写作技巧+文案创意+即刻引爆传播. 北京：人民邮电出版社，2017.

8.1.2　网络软文营销的含义

网络软文是一种通过互联网平台进行宣传和推广的文本形式。它通常是一种广告或营销手段，通过讲述故事、提供建议、分享经验或传递价值观等方式，吸引读者的注意力并引导他们采取行动。网络软文通常以内容为主导，通过与目标受众建立联系来提高品牌知名度、增加流量和促进销售。这些文章通常包含关键词和主题标签，以便搜索引擎蜘蛛能够轻松地找到它们。此外，它们通常以引人入胜的标题和开头段落吸引读者，然后通过提供有价值的信息、解决问题或分享经验来保持读者的兴趣。

网络软文通常由专业的营销团队或营销人员撰写和发布，他们了解目标受众和市场需求，并使用各种策略和技术来最大限度地提高软文的传播效果。

网络软文营销又叫网络新闻营销，是指企业通过门户网站、自建网站、行业网站、博客、社交媒体、新闻网站、论坛等在线平台和媒体，传播一些具有阐述性、新闻性和宣传性的文章，包括网络新闻通稿、深度报道、案例分析、付费短文广告等，将企业、品牌、人物、产品、服务、活动项目等相关信息以新闻报道的方式，及时、全面、有效、经济地向社会公众广泛传播的新型营销方式。

很多人容易把软文营销和软文推广混淆。它们都是文字载体和广告形式，但二者之间究竟有什么关系呢？软文推广和软文营销虽然类似，却有一定区别。软文推广侧重的是执行，软文营销的重点是策略。假如临时写一篇软文，直白地在文中推广产品，这就是软文推广。软文营销通常有一个详细的策略来指导软文的内容，文中不一定直接提到产品，可能只是以一个词、一句话、一个概念作为铺垫，然后一步步写出内容，由浅入深，最后达到目的。

8.2　网络软文的写作要求与写作形式

8.2.1　网络软文的写作要求

网络软文不只是为了吸引更多的流量或传递某种商业信息，还包括转换和改变消费者固有的价值观与信念，直至达成最终的商品销售目标。为更好地实现上述目标，相关人员在进行网络软文写作时应遵循以下要求。

第一，在撰写软文之前，相关人员不仅要了解企业在不同发展阶段的目标，也要明确不同层面及当下的目标。只有对企业的营销目标了如指掌，才可以确定软文营销的总体目标及各阶段、各层面和当前的目标。在撰写前应尽可能详细地列出软文营销的目标战略图，如对内对外、线上线下、传统及网络媒体上的软文发布、广告、公关等目标，并且还要设定每一个目标的发稿及投放媒体数量。

第二，了解受众和媒体，从而提高软文质量。相较于企业内部从事软文制作的部门对于企业品牌或产品的受众群体及各类媒体的熟悉度而言，外包的软文写手可能难以全方位地了解一个企业。但随着对这家企业的产品服务、历史文化、高层领导、行

好标题的八大类型

业地位、竞争对手、发展状况、客户、厂商、经销商、相关政策的影响等各个方面的详细了解，其所撰写的软文质量也就越来越高。站在网络软文营销的立场来说，对于那些以网站为营销工具的站长、网店店主、小型工作室或微型企业而言，重要的一点便是对关键词进行分析，包括相关关键词、自己网站的优化数据、竞争网站与网络广告的基本情况，以及易被搜索引擎收录的网站信息。

第三，标题应吸引人。撰写过软文的写手肯定知道，有时相比于一篇软文的写作时间，设计标题往往需要更长时间。标题一旦无法吸引人，那么一切都是徒劳。稿件再好，无人阅读也无用；创意多好，无人点击便是徒劳。

第四，设定好软文题材、内容、结构。

（1）设定好软文题材。

在软文创作过程中，设定好题材是至关重要的一步。题材的选择决定了软文的核心内容和方向，是吸引读者兴趣和传达信息的起点。首先，软文创作人员要明确软文的目标受众是谁，他们的需求和兴趣是什么。根据目标受众的特点，软文创作人员可以有针对性地选择题材，确保软文能够引起他们的共鸣和关注。其次，题材应该与企业的营销目标紧密相关。软文作为一种营销手段，其最终目的是为了实现特定的营销目标，如提升品牌知名度、推广产品、增加销量等。因此，在选择题材时，软文创作人员应该考虑如何通过软文的内容来有效地传达营销信息，实现营销目标。此外，软文题材还应具有独特性和新颖性。软文创作人员应该关注社会热点、行业动态、用户需求等方面，从中寻找独特且有价值的话题，并将其作为软文的题材。

（2）创作软文的内容。

在设定好软文的题材后，软文操作人员需要围绕这个题材展开内容创作。内容应该具有深度、广度和逻辑性，能够全面、深入地探讨和解析题材，让目标受众在阅读过程中获得有价值的信息和启示。同时，还应该注重内容的可读性和可传播性，确保读者能够轻松愉快地阅读并愿意分享给他们的朋友和社交媒体上的关注者。

在创作软文内容过程中，创作人员应当遵循"4个凡是"的选择原则，即：凡是更有利于推进营销目标的应当选择；凡是更有利于被消费者接受的应当选择；凡是更有利于被媒体采纳的也应当选择；凡是更有利于满足上面3项的应当做首要选择。

（3）确定软文的结构。

软文的结构包括两种，一种是写作思路的结构，另一种是文章编辑的结构。写作思路的结构是"意"，文章编辑结构是"形"。"形"可以理解为一些小技巧，如软文段落的优化。软文段落的优化其实是一种阅读上的体验处理，就是让读者能自然而然地、轻松愉悦地读完全文。

一般的做法如下：第一段为1～3句话，字数控制在150个字以内；第二段开始到倒数第二段，其中的各个段落一般为5～6个句子；最后一段依然是1～3句话。另外，段落之间的空行要比句子之间的空行大，能清楚区分。

📘 案例分析

华为手机软文：千万不要用猫设置手机解锁密码

2014年的《千万不要把猫咪抓来设置手机解锁密码》这篇文章曾经登上微博热搜，在很多其他的网络社交内容平台上也有很高的阅读量和转载量。这个标题已经让人觉得非常有趣，引发了很多人的猜想和疑惑，而其内容更是意趣盎然。主人公以轻松通俗的口吻记述了自己某一天突发奇想用猫设置手机解锁密码的缘由、经过、意外和结果，还附上了手机和猫的照片，可信度非常高，并且行文非常"接地气"，事件也非常有趣。

作者当时是如何用猫给手机设置密码的呢？原来他使用的手机是华为手机，其自带的指纹锁屏和解锁的功能让作者产生了奇妙的想法，即用猫爪设置指纹密码，而之后由此引发的一系列趣事也让网友们忍俊不禁，很难不注意到这款手机。

很明显这就是华为手机的一篇软文，但是从作者的叙事及具体的内容来看，该文生动幽默，通俗真实，非常具有感染力和说服力，加上"有图有真相"，标题吸引人，事件有趣，猫咪可爱，文章所呈现的个人风格也非常鲜明，大多数人看过后都能产生深刻的印象，同时也能注意到华为手机及其指纹解锁的功能。

资料来源：道客巴巴，有删改。

案例分析： 华为手机的这篇软文内容丰富、画面真实、代入感强，口语化叙述加上无滤镜的图片使得软文的生活气息非常浓厚。软文的标题颇具悬念，能够吸引读者进一步阅读正文。软文中还加入了猫这种可爱的元素，创意独特。这篇软文能让人注意到华为手机，让人产生消费的欲望和模仿的冲动。

8.2.2 网络软文的写作形式

由于不同企业的背景和需求不尽相同，软文的表现形式也多种多样，但究其根本仍是万变不离其宗。按照传播渠道和受众，网络软文大致可分为新闻类网络软文、行业类网络软文、用户类网络软文（产品软文）3类。

1. 新闻类网络软文的写作形式

新闻类网络软文作为软文发展初期惯用的形式，同时也是最基本的软文形式之一。其主要分为以下几类。

（1）新闻通稿。新闻通稿是指企业为统一宣传口径，在对外发布新闻时提供给需要的媒体的新闻稿件。来源于传统媒体的新闻通稿，其写作形式与传统新闻报道相同，分为消息稿和通讯稿。概括来说，消息稿是对整个事件简要而完整的说明，即要包含整个事件始末；通讯稿则是对消息内容，如背景、花絮、具体的人或故事等的补充。基本上，新闻通稿只要确保文字流畅、语言精准、层次分明、逻辑性强、表述清楚、表达完整即可，所需技巧相对较少。

（2）新闻报道。新闻通稿的形式简单，并且都是由企业内部人员完成的，这就容易导致宣传效果不够理想，若想获得促进产品销售等进一步的效果就稍显不足。而新闻报道则可有效解决这一问题。此类软文对事件的报道基本是采用新闻的写作手法，以媒体的口吻进行发布，具有一定的隐蔽性。

（3）媒体访谈。不同于新闻通稿语言的公式化，新闻报道内容的说教与单向灌输，媒体访谈更具渗透性、感召性和互动性，也更易让人接受。通过与媒体进行访谈聊天的形式，企业想传达的内容和理念会更加吸引人和富有感染力，能够达到以理服人、以情动人的效果。

2. 行业类网络软文的写作形式

面向行业内人群的网络软文称为行业类网络软文。通常情况下，提高影响力、确定品牌地位是此类软文的目的。

行业类网络软文的写作主要从以下5个方面切入。

（1）经验分享。此类软文是利用心理学中的"互惠原理"去传播知识、分享经验，从而感染、影响他人，继而树立品牌地位。

（2）观点交流与分享。观点交流型软文胜在有思想，而且更易撰写。只要善于思考与总结，毫无经验也是可以写出来的。一般来说，此类软文见解独到，思路缜密，评论犀利，能使读者产生共鸣，继而树立品牌地位和提高影响力。

（3）权威资料。若有能力完成一些分析调查、数据研究的工作，或者可以掌握一些独家消息，那么基于这些数字和报告，企业完全可以发布一些相关软文，而这些软文必将受到追捧。

（4）人物访谈。人物访谈有三大好处：其一，只要邀请好访谈嘉宾，无须组织大量内容，准备好问题即可，有时甚至可以让听众一起帮忙想问题；其二，通过访谈，可以累积许多优质的媒体资源；其三，能够快速塑造行业品牌并提高影响力。

（5）第三方评论。邀请业内具有一定知名度和影响力的名人，以第三方评论的方式发布软文是一种非常好的选择。第三方评论的内容没有限制，正面负面皆可，但前提是最后一定要把负面评论圆回来。俗话说得好，"好事不出门，坏事传千里"，实际上，有时候负面内容的传播效果往往要好于正面内容，因为受众有时更愿意关注一些负面消息。

3. 用户类网络软文的写作形式

用户类网络软文，即面向终端消费者或产品用户的文章，主要作用为提高企业在用户中的知名度与影响力，博得用户的好感与信任，最终能够引导用户进行消费。这类文章的表现形式不尽相同，但必须遵循一条基本原则，即满足用户需求，具有可读性。以具体表现形式和手法为依据，此类软文可分为以下几种类型。

（1）知识型。随着互联网的普及，无论是获取信息还是学习知识，大家都越来越依赖网络。而知识型软文将广告信息与知识完美地结合在一起，因而很容易为受众所接受。

（2）经验型。经验型软文利用互惠原理，通过分享心得和体会来影响和引导用户，如"跟我去尝遍天下美食""我是如何从 0 元做到 1 000 万元的""一个打工仔的人生逆袭"等。

（3）娱乐型。软文只要充满娱乐性，必将大受欢迎。曾有这样一篇在网络中广为流传的经典笑话短文。一个出差的男人想要给老婆一个惊喜，便提前回家，殊不知在家门口听到屋内传来了男人的打呼声。于是，男人只给老婆发了条"离婚吧！"的短信，便扔掉手机卡，默默离开……3 年后，当他们再次重逢时，妻子问道："当初为什么不辞而别？"当男人对妻子说明了一切后，妻子只淡淡地留下一句话，便转身离开。原来，当初的打呼声是瑞星（杀毒软件）的小狮子！虽然这只是一篇小短文，内容也不过是一个笑话，但在让大家开心之余，也将瑞星这个名字牢记在心。

（4）争议型。争议往往能引发讨论与关注，软文也适用于此。软文只要具有足够的争议性，就容易吸引受众的眼球。例如，软文以运动减肥期间要不要节食为话题，就会很容易引发人们的讨论。

（5）悬念型。悬念型软文也称自问自答型软文，其表现形式就是全文围绕标题所提出的问题进行分析与解答。例如，"40 岁的皮肤可以如同 20 岁的吗？""穷小子是怎样变成百万富翁的？"等。标题即话题，悬念型软文可以吸引大众的目光。但是必须注意一点，即标题所提出的问题必须具有高关注度，且文章中的解答一定要符合常识和逻辑，万万不能自相矛盾、漏洞百出。

（6）故事型。讲故事是人类最古老的传授知识的方式之一，我们每个人几乎都是听着故事长大的。受众阅读故事型的软文，不单单只是接受了故事，同时也接受了心理暗示，进而在脑海中留下了故事所传递的信息，从而对认知和选择产生了影响。

（7）恐吓型。恐吓型软文最早见于医疗保健类产品。运用恐吓型软文有很大的风险，稍不留神就可能适得其反，非但无法达到警示宣传的目的，反而可能在消费者心中留下阴影，因此要适度。

拓展案例

19 年的等待，一份让她泪流满面的礼物

（8）情感型。任何一篇软文只有建立在情感的基础上才更能打动受众。读者读完一篇文章并被里面的情节所感动、所震撼时，一般是不会计较其中嵌入的产品信息的，而且情感型软文最容易被转载并产生辐射效果。曾在 2007 年被某平台评为网商十大博客之一的"闻香拾女人"的博主"闻香"（真名王燕），是位经营桂花产品的企业家。她在已发表的 1 789 篇文章中，以女性特有的视角记载了桂花的幽香，描绘了心灵的感悟。其中既有探寻人间真情的杂文，又有桂花产品活动记事；既有抒情散文，也有文学小说等。虽然形式各异，但主题大多围绕其桂花产品，从桂花的种植到产品的加工，以不同的视角全面介绍其企业文化和产品价值，如《桂花园挂满红灯笼》《和桂花入门者的交流》《阿凡达之神树——桂之树》等。这些软文可以说已经与产品融为一体，是对产品的感悟升华，因此具有强大的感染力和吸引力。

（9）促销型。促销型软文或是直接配合促销使用，或是通过"比较心理""影响力效应"等来促使消费者产生购买欲。

阅读资料 8-2　突如其来的爱情

每个女孩都有一个属于自己的公主梦，我也不例外。小时候我就坚信，长大后我一定会遇到专属于我的王子。梦中的他要英俊潇洒，学富五车，温柔体贴，善良大方，总之一切美好的词汇我都会安在他的身上。为了等待这样一个完美的他，我拒绝了一个个追求我的男生，可没想到我的爱情故事，居然是这样开始的。

马上就要大学毕业了，趁着校园里最后的轻松时光，我打算考个驾照。于是就浏览了×××机动车驾驶员培训的公众平台。以前听传言说驾校的教练都是态度极差，脾气火爆，我可不喜欢这样的教练。所以我特意查看了平台上学员的评价，发现×××机动车驾驶员培训的口碑很好，这让我多少有些安心。

去学习的那天，天气特别热，因为没经验我穿了裙子和高跟鞋，上车之后生怕被教练训斥，我主动喊了声"教练好"，看都不敢看他一眼，一直低着头。这时耳边传来温柔的笑声，我抬起头来却看到他干净的眸子。可能是看穿了我的小心思吧，这样一来我倒一点也不紧张了。他是个细心、体贴的教练，居然准备了备用的鞋子，这让我感动不已。

在他耐心的指导下，我第一次学车非常顺利。学车结束后我有点得意洋洋，可没想到刚下车就崴了脚，真是乐极生悲。还好有他，接下来的故事像偶像剧，他送我回家，又给我买了药，这让我顿生好感，第一次有了莫名的感觉。我们彼此留了联系方式，接下来就是一到夜深人静时就与他通过微信聊个不停，似乎每天都有一大堆的话要和他说。接下来，自然而然我们就走到了一起。

虽然这段爱情的开始并不在我的预期中，他和我心目中的王子有很大的差距，但和他在一起我每天都笑得很开心。我还记得我们决定在一起的那天，回到家被幸福包裹的我，突然想到还没有给他的教学评分。于是我打开×××机动车驾驶员培训的公众平台，给他写下了四个字的评价"值得拥有"。

8.3　网络软文的写作要点

8.3.1　高质量网络软文的创作

毫无疑问，决定网络软文营销的关键因素是软文质量。虽然写篇网络软文不难，但要写出能吸引目标受众、引发共鸣的高质量的作品却不是件容易的事情。

一般来说，软文的写作可以由两类人完成，分别是企业内部相关人员和其他专业人士。如果企业拥有这方面的专门人才，能自己创作高质量的网络软文当然很好。但大多数企业并不具备这样的能力，所以最好还是找公关公司或记者来撰写软文。这样做的好处在于：第一，质量有保证；第二，公关公司或记者都有自己的媒介渠道，使软文更容易被发布甚至推荐到大的网络媒介和传统媒介上；第三，由知名的专业人士写作的软文容易被用户认同，具有权威性。

微课堂

网络软文的写作要点

8.3.2　网络软文的写作技巧

网络软文的写作技巧主要包含以下几个方面。

（1）要写好标题。标题的作用在于吸引用户，好的标题能够起到事半功倍的效果。好的软文标题要简单明了、不落俗套、观点独特、突出热点，而且还要找到用户的痛点，引发共鸣。但需注意的是，标题最好紧扣文章的主题内容，不要一味地标新立异，即不成为网络上所谓的"标题党"。

（2）要保证原创。网络软文要尽可能原创，虽然可以适当借鉴他人好的观点（最好控制在10%左右），但要保证整体内容的原创性。原创的网络软文更容易激起用户的阅读兴趣，也更容易被其他网络媒体转载，因此也会达到更好的传播效果。

（3）网络软文的内容要紧紧围绕用户的需求，要有真正的价值，而且要有明确的观点。网络软文创作人员在撰写正文时，一定要明白为什么要写这篇软文，写这篇软文要达到什么效果；为了能达成这样的效果，需要向用户传递什么样的信息，需要表达什么样的观点。网络软文的情节要引人入胜，曲折动人；或风趣幽默，让读者感受到阅读的乐趣；或制造悬念，能够充分激发读者的想象力。另外，在网络软文中引用权威数据也是非常必要的，这样的软文会更容易让读者信服。

（4）网络软文一定要紧跟社会热点。在撰写网络软文时，创作人员一定要了解时下的社会热点。写作前可以去查看下百度热榜，及时了解当天或近两天出现的一些社会热点事件或热点人物。网络软文如果能够与这些热点相结合，就可以有效地提高软文的曝光度和关注度。

（5）添加评论和使用图片。在软文中添加适当的评论不仅可以帮助读者更好地理解品牌或产品的特点和优势，而且还可以增加软文的互动性和趣味性。此外，在软文中使用高质量的图片可以增加视觉效果，帮助读者更好地了解品牌或产品的外观和特点，同时也可以增加软文的可信度和说服力。

（6）认真分析读者的阅读习惯。其实这个不难理解，大家在看文章的时候，如果是长篇文章，能一字一句认真看完的人不会很多。所以在发表文章的时候，如果篇幅过长，最好能分成上篇、下篇或分页，这样能方便读者阅读，还能加深读者的印象。

本章实训

【实训主题】网络软文撰写与发布

【实训目的】通过实训，熟悉网络软文的撰写方法、技巧及网络软文发布的渠道选择。

【实训内容及过程】

（1）进一步阅读相关文献，熟悉网络软文撰写的方法与技巧。

（2）以家乡的特产为网络软文营销的对象，完成网络软文的撰写。

（3）在研究的基础上选择合适的网络媒体发布软文。

（4）分析网络软文的发布效果。

【实训成果】

实训作业——《某产品网络软文营销实例》。

练习题

一、单选题

1．以下属于狭义软文的是（　　　）。

A．新闻报道　　　　B．案例分析　　　　C．文字广告　　　　D．购买者使用反馈

2．网络软文的最终目标是（　　）。

A．获得流量　　　　B．销售商品　　　　C．传递商品信息　　　D．改变消费者信念

3．（　　）一般通过设问引起话题或引起读者的好奇心。

A．新闻型软文　　　B．悬念型软文　　　C．故事型软文　　　D．情感型软文

4．以下不属于行业类网络软文写作形式的是（　　）。

A．经验分享　　　　B．观点交流与分享　C．第三方评论　　　D．新闻报道

5．决定网络软文营销的关键因素是（　　）。

A．软文质量　　　　B．软文形式　　　　C．软文篇幅　　　　D．软文版面设计

二、多选题

1．网络软文通常是通过（　　）等方式，吸引读者的注意力并引导他们采取行动。

A．讲述故事　　　　B．提供建议　　　　C．分享经验

D．发布文字广告　　E．传递价值

2．在软文写作的过程中，应当遵循的"4个凡是"包括（　　）。

A．凡是更有利于推进营销目标的应当选择

B．凡是更有利于被消费者接受的应当选择

C．凡是更有利于被媒体采纳的应当选择

D．凡是能吸引消费者眼球的事情都应当选择

E．凡是选择炒作的就不要考虑后果

3．以下属于用户类网络软文写作形式的有（　　）。

A．知识型　　　　　B．新闻型　　　　　C．悬念型

D．情感型　　　　　E．故事型

4．按照传播渠道和受众，网络软文大致可分为（　　）3大类。

A．新闻类网络软文　B．人物访谈类网络软文　C．经验分享类网络软文

D．用户类网络软文　E．行业类网络软文

三、名词解释

1．软文　2．网络软文　3．网络软文营销　4．行业类网络软文　5．悬念型软文

四、简答及论述题

1．软文的作用主要体现在哪几个方面？

2．网络软文的写作要求主要有哪些？

3．何谓用户类网络软文？其主要作用是什么？

4．试论述行业类网络软文的写作形式。

5．试论述网络软文的写作技巧。

📚 案例讨论

货比三家，选购银纤维防辐射服有学问

在产品高度同质化的今天，在各种假冒伪劣产品充斥的市场，如何挑选到货真价实的银纤维防辐射服呢？知孕防辐射服官方网站的周先生向我们介绍了几种非常实用的方法。

一要看面料。银线比例的高低是银纤维防辐射服性能优劣的关键，如知孕系列产品严格按照银线、

纱线 1∶1 的最优比例制成，以更好的效果保证妈妈和宝宝的安全。

用放大镜放大后我们可以清晰地看到，知孕产品的银纤维密度要远大于市场上流通的普通面料的银纤维密度。

二看服务。可以跟客服在线聊天，看一下她的态度，就知道哪个品牌的防辐射服值得信任。一般大品牌孕妇防辐射服的客服都会非常友好，耐心解答顾客提出的各种选购问题。

三要看口碑。在网上购物付款前，多看一下其他网友的留言和评价，因为，大家说好才是真的好！

资料来源：网易新闻。

思考讨论题：

1. 本案例中的软文属于何种类型？有何特点？写这类软文需要注意哪些问题？

2. 结合案例材料，请谈谈网络软文的传播策略。

第III篇

方法篇

第 9 章　短视频营销

【知识目标】

（1）理解短视频及短视频营销的概念。

（2）了解短视频营销兴起的条件。

（3）熟悉短视频营销产业链。

（4）熟悉短视频营销的模式与形式。

（5）熟悉主要的短视频平台。

【素质目标】

（1）树立正确的短视频营销理念。

（2）培养对短视频营销的学习兴趣。

（3）提升法律意识，依法开展短视频营销活动。

知识结构图

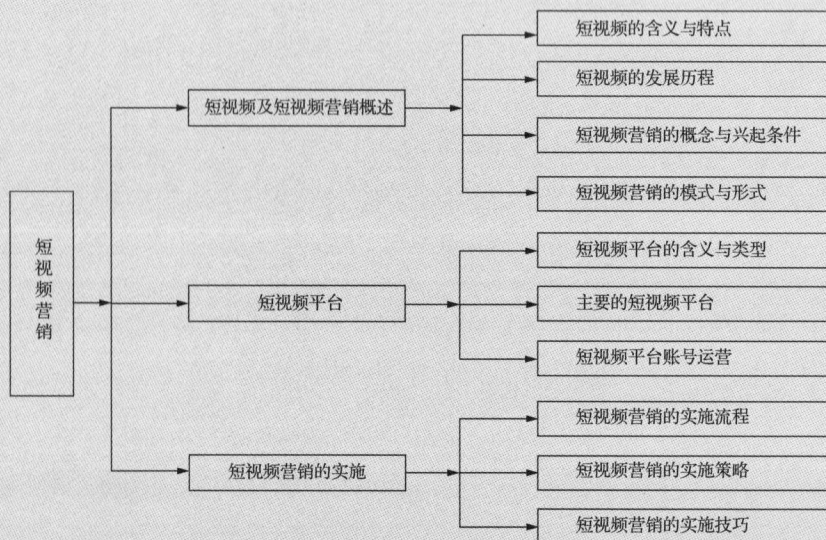

开篇案例

京东携手微信视频号以数字化新农具助力乡村振兴

2022年9月7日，首届"京东农特产购物节"开幕。京东投入数亿元费用和资源，联合多地政府部门，深入全国2000多个农特产产业带，致力打造高质量农产品，将丰收美味从田间地头送到全国各地消费者的餐桌，以此带动亿万农民扩大销售、增收致富。

丰收节期间，京东联手微信视频号共同发起2022"好物乡村"助农活动，构建短视频+直播矩阵，通过数字化新农具，助力优质农产品线上销售。2022年9月7日，视频号联合京东发起#我的家乡#好物#短视频系列活动，5000多微信生态达人通过镜头分享家乡好物，彰显了乡村振兴背景下新农人的真实风貌。除此之外，9月23日微信视频号上线丰收节助农直播专题，京东以官方视频号"懂东东"为核心，搭建助农直播矩阵，助力多个地标商家环比增长超10倍，真正实现了让优质原产地好物被看见，让消费者买得放心，吃得安心。

亲临10多个原产地直播，携手当地政府，以真实、接地气助产增收

2022年9月，懂东东微信视频号从宁夏盐池滩羊开始，分别溯源了四川会理石榴、陕西大荔冬枣、山东烟台苹果、潍坊果蔬、五常大米、阳澄湖大闸蟹等10多个产地，助力商家产地爆款打造也在持续发生……

懂东东微信视频号于9月23日分别在宿迁和武功开展了一场横跨两地、虚拟与现实交汇的跨时空直播，单场实现观看人数破33w，销售额同比2021年增长30多倍，单场售出超15万枚陕西周至猕猴桃、3万多只大闸蟹、6000多枚会理石榴。成绩喜人的同时，邀请宿迁市湖滨新区皂河镇闫集村支部书记闫辉，全国劳动模范、全国农村青年致富带头人潘裴等政府及新农人代表做客直播间，通过镜头展示大闸蟹从养殖、捕捞到捆绑、打包的全流程，直播过程融入当地特有的舞狮、苏北大鼓等民俗表演，全方位多角度展现宿迁大闸蟹的丰收场面。

发挥京东物流产地供应链优势，特色仓播助推武功猕猴桃销售

西北最大产地智能供应链中心的京东陕西智能供应链中心，2021年落户武功县。在溯源直播之外，本次京东农特产购物节，"懂东东"微信视频号联合京东物流，亲临武功县首次开展物流仓库直播，让消费者感受从源地快速送达的优质服务，品尝到汁多肉嫩、酸甜适度、清香可口的武功猕猴桃。

首发生鲜行业XR虚拟直播，数字化展现懂东东坏果包赔IP心智

在生鲜这一非标准化产业特性下，京东视频号一直在以"懂东东"IP为核心打造京东生鲜"优鲜赔"心智。9月23日丰收之际，更是创新首发XR沉浸式交互虚拟直播技术，科技赋能直播间，为大家营造一个热闹、欢快的金秋丰收宴会，让观众能身临其境感受到真实丰收氛围的同时，也进一步数字化展现了京东生鲜坏果包赔、运输损坏包赔、不足斤不足两包赔心智。这是微信视频号平台上一次不可多得的视觉盛宴，也打响了未来生鲜行业的服务风向标。

未来，京东也将以打造值得信赖的产地营销IP为目标，持续致力于正宗原产地寻鲜，为当地产业打开新的销售渠道，也让用户可以深入了解产品的质量和生产过程。

资料来源：消费日报网。

9.1 短视频及短视频营销概述

9.1.1 短视频的含义与特点

1. 短视频的含义

短视频是指在各种新媒体平台上播放的，适合在移动状态和短时间休闲状态下观看的高频推送的、时长从几秒到几分钟不等的视频。短视频是一个相对的称谓，与之对应的是长视频。长视频的时长一般不低于 30 分钟，主要由专业的公司制作完成，其特点是投入大、成本高且拍摄时间较长。长视频涉及的领域广泛，典型的表现形式是网络影视剧。长视频的传播速度相对较慢而且社交属性较弱，短视频则与之有很大的不同。

2. 短视频的特点

（1）生产流程简单，制作门槛低

传统长视频生产与传播成本较高，不利于信息的传播。短视频大大降低了生产传播的门槛，即拍即传，随时分享。而且短视频实现了制作方式简单化，一部手机就能完成拍摄、制作、上传分享。目前主流的短视频平台功能简单易懂、使用门槛较低，添加现成的滤镜等特效能使制作过程更加简单。

（2）可选择性强，发布渠道广

从内容生产角度来看，在自媒体时代背景下，短视频生产者既可以是一般用户，也可以是专业机构。这使得企业在考虑短视频制作时有了更多选择，既可以选择成本较低的个人方式，也可以选择在创意、制作和推广上专业度更高的机构。此外，短视频分发平台众多，竞争激烈，也为企业提供了更多的发布渠道。

（3）承载信息丰富，极具个性化

相比图文内容，短视频信息承载量丰富集中，绝大多数短视频软件自带一些滤镜、音效、美颜、变声等特效，这符合当前年轻人个性化、多元化、时尚化的需求，也使用户能自由表达自己的想法和创意。短视频将声音、图形和文字组合在一起，就会产生情境，可以让用户更真切地感受到内容的传递，更能让用户产生情感共鸣，是更具表达力的内容形态。

（4）互动性和碎片化处理带来超强的传播力，且具备长尾效应

如今，社交媒体已经渗透到了我们的日常生活之中，短视频基于现代人碎片化时间的利用和强互动性，成为更具传播力的形式。观众对视频的及时反馈与互动能帮助企业进一步了解分享者信息，并根据他们的评论和需求来进行精准定位，从而形成完整的闭环。另外，短视频寿命更长，使其具备长尾效应。短视频在网络上的存活时间非常之久，除非有明确的指令将其移除；短视频也不像电视广告一样，停止支付费用就导致停播，超长的寿命使其具备长尾效应。

（5）社交属性强

短视频不是长视频的简单缩减版，而是社交的延续，是一种信息传递的方式。短视频内容聚焦于技能分享、幽默搞笑、时尚潮流、街头采访、公益教育等大家感兴趣或关心的话题，因此很容易被用户观看和分享，因而社交属性强。

9.1.2 短视频的发展历程

短视频在我国的发展大致可以分为以下五个阶段。

第一阶段，萌芽期（2011 年）：2011 年 3 月，"GIF 快手"出现，其最初是一款用来制作、分享 GIF

图片的手机应用。2012 年 11 月"GIF 快手"转型为短视频社区，给人们带来了新奇的产品体验，但此时并没有形成市场规模，短视频发展还处在萌芽时期。

第二阶段，蓄势期（2012—2015 年）：美拍、秒拍、微视及小咖秀等短视频平台的出现，让短视频产品进一步完善，市场规模不断扩大。

第三阶段，爆发期（2016—2017 年）：抖音凭借算法等技术及头条产品导流横空出世，各大互联网巨头都开始布局短视频，争夺市场，以抖音、快手为代表的短视频平台获得了许多资本的投资青睐。这期间也有依靠短视频爆火的 papi 酱掀起了自媒体入局短视频的浪潮，最终在众多的短视频 App 中，"南抖音北快手"的局面形成，短视频行业进入高速发展时期。

第四阶段，成熟期（2018—2019 年）：抖音、快手头部优势明显，进一步拓展新业务，开始进入直播电商领域，商业变现模式也逐渐成熟，用户快速增长。

第五阶段，沉淀期（2020 至今）：进入 2020 年，短视频行业已经进入沉淀期，新进入赛道的平台发展难度逐渐加大。而头部平台的规模优势显现，并且相继寻求资本化道路，行业竞争格局分明。

总的来说，短视频行业已发展得非常成熟，已形成一套完整的产业链，头部产品抖音和快手在保持核心业务稳步提升的前提下也在探索其他新机会。

我国短视频的发展历程如图 9-1 所示。

图 9-1　我国短视频的发展历程

阅读资料 9-1　短视频未来的发展趋势

随着行业的快速发展，更多的平台和营销者纷纷"入局"，短视频的覆盖范围急速扩张，影响力也越来越大。短视频依托 4G 移动网络技术，用户规模增长迅速。随着 5G 移动网络技术的介入，移动端的网速将大幅提升，费用将不断下降，这些变化将极大地推动短视频的发展。未来还可通过智能技术和虚拟现实技术的应用，提升短视频的内容丰富度和用户交互度。

1. 短视频行业热度不减，市场规模仍将维持高速增长

短视频作为新型媒介载体，能够为众多行业注入新活力，而当前短视频行业仍处在商业化道路探索初期，行业价值有待进一步挖掘。随着短视频平台方发展更加规范、内容制作方出品质量逐渐提高，短视频与各行业的融合会越来越深入，市场规模也将维持高速增长态势。

2. MCN 机构竞争加剧，内容趋向垂直化、场景化

当前行业发展趋于成熟，平台补贴逐渐缩减，MCN 机构的准入门槛及生存门槛都将提高，机构在抢夺资源方面的竞争日益加剧。通过场景化、垂直化的内容进行差异化竞争将是众多 MCN 机构的主要策略。

3. 短视频存量用户价值凸显，稳定的商业模式是关键

目前，大部分短视频平台基本完成用户积淀，未来用户数量难以出现爆发式增长，平台的商业价值将从流量用户的增长向单个用户的深度价值挖掘调整，然而用户价值的持续输出、传导、实现都离不开完善、稳定的商业模式。

4. 短视频营销更加成熟，跨界整合是常态

短视频营销在原生内容和表现形式方面的创新和突破更加成熟化，跨界整合也将成为常态。通过产品跨界、渠道跨界、文化跨界等多种方式，将各自品牌的特点和优势进行融合，突破传统固化的界限，发挥各自在不同领域的优势，从多个角度诠释品牌价值，加强用户对品牌的感知度，并借助短视频的传播和社交属性，提升营销效果。

5. 短视频平台价值观逐渐形成，行业标准不断完善

行业乱象频发凸显了短视频平台在发展过程中存在的缺陷和不足，倒逼其反思自身应当肩负的社会责任。随着技术的不断进步及社会各界持续的监督，短视频平台的价值观也将逐渐形成和确立，行业标准不断完善。

6. 新兴技术助力短视频平台降低运营成本、提升用户体验

5G 商用加速落地，会给短视频行业带来一波强动力，加速推进行业发展。人工智能技术的应用有助于提升短视频平台的审核效率，降低运营成本，提升用户体验，同时能协助平台更好地洞察用户，更快推进商业化进程。

9.1.3 短视频营销的概念与兴起条件

1. 短视频营销的概念

短视频营销是指企业或个人借助短视频平台，通过发布短视频以吸引受众、推广品牌、宣传产品等，进而最终促进产品销售的营销活动。

短视频营销是"短视频"与"网络营销"的完美结合，它不仅继承了视频的短小精悍、感染力强、形式多样、创意新颖等优点，还融合了网络营销互动性强、传播速度快、成本低的特点，因而能高效精准地满足目标消费者的需求。

2. 短视频营销的兴起条件

短视频营销的兴起，离不开网络环境的改善、视频制作技术和大数据技术的支持。在网络环境方面，不断迭代优化的数据传输速度和网络环境降低了用户的使用成本，提高了短视频播放的流畅度，为用户带来了更加优质稳定的使用体验，这为基于移动数据端的短视频营销提供了基础保障。在视频制作技术方面，人脸识别和增强现实（Augmented Reality，AR）等技术的应用，为短视频的制作提供了更多的创意发挥空间。在大数据技术支持方面，通过大数据算法实现的智能推荐技术，能够更好地实现短视频营销内容与用户的精准匹配。

9.1.4 短视频营销的模式与形式

1. 短视频营销的模式

短视频营销的模式主要有广告植入式、场景式及情感共鸣式等。广告植入式营销比较好理解，即在短视频中植入广告，通过短视频传播给目标受众，以宣传品牌和促进销售。场景式营销是指实施短视频营销的企业，通过在短视频中营造特定的购物场景，给用户以身临其境的感受，并在线与感兴趣的用户实时互动，从而达到营销目的的一种新型的网络营销方式。情感共鸣式营销是指企业从用户的情感需求出发，借助短视频引发用户的情感共鸣与反思，从而实现寓情感于营销的一种营销方式。例如，中国人有着很深的乡愁情结，因为乡愁不仅是人们对家乡的怀念，而且还蕴含着人们对过去美好的时光、情景的怀念。一些企业借助乡愁题材创作短视频，将购买家乡产品塑造为人们寄托乡愁的象征，很好地将产品与思乡之情融为一体，极大地激发了用户的购买欲望。

2. 短视频营销的形式

短视频营销的形式主要有以下两种。

（1）自有账号的内容营销

自有账号的内容营销是指开展短视频营销的企业或个人在短视频平台上开设账户进行营销活动。企业或个人通过精心策划短视频内容，将镜头对准自己的产品，加入一些个性化元素的同时，再推送对应的促销信息。

（2）借助自媒体开展营销

随着自媒体的兴起，越来越多的企业或个人开始借助它开展短视频营销活动。借助自媒体开展营销的形式又可分为以下两种。一种是由品牌方发起某一活动，借助短视频平台和视频达人的影响力，带动粉丝参与；另一种是依靠 UGC 和 PGC，依托短视频达人的高人气，按品牌主的要求，进行内容定制。

9.2　短视频平台

短视频平台是开展短视频营销的基础。不同的短视频平台有着不同的用户群体和内容特点。企业在开展短视频营销活动时，应当综合考虑自身品牌的调性、产品定位以及目标受众的特征，从而精准选择适合的短视频平台进行内容投放。

9.2.1　短视频平台的含义与类型

1. 短视频平台的含义

短视频平台是一类提供视频制作、发布、共享以及观看等服务的网络平台。这些平台借助移动互联网技术，使用户可以通过智能手机等移动设备在任何时间、任何地点进行短视频的创作和观看。短视频平台通过广告植入、内容付费、电商引流等多种方式实现商业化，为内容创作者提供商业价值提升的机会，同时也为平台带来商业合作和增长的空间。

> 延伸学习
>
> 我国短视频平台发展的关键时间及意义

2. 短视频平台的类型

短视频平台可分为工具类短视频平台、聚合类短视频平台、社交类短视频平台、电商类短视频平台。工具类短视频平台指的是以视频剪辑功能为主的短视频平台；聚合类短视频平台是指主打特定领域的短视频平台；社交类短视频平台一般指的是具有社交属性、视频拍摄、购物等多种功能的短视频平台。电商类短视频平台是近年来随着移动互联网和短视频技术的兴起发展起来的一种新型电商模式。这类平台结合了"电商"和"短视频"两大元素，通过短视频的形式来展示和推广商品，从而吸引消费者并促成交易。

9.2.2　主要的短视频平台

1. 抖音

抖音是北京字节跳动科技有限公司旗下的一个专注年轻人音乐短视频分享的平台，用户可以在该平台上选择歌曲，拍摄音乐短视频，形成自己的作品。自 2016 年 9 月正式上线以来，抖音发展迅猛。2017 年 8 月，抖音海外版上线。2017 年 11 月，今日头条以 10 亿美元收购美国知名短视频网站 Musical.ly，交易后今日头条将其与抖音海外版合并。2019 年 12 月，抖音入选"2019 中国品牌强国盛典榜样 100"品牌。2020 年 1 月 8 日，火山小视频和抖音正式宣布品牌整合升级，火山小视频更名为抖音火山版，并启用全新图标。

2020 年 4 月 21 日，QuestMobile 发布的《2020 中国移动互联网春季大报告》显示，截至 2020 年 3 月，抖音月活跃用户数达到 5.18 亿人，同比增长 14.7%，月人均使用时长为 1 709 分钟，同比增长 72.5%。如今，抖音已经成为短视频的头部平台。2023 年 3 月，抖音的月活跃用户已达 7.02 亿人，渗透率仍在不断提升。

抖音进入爆发式增长阶段后，其工作重心是运营推广，同时进一步提高产品性能，打造更帅更酷的视频玩法，给用户提供更流畅的体验。例如，抖音大手笔投资了多个综艺节目，在北京举办抖音 iDOU 夜年度狂欢嘉年华，以及联合某共享单车企业发布首款主题车等；新增各种 3D 抖动水印效果、3D 贴纸和酷炫道具，不断提升美颜、滤镜效果，让用户制作出更完美的作品；开发抖音故事、音乐画笔、染发效果和 360 度全景视频功能，加入 AR 相机等更多有趣玩法，让用户创作出更有趣的作品。

近年来，抖音注重线上与线下营销生态的融合，借助线下扫码构建新的场景营销，通过私域粉丝经济助力商家经营增长。例如，抖音生活服务餐饮行业的线下扫码业务，通过随机立减的用户补贴优惠，并结合粉丝私域运营激活策略、创新 IP 玩法、激励门店店员等多项举措，形成了一套有效的营销组合策略，为商户快速带来精准的品牌粉丝；通过线上内容运营高频触达目标人群，提升消费频次，构建完善的线下场景营销生态，反哺线上经营增长。

在 2024 年平台春节大促期间，线下扫码业务重点品类（零食、火锅、甜品、水果、饮品、西式快餐）均有不俗表现。K22 酸奶草莓品牌在春节期间，利用抖音平台的春节免单活动补贴，结合门店涨粉激励赛，通过店员引导顾客扫码下单，既提升了粉丝数量，又实现了扫码 GMV 环比增长 313 万的佳绩。K22 与抖音联合的线下推广活动如图 9-2 所示。

图 9-2　K22 与抖音联合的线下推广活动

抖音的运营定位为年轻人的音乐短视频社区，35 岁以下用户占大多数。抖音的用户大致可以分为内容生产者、内容模仿者和内容消费者 3 类。其中内容生产者在音乐和短视频创作上有很高的热情和专业度，短视频质量较高且多为原创。内容生产者是抖音上的红人，粉丝众多，很多人背后有团队支持。他们致力于打造个人品牌，也会花精力运营粉丝社群。内容模仿者是指通过模仿比较火爆的原创短视频来推出自己的作品的一部分用户。这类用户的表达意愿强烈，希望展现自我以增加知名度。还有一类用户被称为内容消费者，绝大多数抖音用户都属于这一类。他们没有什么表达的意愿，从不或很少发自制视频，刷抖音就是为了好看、有趣和打发时间。针对这 3 类不同的用户，抖音设计了多个功能，以满足用户的不同需求。例如，针对内容消费者，抖音会根据用户的喜好自动推荐用户感兴趣的作品，从而做到"你看到的都是你想看到的"，大大提升了用户的黏性。

2. 快手

快手是北京快手科技有限公司旗下的产品。快手的前身叫"GIF 快手"，诞生于 2011 年 3 月，最初是一款用来制作、分享 GIF 图片的手机应用。2012 年 11 月，快手从纯粹的工具应用转型为短视频社区，成为用户记录和分享生产生活的平台。随着智能手机的普及和移动流量成本的下降，快手在 2015 年迎来了高速增长。

2015 年 6 月，快手用户数量突破 1 亿人，完成 C 轮投资，估值 20 亿美元。2016 年 4 月，快手的注册用户数达到 3 亿人。2016 年年初，快手上线直播功能，并将直播低调地放在"关注"栏里，直播在快手仅具有附属功能。2017 年 3 月，快手获得 3.5 亿美元融资，由腾讯领投。2018 年 4 月，快手宣布再获新一轮 4 亿美元融资，依然由腾讯领投。2018 年 9 月 14 日，快手宣布以 5 亿元流量计划，助力 500 多个县的优质特产推广和销售，帮助当地农民致富。2018 年 9 月 21 日，快手举办"首期快手幸福乡村说"活动，借助农村短视频直播达人的特产销售经历，宣传"土味营销学"，如图 9-3 所示。

图 9-3　快手幸福乡村带头人计划

2019 年 10 月 1 日，央视新闻联合快手进行"1+6"国庆阅兵多链路直播。快手官方数据显示，自 10 月 1 日早 7 点正式启用多链路直播间技术，至 12 点 50 分阅兵仪式直播结束，央视新闻联合快手"1+6"国庆阅兵多链路直播间总观看人次突破 5.13 亿人，最高同时在线人数突破 600 万人。2019 年 12 月 25 日，中央广播电视总台与快手在北京举办联合发布会，正式宣布快手成为 2020 年春节联欢晚会独家互动合作伙伴。2020 年 5 月，快手与京东商城就电商直播业务达成战略合作，通过快手直播购买京东自营商品将不需要跳转。2020 年 7 月 22 日，快手大数据研究院发布《2020 快手内容生态半年报》。报告显示，2019 年 7 月至 2020 年 6 月，有 3 亿用户在快手上发布作品，30 岁以下用户占比超 70%；2020 年 1—6 月快手短视频类型占比中，记录生活的作品数占比 29.8%。2019 年 12 月，快手公布直播日活跃人数超 1 亿人，在这次报告中，该项数据已更新至 1.7 亿人。截至 2023 年第二季度，快手应用的平均日活跃用户及月活跃用户达 3.76 亿人及 6.733 亿人，分别同比增长 8.3% 及 14.8%，用户规模达历史新高。

在用户爆发式增长期间，快手在产品推广上没有刻意地策划时间和活动，一直依靠短视频社区自身的用户和内容进行运营，走的是平民化的运营路线。在快手上，用户可以用照片和短视频记录自己的生活点滴，也可以通过直播与粉丝实时互动。快手的视频内容覆盖生活的方方面面，用户遍布全国各地。在这里，人们能找到自己喜欢的内容，找到自己感兴趣的人，看到更真实有趣的世界，也可以让世界发现真实有趣的自己。快手满足了被主流媒体和主流创业者忽视的普通人的需求，是一个为普通人提供的记录和分享生活的平台。快手不与"网红"主播签订合作条约，不对短视频内容进行栏目分类，也不对创作者进行分类，强调人人平等，不打扰用户，是一个用短视频的形式记录和分享普通人生活的平台。

因为均属于头部的短视频平台，人们常会把快手和抖音进行对比，不少人认为两者大同小异。其实在产品定位、目标用户、人群特征和运营模式方面，两者之间的差异还是很大的，如表9-1所示。

表9-1　快手和抖音的对比

对比项目	快手	抖音
产品定位	记录、分享和发现生活	音乐、创意和社交
目标用户	三四线城市和农村用户居多	一二线城市和年轻用户居多
人群特征	自我展现意愿强，好奇心强	碎片化时间多，对音乐有一定的兴趣
运营模式	规范社区、内容把控	注重推广、扩大影响范围

资料来源：郑昊，米鹿. 短视频策划、制作与运营. 北京：人民邮电出版社，2019.

3. 西瓜视频

西瓜视频与前面提到的抖音一样，也是字节跳动科技有限公司旗下的独立短视频平台。西瓜视频通过人工智能帮助每位用户发现自己喜欢的视频，并帮助视频创作者们轻松地向全世界分享自己的视频作品。

西瓜视频的前身是头条视频，于2016年5月正式上线。2017年6月8日，头条视频正式升级为西瓜视频。2017年11月，西瓜视频用户数量突破2亿。2017年11月25日，西瓜视频推出"3+X"变现计划，成立20亿元联合出品基金。西瓜视频负责人张楠也现场宣布推出"3+X"变现计划，包括平台分成、边开边买、直播功能、西瓜出品等多项内容陆续上线。2018年2月，西瓜视频累计用户人数超过3亿，日均使用时长超过70分钟，日均播放量超过40亿。2018年8月，西瓜视频正式召开发布会，宣布全面进军自制综艺领域，未来一年将投入40亿元打造移动原生综艺IP。截至2020年8月，西瓜视频月活跃用户数量超过1.8亿，月活跃创作人数超320万。根据QuestMobile发布的数据，2020年12月，40.4%的西瓜视频用户平均每日使用时长超过30分钟，单日使用10次以上的用户占15.9%。2020年12月西瓜视频人均日使用频次及使用时长如图9-4所示。

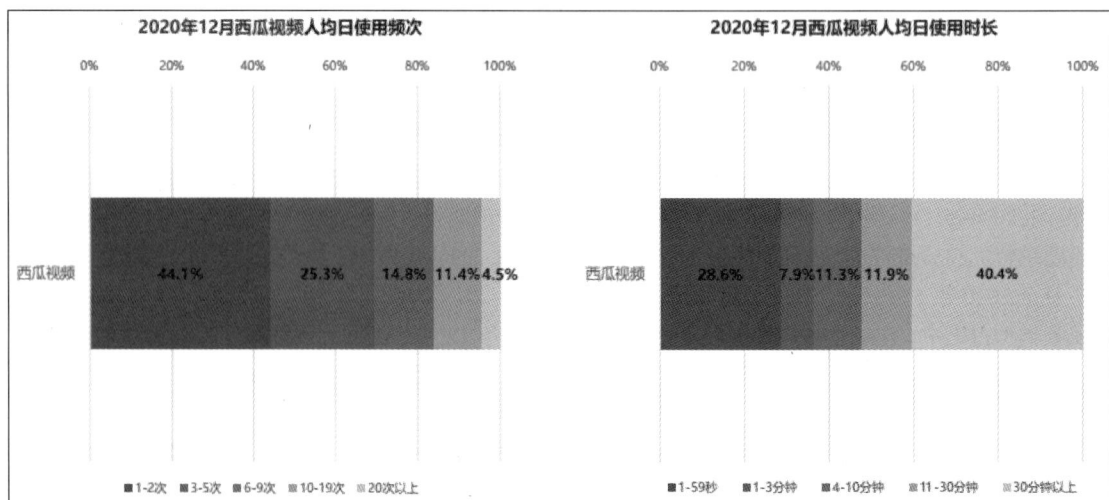

图9-4　2020年12月西瓜视频人均日使用频次及使用时长

西瓜视频的内容以PGC短视频为主，定位是个性化推荐的聚合类短视频平台，致力于成为"最懂你"

的短视频平台。其分发模式是通过算法分析用户的浏览量、观看记录、停留时间等进行视频推荐。作为今日头条花费 10 亿元重金打造的短视频平台，西瓜视频可谓是视频版的今日头条。西瓜视频拥有众多垂直分类，专业程度较高。西瓜视频有效利用今日头条多年积累的算法模型和数据，不断提升用户画像精准度，完善分发模型，力求为用户推荐更为精准的视频内容。

西瓜视频是通过聚合发布短视频，累积用户流量，吸引广告主投放广告，最终通过广告收入、直播打赏和电商销售分成等方式实现流量变现的一种商业模式。用户、创作者（播主）、广告主、平台构成了西瓜视频产业链的四个参与方。

虽然都是字节跳动科技有限公司旗下的短视频平台，但西瓜视频和抖音在运营定位上的差异还是比较大的。在用户定位方面，西瓜视频是"分享新鲜的内容给用户"，而抖音是"音乐、创意和社交"。在视频展示方面，西瓜视频采用的是横屏形式，抖音采用的是竖屏形式。在视频生态方面，西瓜视频以 15 分钟以内的短视频为主打，并涵盖短视频、超短视频和长视频在内的全部视频生态，而抖音主要是 5～15 秒的短视频。在与电商合作方面，西瓜视频推出的是西瓜小店，而抖音推出的则是电商小程序。西瓜视频和抖音这两个短视频平台的定位差异，是字节跳动科技有限公司全面布局短视频领域的一种策略。这样做既可以避免不必要的内部竞争，又可以更好地满足不同用户群体的需求，从而提升字节跳动科技有限公司的整体竞争实力。

4. 微视

2013 年，腾讯公司推出腾讯微视，将其定位为 8 秒短视频分享社区。用户可以通过微信、QQ 和 QQ 邮箱账号登录微视。同时微视也与微信、微博联动，支持分享短视频到微信对话、微信朋友圈及腾讯微博。那时候短视频还没有大火，不过腾讯微视仍凭着下载量一度稳居 App Store 免费榜前列。但好景不长，2014 年 4 月，微视的视频上传和用户活跃度都在下降，用户黏度降低，微视步入瓶颈期。2014 年 7 月，腾讯微博事业部降级到腾讯新闻部，本来和腾讯微博属同一个部门的微视独立出来。2015 年 3 月，微视产品部被降级并入腾讯视频，微视基本被边缘化，逐渐淡出人们的视野。2017 年 3 月，腾讯宣布正式关闭微视。

随着人们获取信息的方式逐渐趋向于碎片化，短视频这块"蛋糕"越做越大。短视频行业越发兴盛，社交流量开始向短视频市场转移，社交市场的存量之争使腾讯不得不再次进军短视频行业。在此情况下，腾讯开始加大补贴，重新上线全新改版的腾讯微视。

9.2.3　短视频平台账号运营

短视频平台账号运营是指账号运营者在短视频平台上注册并运行短视频账号，通过创作、发布和推广短视频等活动，以实现账号既定目标的过程。短视频平台账号运营涉及多个环节，下面分别进行介绍。

1. 注册账号

注册短视频账号是短视频运营的首要工作。可以按如下步骤注册账号：第一步，选择短视频平台；第二步，在应用商店搜索并下载对应的短视频平台 App；第三步，打开 App，按照注册提示填写相关信息，完成注册；第四步，在注册成功后，根据平台引导填写和完善个人信息，如头像、昵称、个人简介等。

2. 账号认证

对短视频账号进行认证可以提升用户对账号的信任度、增加账号的曝光率、建立品牌效应，以及提升账号安全性等。因此在注册成功之后，接下来要进行账号认证。短视频账号认证一般需要满足一定的条件，如有的平台要求申请认证的账号要拥有一定数量的粉丝，发布过一定数量的视频，以及绑定手机号等。账号认证的操作非常简单，申请者在短视频平台 App 中找到"设置"或"账号与安全"选项，点击"申请官方认证"。然后，按照平台提示，提交相关证明材料和个人信息。提交账号认证申请后，平台会进行审核。审核通过即会在账号中显示认证标志。

3. 包装账号

为了让账号获得平台的认可，并让用户一眼就能记住账号，短视频账号运营者需要对账号进行精心包装。首先，账号运营者要对账号有一个明确、精准的定位，并且根据这个定位选择合适的内容领域和发展方向。其次，账号运营者需要对账号信息进行全面优化，确保账号头像、昵称、简介、主页封面和视频封面的专业性和独特性。

4. 养号

短视频账号养号是指通过一系列策略和活动来提升账号在社交媒体平台上的活跃度和影响力的过程。具体的做法主要有，通过完善个人资料、实名认证以及正常的用户行为（如观看、点赞、评论和转发视频）等方式提高账号的权重，从而增加账号的可见度和推荐力度；通过定期浏览及推荐视频、与同行互动等方式增加账号的活跃度；自觉遵守平台的规则和政策，避免发布违规内容或进行违规操作，以确保账号的安全和稳定。

5. 内容创作与发布

内容创作与发布是短视频账号运营成败的关键环节。短视频账号运营者要根据账号定位和目标受众喜好，创作出具有吸引力的高质量作品。短视频作品最好是原创，这样才能形成作品的独特风格。如果暂时不具备这种能力，短视频账号运营者也可采用模仿或是对他人视频进行编辑、加工，但务必保证不能侵权。在短视频创作过程中，视频制作是保障短视频质量的核心要素。通过精湛的剪辑、高质量的画面处理和恰当的配乐选择，视频制作能够确保每一部作品都能吸引观众的注意力，准确传达出想要表达的信息和情感。因此，对于短视频运营者来说，掌握专业的视频制作技能至关重要。

另外，短视频账号运营者也要掌握视频发布的技巧。如每周至少发布两条以上的视频，以保持账号的活跃度；选择在平台流量峰值时提前半小时发布短视频（提前半小时是为了给平台审核预留时间），以获得更多的曝光机会。同时，也要注意不要过于频繁地发布视频，以免让用户感到厌烦。

6. 短视频推广

为了提升短视频作品的曝光率，并让更多的用户关注短视频账号，短视频运营者还应做好短视频的推广工作。常用的推广方式包括：（1）在短视频平台或其他媒体上购买广告位，进行短视频的付费推广。（2）利用社交媒体分享短视频，通过平台的算法和用户互动来扩大视频的传播范围。（3）通过精心选择关键词、优化视频标题、描述和标签等，提高短视频被搜索到的概率。（4）与相关领域的名人或意见领袖进行合作，共同推广短视频。（5）结合线下活动进行推广，如在展会、活动现场播放短视频，或通过户外广告等形式宣传。

7. 数据分析与优化

短视频运营者要密切关注短视频发布后的数据指标，如观看时长、点赞数、评论数、转发数等。同时还要借助数据分析工具（清博大数据、飞瓜数据、卡思数据、乐观数据等）对数据进行深入分析，并根据分析结果来优化短视频的内容策略和推广方式等。

总的来说，平台短视频账号运营是一项高度复杂且综合性的工作，它不仅要求运营者遵循合理的运营流程，掌握科学的运营方法，具备多元化的技能，还需要在实践中不断摸索和学习以提高运营管理水平。

📖 案例分析

每日优鲜的短视频营销

生鲜电商"每日优鲜"在2018年新年期间发布了自己的品牌视频广告，在获得关注后，携手某社会化媒体资源平台，邀请了4位KOL，围绕传播主题进行二次创作，实现了又一轮传播。

其短视频以"为爱优选，家常不寻常"为主题，将每日优鲜的代表性商品黄花鱼、粳稻米、车厘子融入内容，通过细腻的表达方式，促进每日优鲜知名度的增长，在目标用户中得到了迅速传播。

4 位关键意见领袖在原视频基础上进行了二次解读和创作，拍摄了 4 个短视频。

第一个视频围绕"答应女孩子的事，无论付出多大代价都要做到"的主题，构思了一个为了保证自己妻子吃到新鲜车厘子而与人"混战"的故事，视频内容幽默搞笑，充满创意，视频的播放量超过 700 万。

第二个视频的主角走访了国外一家养老院，探望中国老人，并带去了家乡的黄花鱼和大米，给养老院的中国老人带来了春节惊喜，与每日优鲜的"为爱优选"相呼应。该视频获得了微博小时榜第 2 名、微博总榜第 10 名的成绩。

第三个视频的故事情节是儿子在城市中每日忙碌地工作，而父亲独自一人留守农村，过着粗茶淡饭的生活，每日优鲜成了父子团聚的一个纽带，粳稻米、黄花鱼等家常食材展现了饭桌上的父子情深。在视频传播期间，视频播放量超过 1 300 万。

第四个视频的内容为 3 种智利车厘子的创意美食做法，将美食与家庭的爱融合，用趣味的方式展现与家人一起制作而诞生的美食，与每日优鲜"为爱优选，家常不寻常"的主题相呼应。在视频传播期间，视频播放量超过 855 万。

案例分析： 每日优鲜此次短视频营销取得成功的原因在于 4 个视频的拍摄质量、画面和剪辑等方面都非常优秀，选择的 4 位关键意见领袖具有影响力和热度，并且在原视频基础上进行解读，内容各有亮点，通过故事演绎、美食教学等方式，让每日优鲜以内容定制、口播、植入等形式进行了传播，涵盖了视频营销的多种手段，突出展示品牌。

9.3　短视频营销的实施

9.3.1　短视频营销的实施流程

短视频营销的实施主要包括以下流程。第一步是确定营销目标，并在基于对产品和市场竞争环境、市场定位、市场细分和目标市场选择分析的基础上制订短视频营销计划和营销策略。第二步是选择短视频发布的平台。在选择发布平台时应全面分析平台的定位、用户规模、用户黏性、人群特征和运营模式等，以便从中遴选适合企业产品开展短视频营销的平台。第三步是制作短视频。这一阶段的具体工作包括短视频策划、短视频脚本撰写、短视频的拍摄和后期剪辑等。第四步是传播短视频。除了在短视频平台上发布，企业还要充分利用其他途径广泛传播，以提高短视频的曝光率，争取吸引更多的目标受众观看。第五步是做好粉丝的拓展与维护工作，可以采用组建粉丝交流社区、与粉丝在留言区互动、有奖转发等多种方式增强粉丝黏性。第六步是对短视频数据进行分析，包括分析短视频被平台推荐的情况、用户点击观看的次数、完播率、用户的点赞、评论和转发的情况等。这些数据是企业今后改进和优化短视频营销的重要依据。

📖 延伸学习

短视频营销效果的
评估指标

9.3.2　短视频营销的实施策略

1. 短视频整合营销传播策略

整合营销是对各种营销工具、营销手段的系统化结合，注重系统化管理，强调协调统一。应用到短视频营销中的整合营销传播，不仅体现在工具和手段的整合上，还需要在整合的基础上进行内容传播。以用户为中心，以产品和服务为核心，以互联网为媒介，整合视频营销和传播的多种形式和内容，达到立体传播的效果。在通过互联网进行短视频营销的过程中，企业可以整合线下活动资源和媒体进行品牌传播，进一步增强营销效果。

2. 短视频创意策略

短视频创意策略是一种具有创新性的营销策略，要求短视频的内容、形式等突破既有的思维方式，从构思、执行、宣传到发布的每一个环节都可以体现创意。

在内容方面，经典、有趣、轻松且具有故事性的短视频，往往更容易让用户主动分享和传播，从而形成病毒式传播。在构思短视频内容时，为了快速获得关注、形成热点，企业可以利用事件进行借势，开展事件营销。

在形式方面，如今的短视频形式非常多元化，只有将精彩的创意内容与恰当的短视频形式相搭配，才能获得更好的传播效果。例如，定位为幽默、点评的视频，可以使用脱口秀的表现形式等，以获得用户的关注。

3. 短视频连锁传播策略

纵向连锁传播贯穿短视频的构思、制作、宣传、发布、传播等环节，精确抓住每一个环节的传播点，以配合相应的渠道进行推广。

横向连锁传播贯穿于整个纵向传播的过程，又在每一个环节进行横向延伸，选择更多、更热门、更适合的传播平台，不局限于某一个媒体或网站，将社交平台、视频平台全部纳入横向连锁传播体系，扩大每一个纵向环节的传播策略，提高传播深度和广度，让营销效果进一步延伸，从而实现立体化营销。

4. 短视频互动体验策略

短视频互动体验策略是指在短视频营销过程中，及时与用户保持互动和沟通，关注用户的感受，并根据他们的需求提供更多的体验手段。

短视频互动体验营销的前提是要有一个多样化的互动渠道，能够支持更多用户参与互动。为了提升用户的体验，企业需要综合设计视频表达方式，如通过镜头、画面、拍摄、构图、色彩等专业手法制作视频，为用户提供美好的视觉体验；为了拉近与用户的心理距离，可以用贴心的元素、贴近用户的角度、日常生活中的素材制作视频。另外还需要通过平台与用户保持直接的互动，包括引导用户评论、转发、分享和点赞等，让用户可以通过多元化的平台互动方式表达自己的看法和意见。

阅读资料 9-2　《后浪》的短视频营销

短视频的内容对短视频营销成功与否至关重要。在 2020 年五四青年节到来之际，短视频平台哔哩哔哩（Bilibili，简称 B 站）发布了"献给新一代的演讲"——《后浪》，视频预播海报如图 9-5 所示。在激昂有力的声音中，《后浪》犹如给青年们的一封信，激荡起青春之声。

演讲中，例如"所有的知识、见识、智慧和艺术，像专门为你们准备的礼物""从小你们就在自由探索自己的兴趣""年轻的身体，容得下更多元的文化、审美和价值观……这是最好的时代，这也是最好的青春"，这样振奋人心的语句比比皆是，如同 B 站与青年的一次对话，让人沉思青春的价值、成长的意义。也正是如此，《后浪》获得了广泛刷屏，如图 9-6 所示。

图 9-5　《后浪》在 B 站上的预播海报

图 9-6 《后浪》获得了广泛刷屏

回顾《后浪》刷屏轨迹，在没有任何"预热"的情况下，2020 年 5 月 3 日 B 站直接上线《后浪》视频，并联合央视新闻、光明日报等重要媒体共同发布。随后，《后浪》广告片出现在中央电视台的综合频道（CCTV1）。微博中各类大 V 迅速转发，在短视频平台中#后浪#、#奔涌吧后浪#标签出现，并引发诸多二次创作。截至 2020 年 5 月 9 日，《后浪》在 B 站的播放量已超 1 500 万，#献给新一代的演讲#话题#在微博中阅读量超 5 亿，在抖音平台中，#后浪话题#已获得 1 326 多万次阅读。

无论从哪种方面评定，《后浪》的发布都无疑为 B 站破圈立下了汗马功劳，成了一次可圈可点的视频营销。其通过重磅的正能量内容，加之媒体的集合曝光，为视频内容的传播打下了坚实的基础，也为 B 站辐射到了不同层面的用户。不得不承认，《后浪》成功了，B 站也成功了。

资料来源：成功营销官网。

9.3.3 短视频营销的实施技巧

短视频营销是一种全新的营销方式，有着鲜明的特点。在开展短视频营销活动时，应用以下 3 种技巧有助于提升短视频营销的效果[1]。

（1）与关键意见领袖深度合作，"种草"带货定向营销。网红经济以具有消费引导力的时尚达人为形象代表，以关键意见领袖的品位和眼光为主导，进行选款和视觉推广，在相关社交平台上吸聚流量，依托庞大的粉丝群体进行定向营销。现代年轻人热衷于"种草"和"拔草"，而关键意见领袖的意见就是他们主要的"种草来源"，关键意见领袖与品牌的深度合作也往往能起到不错的带货效果。

例如，YSL 在某年秋冬系列口红上市期间，邀请了 10 位腾讯微视的关键意见领袖为新口红拍摄"种草"类短视频，并将 10 位关键意见领袖的视频做成微视合集，利用闪屏形式进行推广导流，带来了很高的商业转化率。

关键意见领袖本身就是行走的"种草机"，其通过为品牌背书，或者在视频中进行深度植入，可以增加品牌的曝光率，推动受众对产品的关注，加深受众对品牌的信任与好感，再基于好的运营，让产品形成爆款也不是难事。一些头部主播的短视频带货案例也能很好地解释这一现象。

（2）构建话题属性，推动短视频社交。短视频发展至今，功能逐渐强大，单向的传播已经满足不了受众的需求，只有具备话题属性才能引起他们的兴趣。如果品牌抓住了这样的机遇，不仅能让受众充分

微课堂

短视频营销的
实施技巧

---

[1] 资料来源：改编自《短视频营销三板斧：KOL 化+话题属性+深度互动》。

参与到品牌的创意中，让品牌的影响力得以延续，还能推动短视频社交的发展，让受众以"合拍视频"会友，找到志同道合的群体。

例如，某运动品牌代言人 H 携手腾讯微视，发起斯凯奇熊猫舞挑战赛。"魔性"的熊猫舞一上线就引起粉丝广泛的讨论，各路"大神"纷纷上线与 H 合拍斗舞，一决高下。

（3）鼓励用户参与互动，品牌形象更易深入人心。随着短视频平台的崛起，用户的注意力已经渐渐地从文字、图片过渡到了视频。就连我国重要的社交产品微信也推出了小视频功能，这说明视频时代已经到来。认识到这一趋势后，M 手机就在美拍里鼓励用户"卖萌"，而且要求极其简单，用户发送短视频并加话题＃卖萌不可耻＃即可参与，同时要求用户关注 M 手机的美拍官方账号。在短短几天内，＃卖萌不可耻＃话题的相关美拍视频播放量就突破了 1 000 万次。

M 手机通过鼓励美拍用户积极参与创造内容，使品牌形象更深入人心，其用户原创内容模式为 M 手机的品牌营销起到了强有力的曝光作用。

而在腾讯微视上，M 手机同样发布了几个短视频。这些短视频都有一个共同点：将产品融入创意。这样会引发受众更多的联想，如用品牌名称来做联想创意。这些短视频不仅吸引了用户的注意，同时也增加了 M 手机与用户群体的互动。

由于短视频这一载体的特殊性，短视频营销的角色不再拘泥于以往的"品牌"或"代言人"。品牌也可以是话题的发起者、参与者，因此品牌的植入可以做到更加自然和隐蔽，也给品牌留下了广阔的营销发挥空间。在形式和内容上，短视频较之传统图文更富有生命力。在"千禧一代"的网络目标受众中，这种新兴的媒体形式更易抓住他们日益分散的注意力，并吸引他们参与营销。

在如今的移动互联网时代，短视频营销已经一跃成为时代的宠儿。短视频营销在传播力方面有巨大的优势，在保持自身长处的同时，能充分吸收其他媒体的优点，成为集百家之长的新兴营销载体，是整个互联网生态链的重要一环。

但同时，无论是何种形式的营销，其前提都是依靠好的内容，"内容为王"仍然是准则，所以在短视频领域，内容精品化将是一个长期趋势。另外，在市场趋势下，短视频如何与其他业态融合发展，如何通过多种多样的玩法实现营销的效果最大化，也是品牌方需要思考的。

本章实训

【实训主题】短视频营销模式

【实训目的】通过实训，全面了解抖音、快手和西瓜视频三大平台的短视频营销模式。

【实训内容及过程】

（1）以小组为单位，组成任务团队。

（2）分析抖音、快手和西瓜视频三大平台上商家开展短视频营销的特点，然后对其模式进行对比分析。

（3）以小组为单位撰写对比分析报告。

（4）提交最后的研究报告，并做成 PPT 在班级进行展示。

（5）授课教师进行终评。

【实训成果】

研究报告——《抖音、快手和西瓜视频短视频营销模式对比分析》。

练习题

一、单选题

1. 长视频的时常一般不低于（　　　），主要由专业的公司制作完成。

    A．5分钟　　　　　　B．15分钟　　　　　　C．30分钟　　　　　　D．45分钟

2. （　　　）是一个专注年轻人音乐短视频分享的平台。

    A．快手　　　　　　B．抖音　　　　　　C．哔哩哔哩　　　　　　D．微视

3. 2012年至2105年是我国短视频发展的（　　　）。

    A．萌芽期　　　　　　B．蓄势期　　　　　　C．爆发期　　　　　　D．沉淀期

4. （　　　）强调人人平等，不打扰用户，是一个用短视频的形式记录和分享普通人生活的平台。

    A．抖音　　　　　　B．B站　　　　　　C．西瓜视频　　　　　　D．快手

5. 实施短视频营销的第一步是（　　　）。

    A．选择短视频发布的平台　　　　　　B．制作短视频

    C．确定营销目标　　　　　　D．传播短视频

二、多选题

1. 短视频的内容一般聚焦于（　　　）等大家都感兴趣或关心的话题。

    A．技能分享　　　　　　B．幽默搞笑　　　　　　C．时尚潮流

    D．街头采访　　　　　　E．公益教育

2. 短视频营销具有（　　　）等优势，因而在当前的网络营销实践中被越来越广泛地采用。

    A．成本低　　　　　　B．目标精准　　　　　　C．互动性好

    D．传播迅速　　　　　　E．易于线下传播

3. 以下属于移动端视频平台的有（　　　）。

    A．抖音　　　　　　B．快手　　　　　　C．腾讯微视

    D．微信　　　　　　E．爱奇艺

4. 短视频营销的模式主要有（　　　）。

    A．内容生产式　　　　　　B．广告植入式　　　　　　C．场景式

    D．情感共鸣式　　　　　　E．内容分发式

5. （　　　）构成了西瓜视频产业链的四个参与方。

    A．用户　　　　　　B．创作者（播主）　　　　　　C．广告主

    D．监管机构　　　　　　E．平台

三、名词解释

1. 短视频　2. 短视频营销　3. 社交类短视频平台　4. 短视频创意策略　5. 短视频互动体验策略

四、简答及论述题

1. 短视频的特点主要有哪些？

2. 短视频营销兴起的条件是什么？

3. 在短视频平台上运营短视频的流程是什么？

4. 试论述短视频营销的模式。

5. 试论述短视频营销的实施策略。

案例讨论

B企业的短视频营销

在2021年七夕节期间，B企业发布了一个预告视频，并附带话题活动"此生相遇便是团圆"，激励用户参与活动。截至2021年10月21日，该话题的微博话题阅读量已超7 800万，今日头条话题阅读量超7 795万，抖音的话题视频播放量达5.4亿。

1. 背景

B企业经常在传统节日开展营销活动，账号不仅自制相关主题的视频，还以诱人的奖励激励用户参与活动。这次"此生相遇便是团圆"营销活动便是在传统的七夕节开展的。2021年8月11日，即七夕节前两天，B企业分别在抖音和微博上发布了"此生相遇便是团圆"的预告视频。短短35秒的预告视频展现了诸多场景，从青年情侣到中年夫妻到老年伴侣，展现了不同年龄段的感情矛盾和爱情故事。这个预告视频在抖音发布仅一天，便达到了55万点赞量。

2. 形式

2021年8月12日，B企业分别在抖音和微博上发布了长达4分18秒的正片视频，视频主题为"爱是难题，爱是答案"，并发布了话题任务。在抖音上，用户只要拍摄并发布与爱情相关的视频，并带上"此生相遇便是团圆"的话题，@B企业账号，就有机会获得B企业提供的现金大奖。在微博上，用户评论并转发该话题视频，也有机会获得B企业提供的"家圆·团圆"礼盒。数据显示，无论是在抖音上还是在微博上，该话题都带来了较高的用户参与度和较大的互动量。

3. 主题

自古以来，爱情都是老生常谈却又经久不衰的话题，而爱情与家、团圆、房子等元素又天然有着密不可分的联系。B企业"爱是难题，爱是答案"正片视频，只从视频内容上来看，几乎不含有任何广告元素和营销成分。视频主题清晰，画面高清，转折合理，文案打动人心，俨然是一部精心策划的微电影，很多用户在评论区纷纷表示"很受打动""完全看不出是一个广告"。从视频开头的"爱情不是童话故事的结尾，而是真实生活的开端"，到结尾的"爱情，让人心有所属；房子，让人身有所安"，B企业通过在七夕节这一特殊节日，通过对爱情的细腻刻画引起用户的情感共鸣，从而表明B企业的品牌理念，完成品牌角色的感知与塑造。虽然没有明显的营销性质，但视频和活动带来的传播效果是很好的。

思考讨论题：

B企业曾多次发起营销活动，都取得了不错的传播效果。请分析背后的原因。

第 10 章　直播营销

【知识目标】

（1）理解直播与直播营销的含义。

（2）熟悉直播营销的方式。

（3）了解直播营销的产业链与收益分配模式。

（4）熟悉直播营销活动的规划与设计。

（5）掌握直播间互动营销的要点。

【素质目标】

（1）树立正确的直播营销理念。

（2）培养对直播营销的学习兴趣。

（3）提升综合素质，打造良好的主播人设。

知识结构图

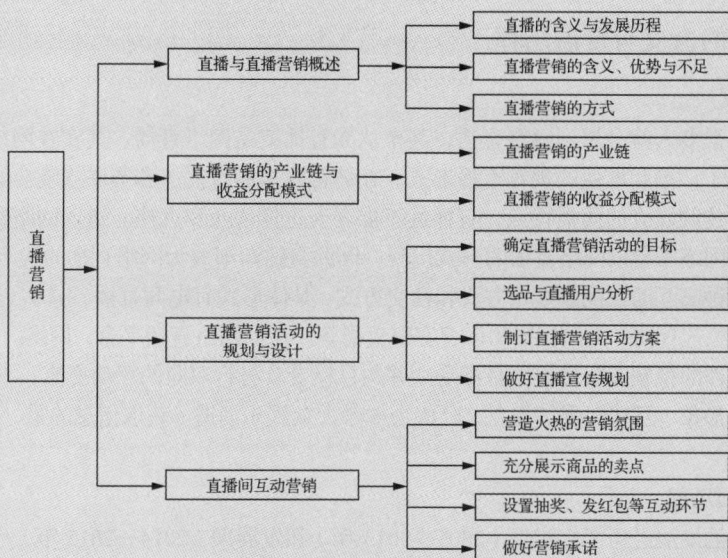

开篇案例

助农直播跑出乡村振兴加速度

中秋节期间，在陕西省汉中市勉县助农带货直播间，来自中国铁路的支教老师和驻村第一书记组成的"带货团队"直播带货吸引了众多网友围观下单。据了解，自 2022 年 7 月中旬以来，每天 16 时，"勉县助农带货直播间"都会如约开播。截至 2022 年 9 月 15 日，直播间累计销售农产品 3.7 万斤，实现增收 29.5 万余元。

进入新时代，直播带货农产品已经不是新鲜事，各地政府工作人员、网红、村民纷纷加入直播大军。他们走进田间地头，以创新的直播方式、丰富多彩的载体、特色多样的形式帮助村民解决农副产品销售问题，实现村民增收致富，带动当地经济发展。

受益于互联网和物流产业的发展，越来越多的人利用自媒体、电商等平台帮助村民直播带货，整合了农业资源，形成紧密衔接的产业链。通过网络直播，地里水里鲜活的农产品按照订单打包装车，消费者只需要通过直播链接下单，就能快速收到带着田园气息的新鲜农货。

助农直播也在一定程度上解决了消费者对货源不信任的问题。直播主播通过网络直播宣传了乡村特产、地质风貌，甚至在粮田、林场、牧场、集市等场所，只需一部手机，农民就可以进行直播，让消费者直接面对货源。

助农直播，乡村驻点，因地制宜采取有力的举措助推沿途产业加快发展。同时，网络直播新业态也有效吸引了年轻人回流农村，反哺家乡，给年轻人提供了就业创业的平台与机会。

充满活力的直播形式，为乡村振兴注入了新的动能，助力农业增效、农民富裕，为美丽乡村的画卷增添了绚烂色彩！

资料来源：人民网。

10.1 直播与直播营销概述

10.1.1 直播的含义与发展历程

1. 直播的含义

一提到直播，很多人就会想到网络直播，甚至认为直播就是网络直播。其实在网络直播尚未诞生之前，就已经有了基于广播和电视的现场直播形式，如体育赛事的直播、春节联欢晚会的直播及新闻直播等。只不过受限于传统媒介的传播特点，直播远不如今天这样普及和火热。进入网络时代之后，越来越多的直播开始借助网络平台以网络直播的形式出现，因此直播渐渐成为网络直播的代名词。

网络直播是一种高互动性视频娱乐方式和社交方式，具体形式有电商直播、游戏直播、才艺直播、综艺直播、资讯直播和体育赛事直播等。借助网络直播平台，网络主播可以将现场制作的视频实时传输给目标受众并与目标受众进行双向的互动交流。网络直播具有直观形象、互动性强等优点，已成为如今大众娱乐消遣、获取信息的重要途径之一。

2. 直播的发展历程

我国网络直播的发展经历了起步期（2005—2013 年）和发展期（2014—2015 年）

延伸学习

直播发展的
1.0-4.0 时代

之后，在2016年迎来了爆发期，各种网络直播平台如雨后春笋般涌现出来。在爆发期这一阶段，网络直播向泛娱乐、"直播+"演进，其巨大的营销价值开始显现。

随着移动智能终端的普及，移动网络拥有规模庞大的用户群体，主要依托移动终端的直播逐渐成为当前网络直播的主流。

10.1.2　直播营销的含义、优势与不足

1. 直播营销的含义

直播营销是指开展网络直播的主体（企业或个人）借助网络直播平台，对目标受众进行多方位展示，并与用户进行双向互动交流，通过刺激消费者购买欲望，引导消费者下单，从而实现营销目标的一种新型网络营销方式。

2. 直播营销的优势与不足

（1）直播营销的优势

作为一种新型的网络营销方式，直播营销具有门槛低、投入少、覆盖面广、营销反馈直接、能够营造场景式营销效果等诸多优势，下面分别进行介绍。

直播营销的门槛低，投入少，借助智能手机或其他能够上网的终端设备，任何人都可以通过直播平台开展适合自己的营销活动。借助网络的传播，直播营销可以覆盖任何网络所及的地域，大大拓展了营销的范围。在直播营销过程中，主播可以充分展示企业的实力，全面介绍产品的性能与优点，传递企业所能给予的优惠及现场演示产品的使用方法等，从而有效打消用户的疑虑，增强其购买的决心。直播营销能够为用户打造一种身临其境的场景化体验，如用户在观看旅行直播时，只需跟随主播，就能直观地感受到旅游地的自然风光、人文景观、景区设施、酒店服务等。另外，直播营销是一种双向互动式的营销模式，主播可以和用户在线实时交流，既能及时解答用户的疑问，增进与用户之间的友好关系，又能倾听用户的意见和建议，从而为今后更好地开展直播营销奠定良好的基础。

（2）直播营销的不足

虽然直播营销具有诸多优势，但也存在以下几点不足。一是商品质量难以保证。主播在直播间展示的商品很多都是经过美化处理（如借助灯光、特殊背景、拍摄角度、画面滤镜等），使用户看到的与真实商品有较大的差异。用户购买之后常会有上当受骗的感觉，从而对直播营销产生不信任感。二是直播营销成本较高。直播营销对主播有很强的依赖性，一般来说主播的自带流量（粉丝数）越多，直播营销的效果就会越好。但与高流量的主播合作，企业需要付出较高的成本，请知名主播带货，企业光坑位费就要付出几十万元、甚至几百万元，而且有些主播还要求进行销售分成。不少企业反映一场直播下来几乎没有收益，甚至还要亏本。当然，企业也可让自己的员工做主播，这样直播营销的费用会大大降低，但由于自家的主播知名度不高，流量有限，营销效果往往不佳。三是直播营销过程不可控，容易出现"翻车"现象。直播具有实时传递、不可剪辑、不可重录的特征，一旦在直播营销过程中出现了问题，根本就无法弥补。例如，某顶流主播在推荐一款不粘锅时，将鸡蛋打入锅中以证明的确不粘，结果却是鸡蛋牢牢粘在了锅上，引发直播间用户的群嘲。

10.1.3　直播营销的方式

直播营销的方式有多种。如果按照直播场景来划分，其可分为产地直播式直播营销、基地走播式直播营销、展示日常式直播营销、现场制作式直播营销、教学培训式直播营销等。如果按照直播吸引点来划分，直播营销的方式分为颜值营销、名人或网红营销、利他营销、才艺营销、对比营销、采访营销和稀有营销等。上述营销方式特

微课堂

直播营销的方式

点各异，适用于不同的产品、营销场景和目标用户。企业在选择直播营销方式时，需要站在用户的角度，挑选或组合出最佳的直播营销方式。

1. 根据直播场景划分的直播营销方式

（1）产地直销式直播营销

产地直销式直播营销是指主播置身于农副产品原产地、工业品生产车间等场景开展直播营销。这种直播营销方式能够让用户跟随主播的镜头，看到农副产品的生长环境、长势情况、收获情况以及工业品的生产环境、工艺流程等，具有很强的代入感，能够让用户产生一种身临其境的感觉，加深用户对产品的信任与好感。农副产品产地直销式直播营销如图 10-1 所示。

图 10-1　农副产品产地直销式直播营销

（2）基地走播式直播营销

基地走播式直播营销是指主播到直播基地开展直播营销。直播基地由专业的直播机构建立，通常供自身旗下的主播使用，也可以租借给外界主播及商家使用。直播基地除了为主播提供直播间外，甚至还可以提供直播的商品。在一些供应链比较完善的基地，主播可以根据自身需求在基地挑选商品，并在基地提供的场地进行直播。基地走播式直播营销如图 10-2 所示。

图 10-2　基地走播式直播营销

相对于产地直播场景，基地的直播场景是经过精心设计的，直播的设施和设备更齐全，也更高档，所以直播画面的效果更好。同时，基地直播的商品不受限制，主播需要营销什么商品，只要有样品展示即可，这也是产地直播所不具备的一大优势。

（3）展示日常式直播营销

展示日常式直播营销就是通过展示主播个人或企业日常活动来实现宣传商品或企业品牌的一种新型的直播营销方式。例如，某主播以记录日常生活的方式，展示下班回家后自己动手做饭、收拾房间等活动，此时可将做饭用到的厨具、厨房用到的小家电及家用扫地机等商品在不经意间进行展示，往往能收到比直接推销更好的宣传效果。

（4）现场制作式直播营销

现场制作式直播营销是指主播在直播间现场对商品进行加工、制作，通过向用户展示制作方法与技巧来吸引用户，并借此达到推广商品的目的。销售特色食品、工艺品的主播常会采用这种直播形式。现场制作式直播营销如图 10-3 所示。

图 10-3　现场制作式直播营销

（5）教学培训式直播营销

教学培训式直播营销是指主播以授课的方式进行直播，以带动相关商品的销售。例如，瑜伽教学可推广瑜伽服饰、健身器材；美妆教学可推广口红、面膜；美食教学可推广食材、厨具等。

2. 根据直播吸引点划分

（1）形象魅力营销

开展此类直播营销的主播通常具备良好的外在形象和气质，如男主播身姿挺拔、气质出众，女主播形象优雅、亲和力强。他们的良好的形象魅力能够吸引大量"粉丝"涌入直播间观看和互动，从而带来可观的流量和人气，为直播营销效果提供有力的保障。

（2）名人或网红营销

名人和网红是粉丝们追随、模仿的对象，他们的一举一动都会受到粉丝的关注。因此，当名人或网红出现在直播间中与粉丝互动时，经常会出现人气高涨的盛况。例如，某知名演员在淘宝直播间首次带货直播，短短 3 小时累计观看人数超过 2 100 万人，最高单品浏览人次达 393 万次，商品销售率达 90%，交易总额超过 1.48 亿元。

一般来说，这种直播营销方式投入高、出货量大，需要企业有充足的经费预算并有很强的备货能力。但是，有时高投入也未必能带来高产出。例如，某企业花费 60 万元请某名人直播代言，结果仅仅卖出 5 万元商品，而且还有一部分卖出去的商品被退货，企业损失惨重。因此，企业应在预算范围内，尽可能选择那些贴合商品及消费者属性的名人合作。

阅读资料 10-1　健全"网红"产品监管体系 网红带货亟待规范

在新经济快速发展的背景下，如何保障产品质量？如何让消费者拥有放心的购物体验？"数据和流量造假"该如何监管？这些问题都需要多方共同努力。

根据《中华人民共和国广告法》（以下简称《广告法》）的相关规定，"网红带货"仍然属于一种广告行为，受《广告法》的规范与约束。对平台而言，若开放商家入驻功能，允许经营者开展经营活动，便兼具了电商平台属性，要受《中华人民共和国电子商务法》（以下简称《电子商务法》）约束。

中国人民大学教授刘俊海说："网红带货同样受到《广告法》的约束，虽然不同于传统广告，但这种行为如果完全符合替商家宣传商品并因此获利等要件，就要受到《广告法》的规制。"一旦"带货"的产品出现质量问题，除了厂商要受到责罚，这些网红和网络平台同样要承担相应责任。而那些知假卖假，甚至直接参与制假的网红"带货"行为，更是会触及刑法等法律红线。

哈尔滨师范大学副教授崔修建建议，对于误导消费者的网红带货，相关部门应该合力进行杜绝。对于网红带货可以遵照《广告法》，加强对网红带货的监管和制约，不仅监管产品质量，还要监管网红的代言行为，不能只是追求经济效益，追求流量而忽视产品质量。同时，带货网红要加强自律，不能违规夸大宣传，甚至推销一些不合规不合法的产品。如果对商品的描述存在夸大成分，对消费者造成一定损失的，应该担负相应的法律责任。《电子商务法》让电商行业正式有法可依，也标志着电商被国家和法律所认可。希望将来也有一部能够真正约束网红带货的法律出台，让好的商品真正走进千家万户。

作为消费者的我们，不要盲目相信网红，需加强自身的维权意识和辨别能力，别为了"尝鲜""跟风"而掉进"消费陷阱"。

资料来源：中国青年网。

（3）利他营销

直播中常见的利他行为是进行知识和技能分享，以帮助用户提高生活技能或动手能力。利他营销主要适用于美妆护肤类及服装搭配类产品，如淘宝主播"某某"经常使用某品牌的化妆品向观众展示化妆技巧，在让观众学习美妆知识的同时增加产品曝光度。

（4）才艺营销

直播间是才艺主播的展示舞台，无论主播是否有名气，只要才艺过硬，就可以吸引大量的粉丝围观。才艺营销适用于展现表演才艺所使用的工具类产品，如钢琴才艺表演需要使用钢琴，钢琴生产企业就可以与有钢琴演奏才华的直播达人合作开展营销活动。

（5）对比营销

对比营销是指通过与上一代产品或主要竞品做对比分析，直观展示产品的优点，从而说服大家购买所推荐的产品。对比营销是一种非常有效的营销方式，在直播营销时被广泛采用。

（6）采访营销

采访营销是指主持人采访嘉宾、路人、专家等，以互动的形式，通过他人的立场阐述对产品的看法。采访嘉宾，有助于增加产品的影响力；采访专家，有助于提升产品的权威性；采访路人，有助于拉近产品与观众之间的距离，增强信赖感。

（7）稀有营销

稀有营销一般适用于在某些方面拥有独占性的企业，如拥有独家冠名权、知识版权、专利权、专有技术、独家经销权等。在直播间采用稀有营销方式，不仅能够提升直播间的人气，对品牌方来说也是提高知名度和美誉度的绝佳机会。

10.2 直播营销的产业链与收益分配模式

10.2.1 直播营销的产业链

直播营销是对传统营销模式的变革，它省去了传统营销活动中营销信息投放、触达、转化等中间环节，拉近了品牌与用户之间的距离，提升了商品的销量，促进了商品的变现。与传统营销模式相比，直播营销产业链发生了较大的变化。

1. 直播营销的产业链结构

直播营销是对"人""货""场"的重新排列组合，供应链方、多渠道网络服务机构、主播、直播平台等纷纷加入直播领域，带来了直播营销产业链的重构。直播营销的产业链结构主要有以下两种类型。

（1）以电商直播平台为基础的直播营销产业链

以淘宝网、京东商城为代表的电商平台发展相对成熟，并开始在电商生态中增加直播模块，形成了以电商直播平台为基础的直播营销产业链。在这条产业链中，上游为工厂、品牌商、批发商、经销商等供应链方，中游为电商直播平台、多频道网络（Multi-Channel Network，MCN）[①]机构和达人主播，下游为用户。

在这类产业链中，直播方式分为商家自播和达人直播，其中商家自播是指由商家的导购人员或领导等内部人员来进行直播，达人直播是指由达人主播来进行直播，达人主播通常与 MCN 机构合作，通过 MCN 机构与供应链方对接。MCN 机构为达人主播提供孵化、培训、推广、供应链管理等服务，并与达人主播分成。当然也有少数达人主播会直接与供应链方对接，从而跨过 MCN 机构。

（2）以短视频平台为基础的直播营销产业链

以抖音、快手等为代表的短视频平台，近年来在直播领域高速发展，已形成以短视频平台为基础的直播营销产业链。在这种产业链中，主播会与 MCN 机构合作，或由 MCN 机构孵化主播并为主播提供一系列的服务，也有部分头部主播不会依附 MCN 机构，而是直接与上游供应链方对接，并从中获得分成。

2. 直播营销产业链中收益分成的分配流程

在直播营销产业链中，视频直播平台、电商平台、MCN 机构和主播之间采取的是合作分成的模式，对于从抖音、快手等短视频平台导流至其他平台成交的直播营销，最终的收益由直播平台和 MCN 机构按照一定的比例合成。其中 MCN 机构获得的收益，再和主播按照一定的比例进行二次分成。

3. 直播营销产业链中的"人""货""场"分析

直播营销的实质就是"内容+电商"，它升级了"人""货""场"的关系，营销效率更高。

（1）人

直播营销中新增加了主播的角色，主播成为连接商品与用户的桥梁，是新消费场景下的核心角色和流量入口，主播凭借独特的个人魅力吸引粉丝，积累私欲流量，然后结合专业的销售能力，如选品能力、商品介绍能力等将积累的粉丝转变为具有购买力的用户，从而实现流量变现。直播营销改变了用户的消费习惯，用户在购物时由主动搜索商品进行购买，转变为直接购买主播推荐的商品。通过直播互动的方式，主播可以对商品进行全面的介绍，用户能够更直观清楚地了解商品的优缺点，并在观看直播的过程中做出购买决策。

（2）货

随着直播营销的不断发展，直播商品品类不断丰富，涵盖快消品、美妆服饰、数码科技产品、农特

---

① MCN 模式源于国外成熟的网红经济运作，其本质是一个多频道网络的产品形态，将 PGC（专业内容生产）内容联合起来，在资本的有力支持下，保障内容的持续输出，从而最终实现商业的稳定变现。

产品等多个品类，其中复购率高、客单价低、利润率高的品类成为直播营销的主流。从经济效益的角度来看，美妆和服饰具有利润率高、客单价高、成交量高的特点，因此这两个品类容易成为直播营销的主流品类。从专业化程度的角度来看，快消品、服饰等品类的商品的专业化程度较低，不需要主播对商品进行专业的讲解，所以一般主播都可对该类商品进行直播。

而像汽车、数码科技等专业性较强的商品品类，对主播的专业化水平要求较高，主播需要与用户进行专业化的双向交流，才能推动用户更快地做出购买决策，所以在直播中销售这类商品时，主播对商品的认识越深刻，对商品的介绍越专业，越容易促成用户购买。

（3）场

直播营销升级了购物场景，在直播营销中，购物场景由直播平台、直播间构成，用户在直播间即可完成商品的选择和下单购买，这大大提升了用户的购物体验。

与线下购物场景和传统电商平台的购物场景相比，直播营销的购物场景具有以下优势。

优势一：使用户产生更好的购物体验。在直播间里，主播通过现场展示商品的使用效果，可以帮助用户更加直观地了解商品。此外，在直播过程中，主播还可以与直播用户进行实时的信息交流与互动，有针对性地解答用户的疑问，进一步加深用户对商品的了解。用户通过直播购物，不仅能够获得主播陪伴购物的体验，还能通过观看直播获得娱乐享受。

优势二：节约用户的时间与精力成本。用户可以随时随地观看直播，足不出户即可购买到自己心仪的商品，从而节约了传统购物的时间和精力成本。

优势三：获得更好的价格优势。直播营销多采用用户直连制造商模式或主播直接对接品牌商/工厂模式。这类模式缩短了商品的流通环节，减少了中间环节的费用，从而让商品获得了较强的价格优势。

10.2.2 直播营销的收益分配模式

直播营销的收益分配模式主要有3种，即纯佣金模式、"佣金 + 坑位费"模式和"坑位保量"模式。

1. 纯佣金模式

纯佣金模式是指企业/品牌商根据直播商品的最终销售额，按照事先约定好的分成比例向主播支付佣金。例如，某主播为企业/品牌商在直播中卖出了100万元的商品，如果双方事先约定佣金比例为15%，那么企业或品牌商需要向主播支付15万元的佣金。

在直播行业中主播的级别不同，直播的商品不同，佣金比例也会有所不同。

2. "佣金+坑位费"模式

"佣金+坑位费"模式是指企业/品牌商不仅要向主播支付固定的坑位费，还需要根据商品的最终销售额按照约定好的分成比例向主播支付相应的佣金。

企业/品牌商的商品要想出现在主播的直播间里，需要向主播支付一定的商品上架费，这就是所谓的坑位费。这只是保证让企业/品牌商的商品能够出现在主播的直播间里，至于最终商品能不能卖出去，能卖出去多少主播是不负责的。

坑位费会根据商品出现的顺序和主播级别的不同而有所不同，如果是拼场直播（同一场直播中会出现多个企业/品牌商的商品），那么主播通常会按照商品在直播间中出现的顺序收取不同的坑位费。一般来说，商品出现的顺序越靠前，坑位费就越高。

通常头部主播的坑位费较高，这是因为头部主播的人气高，曝光率大，在一定程度上能够保证商品的出单量，即使用户没有在主播的直播间里购买某企业/品牌商的商品，但主播的高人气、高曝光率，也能为企业/品牌商提高知名度，提高该企业或品牌的影响力。

3. "坑位保量"模式

所谓"坑位保量"模式，是指企业/品牌商向主播支付一定坑位费，但要求主播必须要达成双方约定的销量，如坑位费1万元，销量要达到10万元等。这种模式对企业/品牌商是有利的，可避免出现在没有卖出商品或卖出商品很少的情况下依然要白白支付给主播坑位费的情况。

10.3　直播营销活动的规划与设计

在直播营销活动之前，直播运营团队要对直播营销活动进行整体规划与设计，以保障直播营销活动能顺畅进行，确保直播营销活动的有效性。

10.3.1　确定直播营销活动的目标

对企业/品牌商来说，直播是一种营销手段，因此主播在直播时不能只有简单的才艺表演或话题分享，而要围绕企业/品牌商的营销目标来展开，否则就无法给企业/品牌商带来实际的效益。直播的目标不是一成不变的，需要根据企业在不同阶段、不同情况下的市场营销目标做出调整。

10.3.2　选品与直播用户分析

1. 直播商品选品

直播商品选品是指直播运营团队为主播选择优质商品，在直播中进行销售。商品是直播的核心，所有的运营和推广都从选品开始。选品对于直播的营销和运营起着重要的作用，所以直播团队必须根据数据分析，了解竞争对手和市场情况，做出明智的选择。

相关人员在选品时，并不是可以任意选择的，而是需要按照一定的原则进行。通常来说，在选品的过程中需要遵循以下三个重要原则：价格低廉、可展示性好和适用范围广。直播商品选品原则如表 10-1 所示。

表 10-1　直播商品选品原则

原则	具体描述
价格低廉	在直播间，挑选较为经济实惠的商品，以吸引用户停留，并减少他们的犹豫时间。这样一来，既能吸引更多流量，又能促进销售量增长
可展示性好	选择那些能够在直播间清晰展示外观、使用方法和效果的商品，这样能够迅速获得用户的信任。例如，粉底液，可以遮瑕，均匀肤色
适用范围广	为了增加直播间的转化率，特别是在初期需要选择面向更广泛人群的商品，需要针对用户常遇到的场景来选择商品

2. 直播用户分析

由于不同的产品有不同的潜在消费群体，要实现直播营销目标，我们必须对直播用户进行分析。通过对用户进行细分，了解其购买需求及行为特征，构建目标群体画像，针对主要用户群体的行为特征和观看心理，可更有针对性地制订直播间的促销活动方案。

直播的目标消费者包括主播已有的粉丝（私域流量）和直播平台上的消费者（公域流量）两种类型。为留住目标消费者、实现预期目标，开展直播营销的个人或企业需要对目标消费者的年龄、消费能力、直播观看时间段、利益诉求等进行分析。

（1）年龄

不同年龄段的消费者有不同的个性特征和语言风格等。通过分析目标消费者的年龄段，个人或企业可以有针对性地设计直播互动和引导策略。例如，对于较年轻的消费者，个人或企业可以通过在直播间创造热闹的气氛来调动消费者的情绪，或通过促销折扣、礼品赠送等方式配合主播的引导话术，刺激消费者的购买欲望。需要注意的是，主播应设计符合年轻消费者偏好的互动方式和引导话术。

（2）消费能力

目标消费者的消费能力不仅影响其购买能力，也会影响商品的定价区间。通常，消费能力强的消费者愿意为观看直播投入的时间、精力会相对较少，愿意投入的金钱会相对较多；而消费能力偏弱的消费者，往往会在"货比三家"之后做出购买决策，"低价好货"策略在此时会发挥巨大的作用。

（3）直播观看时间段

直播观看时间段的选择直接影响着观看直播的人数与直播的效果。也就是说，主播应选择目标消费者观看直播的高峰期进行直播。

（4）利益诉求

目标消费者观看直播一般都具有目的性，期望观看直播后有所收获，如获得快乐的心情、高性价比的商品等。开展直播营销的企业应准确把握直播用户的利益诉求点，以便在直播间开展有针对性的营销活动。

直播用户分析也可以从以下两个方面进行，即用户属性特征分析和用户行为特征分析。

（1）用户属性特征分析

用户属性特征是直播用户分析的基础。用户属性特征包括固定属性特征和可变属性特征。

固定属性特征，即伴随用户一生的固定标签，如性别等。可变属性特征，即短时间内用户保有的特定标签，如婚姻状况、工作状况、收入情况等。

（2）用户行为特征分析

策划一场好的直播营销，需要分析用户的行为特征，然后反向模拟用户行为路径，并在用户的行为过程中设计营销卖点。

有效地分析用户并有针对性地设计直播，有助于在直播过程中采取更好的沟通策略，从而达到期望的效果。

案例分析

逆境崛起——"东方甄选"的华丽转身

2022年6月，新东方旗下的"东方甄选"突然火爆出圈，主播董宇辉的名字红遍全网。一周之内，"东方甄选"直播间的粉丝从100万人冲破1000万人。在直播电商"内卷"的时代，为何"东方甄选"能一夜之间成为顶级清流？

2021年年底，新东方创始人俞敏洪亲自启动"东方甄选"，尝试利用直播带货实现转型。但是与其他名人效应加持的直播相比，在"俞敏洪"光环的加持下，首播并不算出彩，当天销售额为480万元。后续推出其他素人直播，在线人数一度下滑到个位数。但他们没有退却，咬着牙坚持了下来，在严把产品质量关的同时，伺机寻求突破。从2022年3月开始，"东方甄选"的业绩开始逐渐好转。之后董宇辉开启了双语带货模式，"东方甄选"终于一炮而红。

这个直播间打破了以往同质化的直播带货模式，不同于众多其他的直播间各种声嘶力竭地叫喊卖货，没有"321上链接"，有的是带你回到童年场景的玉米、诗与远方；没有花式催单，有的是文艺浪漫清新的产品介绍。它像一个安静、平和的聊天室，传递着令人耳目一新的优质内容。以董宇辉为代表的主播们，一边介绍产品，一边进行英语教学，时不时还穿插着讲点历史、哲学、文艺、爱情。在"带货为王"的行业氛围中，这些主播是如此与众不同。他们不仅有货，还有文化、有情怀，侃侃而谈，幽默风趣。就这样，在倾听、共情、感动当中，网友们不知不觉地下单成交。有人调侃地说："选择'东方甄选'其实是在'为知识付费'"。

案例分析："东方甄选"的成功出圈，深究其背后的原因有很多。"知识的力量"是原因之一，正是文化与知识的加持，让主播们脱颖而出。他们凭着浓郁的文化氛围，走心的情感共鸣，俘获了千万粉丝的心，在时代的巨变中实现了华丽转身。虽然一个优秀的主播固然重要，但是要直播成功更离不开其团队的合作。所以"东方甄选"能够突围还有一个重要的关键因素，就是背后有一支实力强悍的团队。从对产品质量的把控，到商家的直接合作，不收坑位费，再到营销方案的整体策划，再到优质内容的呈现，每一个环节都离不开团队成员的凝心聚力。他们发挥了团队的整合力量，最终实现了"东方甄选""链接式"的孵化与运营，也使"东方甄选"成功突出重围，成了头部直播间。

10.3.3　制订直播营销活动方案

直播营销方案一般在直播参与人员内部使用，内容应简明扼要、直达主题。直播营销方案可分为直播营销规划和直播营销执行两个方案。其中，直播营销规划方案是确定直播营销活动的总体安排，而直播营销执行方案是落实可操作的执行细节。

1. 制订直播营销规划方案

制订直播营销规划方案是开展直播营销活动前的重要准备工作，一般包括直播的目标、内容、时间、人员配置和费用预算等内容。以下是对直播营销规划方案的详细介绍。

（1）设定直播目标及定位

明确直播目标是直播营销活动的首要步骤。这要求清晰地定义直播营销活动是为了提升品牌知名度、推广新产品、促销清货，还是为了增强用户黏性等。另外，企业还应深入分析直播营销活动目标受众的需求和偏好，研究市场上的竞争对手，并以此为基础确定拟进行的直播的特色和定位。

（2）确定直播内容与形式

设计吸引人的直播主题是内容策划的核心，直播主题必须与品牌定位和目标受众紧密相关。直播的具体内容，如开场白、产品介绍、嘉宾互动、抽奖环节等，需要全面规划，确保内容丰富且富有吸引力。此外，选择合适的直播形式也很重要。直播的形式要根据直播的内容和目标受众来选择，可采用的直播形式包括访谈、互动游戏、产品展示等。

（3）配置直播人员

合理的直播人员配置是确保直播营销活动顺利进行的关键。直播人员一般由主播、技术支持、内容策划等专业人员构成，根据需要，还可以邀请行业专家、知名博主或相关领域的达人作为嘉宾，以增加直播的权威性和吸引力。

（4）确定时间安排

时间安排即明确直播的各个时间节点，包括直播前期筹备时间、直播预热时间、直播开始时间、直播结束时间等。

（5）进行费用预算

直播营销费用预算是指对直播营销活动所需费用的预估和安排。直播营销费用主要包括：直播平台费用、直播人员费用、直播推广费用、直播设备与技术支持费用、广告费用等。

2. 制订直播营销执行方案

直播营销执行方案是直播营销活动规划的具体实施计划，它详细阐述了如何在规划方案的基础上，有效地落实每一项任务，确保直播的顺利进行并达到预期目标。直播营销活动的执行方案主要包括以下6个方面的内容。

（1）确定详细的直播营销时间表和流程

在直播营销活动中，明确详细的时间表是至关重要的。这一环节涵盖了整个活动的起始时间、各个关键节点的时间安排，以及各个阶段的持续时间。时间表应包括前期准备工作的开始与结束时间，如内容策划时间、设备准备时间、技术测试事件等；直播进行中的时间安排，如主播到场时间、直播开始时间、互动环节时间、产品推介时间、优惠活动时间等；以及直播后的跟进工作安排，如数据分析时间、客户反馈收集时间、售后服务时间等。以上每个环节都需精确到分钟，确保所有参与人员能够严格按照时间表执行，从而保证直播营销活动的有序进行。

（2）制订技术与设备保障方案

制订详细的技术与设备保障方案是直播营销执行方案的核心内容之一。在技术与设备保障方案中，需要详细说明直播所需的技术支持和设备配置要求。这包括直播平台的选定、直播软件的安装与调试、网络带宽的保障、音视频设备的准备与测试等。此外，还需考虑到直播过程中的技术支持，如遇到技术问题时的快速响应机制、备用设备和网络线路的准备等。这些技术细节的周全考虑，能够极大地提升直播的稳定性和观众的观看体验，从而确保直播的顺利进行。

（3）确定主播、主持人与嘉宾

在直播营销活动中，主播的作用尤为重要：一是起到串联的作用，二是起到掌握现场节奏的作用。不同类型的直播活动，需要不同类型的直播主播。如果活动主题主要是企业内部的内容，最好由企业内部人员来做直播主播。如果活动主题主要是企业外部的内容，最好请专业主持人或行业有影响力的人来做直播主播。上述人员安排，在直播营销执行计划中都要明确列出。

（4）落实直播场地

落实直播场地是直播营销执行计划中的重要内容。企业要根据直播营销目标、内容及形式初步确定直播场地。在综合考虑直播商品的类别、场地的租赁费用、场地的软硬件条件、场地的使用的便利性等诸多因素后，确定最终的直播场地。

（5）直播风险评估与应对

在直播营销活动中，对可能出现的风险进行预测和应对是不可或缺的环节。风险评估应涵盖技术故障、网络问题、主播临时无法出席、产品问题、恶意攻击等多个方面。针对这些潜在风险，方案中需制定相应的应对措施，如准备备用设备和网络、安排替补主播、确保产品质量和售后服务的及时响应、加强网络安全防护等。通过这些预防措施，能够最大程度地降低风险对直播活动的影响，确保直播的顺利进行。

（6）直播营销效果评估

直播营销活动结束后，对活动效果进行量化分析是至关重要的一步。在直播营销执行方案中，需要设定明确的直播效果评估标准，包括观看人数、观众互动率、转化率、销售额等多个方面。通过这些数据，可以客观地评估直播活动的实际效果，找出活动中的优点和不足。同时，这些数据还可以为后续的直播营销活动提供有价值的参考，帮助团队不断优化活动策略，提升直播效果。

10.3.4 做好直播宣传规划

直播宣传就是直播预热，其作用是扩大直播的声势，提前为直播引流。预热除了能够在一定程度上"试探"粉丝的反应，帮助商家及时调整营销策略外，其本身的神秘感和不经意透露出来的细节，往往也能够引起粉丝的好奇心。

1. 直播预热方式

直播预热的方式有很多，具体形式和效果不一。下面介绍3种常见的直播预热方式。

（1）在主播个人简介中发布直播预告

主播在开播前，提前将直播预告更新到个人简介中，包括直播时间、直播主题等，以便用户通过个人简介得知直播信息。个人简介中的直播预告通常以简洁的文字形式出现，如"5月8日13点直播，好物狂欢购"。这种直播预热方式适合有一定粉丝基础的主播。

（2）发布直播预告短视频

直播预告短视频是指借短视频的形式告知用户直播时间、直播主题和直播内容。对于粉丝，主播可以直接发布直播预告，简明扼要地告知直播的相关信息；若要吸引新用户，主播可以在短视频中告知直播福利或设置悬念等。

（3）站外直播预热

站外直播预热指企业通过第三方平台进行直播预热。站外直播预热够进一步扩大直播预热的范围。一般直播平台都有开播提醒功能，只要是关注的主播开播，粉丝就会在第一时间收到提醒。

此外，商家还可以在线下门店以发放海报、宣传单等方式，配合直播活动的亮点环节或优惠策略等，以吸引用户了解直播活动并关注直播间。

2. 直播预热策略

进行直播预热时需采用一定的策略，以达到更好的营销效果。下面介绍两种常见的直播预热策略。

（1）发放直播专享福利

商家在直播预热中提前告知直播中会发放的专享福利，以吸引更多的用户观看直播。例如，在预告中告知用户赠品的数量、折扣的力度、福利的类型和获得条件等。

（2）直播 PK

直播 PK 是指不同直播间的主播约定在同一时间进行连线挑战的一种增流方式。商家在直播预热中将直播 PK 的信息告知用户，不仅可以增加直播的趣味性，还可以提高直播的影响力。

10.4 直播间互动营销

10.4.1 营造火热的营销氛围

1. 打造热闹的直播环境

直播环境，顾名思义，就是指主播在直播时所处的环境。热闹的直播环境是营造直播间购物氛围的重要手段之一。主播通过营造人气旺盛、热闹非凡的氛围，能够吸引更多的用户涌入直播间，共同体验购物的快乐。直播场地的精心布置、华丽的灯光效果及过程中与粉丝的互动，都可极大地增加直播购物的趣味性和吸引力。例如，主播可以邀请名人在直播间亮相（见图10-4），并让直播间用户积极参与，这样能够有效烘托营销的氛围。

2. 善用抢购模式

抢购模式是在直播间常见的促销方式之一，具体做法是针对特定商品，直播间为其设定抢购数量和抢购时段，并通过实时展示抢购人数、剩余商品的数量及抢购倒计时，让消费者产生一种"机不可失、失不再来"的紧迫感。抢购模式能够激发直播间用户的购买欲望，促使其迅速采取购买行动，从而提升商品销量，并带动直播间人气。

3. 提供优惠政策

在直播间提供各种优惠政策，如满减、限时特惠等，能够让直播间用户在购物过程中产生"赚了""省了"的满足感。再如，通过提供直播间专属礼包、发放红包、积分兑换等福利活动，既能让直播间用户享受到特有的优惠，还能大大提升其购物的乐趣。

图 10-4　主播邀请名人在直播间亮相

阅读资料 10-2　调动直播间人气"五步法"

1. 剧透互动预热

一般来说，开始直播时观看人数较少，这时主播可以通过剧透直播商品进行预热。主播可以热情地与直播间用户互动，引导其选择喜欢的商品。用回复口令进行互动的方式很快捷，如此直播评论区一般会形成"刷屏"之势，从而调动起直播间的气氛，为之后的直播爆发蓄能。

2. "宠粉"款商品开局

预热结束之后，主播宣布直播正式开始，并通过一些性价比较高的"宠粉"款商品继续吸引直播间用户，激发起互动热情，并让直播间用户养成守候主播开播的习惯，增强用户的黏性。

3. "爆款"打造高潮

主播可以利用直播最开始的剧透引出"爆款"，并在接下来的大部分时间里详细介绍爆款商品，通过与其他直播间或场控的互动来促成"爆款"的销售，将直播间的购买氛围推向高潮。

4. 福利款商品制造高场观

在直播的下半场，即使观看直播的人数很多，但不少人并非主播的粉丝。为了让这些人关注主播，成为主播的粉丝，或让新粉丝持续关注主播，留在直播间，主播就要推出福利款商品，推荐一些超低价或物超所值的精致商品给他们，引导他们积极互动，从而制造直播间下半场的小高潮，提升直播场观。

5. 完美下播为下场直播预热

主播在下播时可以引导直播间用户点赞，分享直播；使用与直播间用户聊天互动等方式在下播之前再制造一个小高潮，给直播间用户留下深刻的印象，使直播间用户感到意犹未尽。同时主播还可以利用这一时间为下次直播预热，简要介绍下场直播的福利和商品等。

资料来源：徐骏骅，陈郁青，宋文正. 直播营销与运营（微课版）. 北京：人民邮电出版社，2020.

10.4.2　充分展示商品的卖点

1. 注重展示商品细节

（1）远近结合

首先主播可以从远处开始，全方位地展示商品，直播间用户可以看到商品的全貌，形成对商品的整体印象。然后主播再从近处展示商品，让直播间用户进一步看清商品的细节。远近结合的展示方式，可以帮助直播间用户较为全面地了解商品。例如，在展示一款手机时，主播可以先从远处展示手机的外观设计和色彩搭配，然后逐渐拉近展示手机的屏幕、相机镜头等，让直播间用户充分了解手机的外观和功能。

（2）特写镜头

使用特写镜头来展示商品的细节，能够帮助直播间用户看到更加真实的商品。例如，主播在展示一种化妆品时，可以特写展示该化妆品的包装细节、成分清单、质地等，以及搭配使用的刷具的细节和材质，从而让直播间用户更加全面地了解产品的品质和实用性。

（3）互动解答

展示完商品的细节后，主播可以引导直播间用户进入互动解答环节。如果直播间用户希望看到商品的某个细节，主播应使用特写镜头进行展示；如果直播间用户想了解商品的某个具体功能，主播要对此进行专门解答。

2. 突出直播间不同商品的卖点

商品卖点是指商家为了引起消费者购买兴趣而突出宣传的商品特点或优势。这些特点或优势可以是商品的售价、品质、设计、功能、服务、配件等，是促使消费者购买商品的原因之一。主播在直播间通过强调商品卖点，可以提高直播间用户对商品的信任，从而促进商品的销售。

（1）服装类

在介绍服装类商品时，主播可以亲自试穿，详细介绍服装的风格、尺码与款式、颜色、面料、设计亮点、穿着场景或搭配、服装报价等内容。但一般而言，都是先介绍款式，再抛出价格，最后阐述商品的价值。因为对于服装类商品来说，消费者只有觉得喜欢，合眼缘，才会产生购买兴趣。

（2）生活用品类

生活用品类商品最重要的是实用，能够给消费者的生活带来便利，能够让他们觉得拥有这个商品后自己可以省时省力省心，所以主播要营造生活场景，让直播间用户觉得自己有这方面的需求，从而下单购买。直播间生活用品类商品展示如图 10-5 所示。

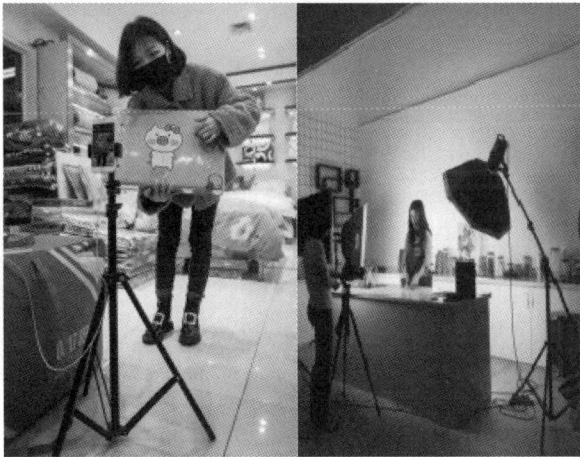

图 10-5　直播间生活用品类商品展示

（3）美妆类

在直播间推荐美妆类商品时，主播要着重介绍商品的质地、价格、容量、使用方法、试用感受等。美妆类商品的目的是让使用者变得更美，所以卖点就是使用效果。这时候主播就需要把直播话术和效果展示结合起来，直观地向直播间用户展示自己使用后的效果，并详细讲解商品的功效和安全性。美妆类商品直播如图 10-6 所示。

图 10-6　美妆类商品直播

（4）食品类

食品讲究色香味俱全，用户在直播间能看到食品的卖相，但是闻不到、吃不着。这时候，就需要通过主播的描述来感受，所以主播的描述一定要生动，要让直播间用户有自己吃到了的感觉，并觉得好吃有食欲。

（5）数码类

数码类商品的主要卖点是新技术、新功能，使用体验和性能是消费者比较关注的。主播在直播间介绍数码类商品时需要具有一定的专业技能，一定不能照着说明书读。要通过专业讲解，让消费者能够快速了解商品的技术和功能优势。数码类商品直播如图 10-7 所示。

图 10-7　数码类商品直播

（6）图书类

图书作为一种传播知识的载体，既是精神产品又是物质产品，其精神产品属性集中体现在内容方面，而物质产品属性则主要体现在载体方面。因此，主播在直播间推荐图书类商品时，就需要围绕图书内容和物质载体来讲解，如果作者知名度高，也要重点介绍作者。另外，主播可以针对不同的目标用户群体做具体、有针对性的介绍。例如，在推荐我国的四大名著时，主播可以根据用户定位来介绍：基于年龄划分，为幼儿群体介绍改编版（浅显易懂，并配有卡通插画）；为学龄儿童群体介绍注音版；为老年人群体介绍大字版等。图书类商品直播如图 10-8 所示。

图 10-8　图书类商品直播

10.4.3　设置抽奖、发红包等互动环节

1. 设置抽奖环节

（1）合理安排抽奖次数与奖品价值

为了确保抽奖环节的有效性，直播间应合理安排抽奖的次数和奖品的价值。频繁抽奖可能会引起直播间用户的疲劳感，而抽奖次数过少则可能导致直播间用户参与度的下降。另外，在选择奖品时，应注重奖品的实用性和吸引力，以增加直播间用户的参与热情。例如，在美妆直播间可以设置化妆品、护肤品等相关产品作为奖品，而在游戏直播间可以将游戏装备、道具等作为奖品。

（2）明确公布抽奖规则和参与条件

在抽奖前，主播或直播间其他工作人员应当明确公布抽奖的规则和参与条件，以保证抽奖的公正性和透明性。要让直播间用户清楚了解他们需要完成什么任务或满足什么条件才有资格参与抽奖。

（3）设置特殊抽奖活动以增加趣味性

为了进一步提高抽奖环节的趣味性，直播间可以设置一些特殊的抽奖活动。例如，可以针对直播间内观看时间最长的直播间用户进行专场抽奖，或者针对积分排名前几位的直播间用户开展大型抽奖活动。这样的设计既能增加直播间用户的互动参与度，也能激发直播间用户的竞争欲望。

总的来说，直播间抽奖环节的有效设置是直播营销的重要环节之一。只有经过合理规划和科学设计的直播抽奖活动，才能让直播间用户真正享受到抽奖带来的乐趣和惊喜。

2. 派发红包

（1）合理设置红包金额和数量

红包的金额应根据直播内容和用户的特点来定，并根据商品价格区间进行分配。例如，对于高端奢侈品直播，可以设置较高金额的红包，以吸引有购买力的直播间用户；而对于普通商品的直播，可以设置适中金额的红包，以满足大部分直播间用户的需求。此外，红包数量也需要谨慎规划，过多地红包派发可能导致直播间用户变得麻木，降低其参与热情。

（2）选择合适的派发方式

目前，主流的红包派发方式主要有抽奖式派发和随机派发两种。抽奖式派发能够引起直播间用户的期待心理，激发其参与积极性。例如，在直播过程中设置几个特殊时刻，派发较大金额的红包作为奖励，这样既能吸引直播间用户的注意力，又能保持他们对整场直播的关注。而随机派发则能够有效避免"抢红包"的困扰，让直播间用户更加平等地参与到活动中来。

（3）选择合适的派发时间

选择合适的时间派发红包也是非常重要的。例如，在直播高峰期或特定的活动时段，对于有一定参与度的直播间用户集中红包派发，可以让他们感受到被重视和被关注，从而增加其对直播间的好感度和黏性。同时，在直播过程中适当穿插红包派发的环节，则能够增加悬念和惊喜，提高直播间用户的紧张感和参与度。

（4）注意红包派发的公平性

为了避免直播间用户对直播间产生否定情绪，必须确保红包派发的公正性和透明度。可以借助现有的直播平台提供的工具，如随机抽奖等功能，对红包派发进行监管和管理。此外，还可以设置一些特殊规则，如每人限参与一次、追加红包次数受限等，以确保直播间用户公平参与红包抢夺，从而增加他们的参与积极性和互动频率。

3. 与其他主播、名人或企业领导合作

（1）与其他主播"连麦"

在抖音、快手这两个平台中，主播之间"连麦"已经成为一种常规的玩法。所谓"连麦"，是指正在直播中的两个主播连线通话。"连麦"的应用场景有以下两种。

① 账号导粉。账号导粉是指引导自己的粉丝关注对方的账号，对方也会用同样的方式回赠关注，互惠互利。在引导关注时，主播可以与对方主播交流，也可以点评对方主播自己的粉丝关注对方的理由。同时，主播还可以引导自己的粉丝去对方的直播间抢红包或福利。

② 连线PK。连线PK的形式通常是两个主播的粉丝竞相刷礼物或点赞，以刷礼物的金额或点赞数判决胜负。这种方式更能刺激粉丝消费，活跃直播间的气氛，提升主播的人气。

（2）邀请名人进直播间

一般来说，有能力邀请名人进直播间的主播大多是影响力较大的头部主播，且名人进直播间往往与品牌宣传有很大的关联。名人与主播的直播间互动可以实现双赢，因为名人的到来会进一步增加主播的粉丝量，并且名人与主播共同宣传，对于提升主播的影响力会有很大的帮助。与此同时，主播也会利用自己的影响力为名人代言的商品进行宣传推广和销售。值得一提的是，头部主播邀请名人进入直播间也可帮助主播积累社交资源。

（3）企业领导助力直播

很多企业领导看准了直播的影响力和营销力，纷纷开始站到直播镜头前"侃侃而谈"，且大多数企业领导所参与的直播都获得了成功。例如，某知名家电企业领导亲临直播间为主播"站台"，不仅增加了直播间的人气，为直播增加话题性，同时也给主播以信任背书。

10.4.4　做好营销承诺

对带货主播来说，最终的目的是要促进商品的销售，让直播间用户下单。因此，在直播中如何做好营销承诺，打消直播间用户顾虑，把话说到他们的心坎上，激发他们的购买欲望，从而促成下单，是至关重要的一环。

1. 权威背书

权威背书指的是由具有较高知名度、影响力、专业性或公信力的第三方机构或个人，对品牌、商品或服务进行认可、推荐或担保的行为。权威背书能够显著增加直播间用户对直播内容及直播商品的信任度，打消他们的购买顾虑，进而推动直播间商品的销售。在直播间，主播如果从权威背书的角度来推荐商品，往往会起到很好的销售效果。

但主播所说的权威背书必须是真实存在的，而且直播间在选择背书者时，还要确保其与直播内容、直播商品及品牌形象高度相关，并具有一定的知名度和权威性。不恰当的背书会引发直播间用户的质疑，反而降低对该直播间的信任度。

2. 数据证明

主播可以用具体的销量、店铺评分、好评率、回购率等数据来证明商品的优质及受欢迎程度。例如，这款商品累计销售 100 万件，顾客评分 4.9 分，回购率超过 80%。

3. 现场体验

主播在直播间现场试用商品，分享使用体验与效果，验证商品的功效，能够增强商品的说服力，提升直播间用户的信任度。

4. 介绍售后保障

主播应在直播间打消用户对售后服务的疑虑，主动介绍商品的售后服务保障，如无条件退换货等。

5. 展现价格优势

主播可以展示商品的市场价格，将其与直播间的售价进行对比，营造价格优势，从而让直播间用户感觉物超所值。例如，主播在直播间说："我手里拿的这款化妆品在某某旗舰店的价格是 99.9 元一瓶，我们只卖 68 元，仅此一次。"

几乎所有直播间的用户都有"等待促销""等待更低价"的心理，都想用更便宜的价格买到更好的商品。因此，主播在直播中要充分利用用户的这种心理，制造紧张感，放大稀缺效应，不断强化"机不可失失不再来"的感觉，让直播间用户产生尽快下单的冲动。

本章实训

【实训主题】直播营销模式

【实训目的】通过直播营销实践，了解在抖音和快手这两个直播平台开展直播营销的不同。

【实训内容及过程】

（1）以小组为单位组建直播营销团队。

（2）确定直播营销的产品和直播营销方案。

（3）分别在抖音和快手这两个直播平台开展一次直播营销。

（4）提交直播营销方案、直播营销的视频记录。

（5）将在抖音和快手这两个直播平台进行直播的不同感受写下来。作业提交之后，同学间相互评价、打分，最后挑选出最佳者在班级做分享。

【实训成果】

实训作业——《抖音直播营销与快手直播营销的对比分析》。

练习题

一、单选题

1．我国网络直播的发展经历了起步期和发展期之后，在（　　　）年迎来了爆发期。

　　A．2010　　　　　　　B．2012　　　　　　　C．2014　　　　　　　D．2016

2．直播营销产业链中"人""货""场"直播营销的实质就是（　　　），它升级了"人""货""场"的关系，营销效率更高。

　　A．主播+电商　　　　B．主播+内容　　　　C．内容+电商　　　　D．平台+电商

3．在直播营销中，（　　　）是新消费场景下的核心角色和流量入口。

　　A．平台　　　　　　　B．主播　　　　　　　C．电商　　　　　　　D．用户

4. 直播营销活动规划的第一步是（　　　　）。

　　A．拟定方案　　　　　　B．用户分析　　　　　　C．选品　　　　　　D．确定目标

5. 企业/品牌商的商品要想出现在主播的直播间里，需要向主播支付一定的商品上架费，这就是所谓的（　　　　）。

　　A．佣金　　　　　　　　B．坑位费　　　　　　　C．手续费　　　　　　D．直播提成

二、多选题

1. 网络直播是一种高互动性视频娱乐方式和社交方式，具体形式包括（　　　　）。

　　A．电商直播　　　　　B．才艺直播　　　　　C．综艺直播

　　D．资讯直播　　　　　E．体育赛事直播

2. 下列属于根据直播场景划分的直播营销方式有（　　　　）。

　　A．产地直销式直播营销　　　　　　　　B．颜值营销

　　C．基地走播式直播营销　　　　　　　　D．展示日常式直播营销

　　E．名人或网红营销

3. 以下属于直播营销的不足的有（　　　　）。

　　A．商品质量难以保证　　　　　　　　　B．直播营销成本较高

　　C．直播营销对粉丝有很强的依赖性　　　D．直播营销的售后缺乏保障

　　E．直播营销过程不可控

4. 直播商品选品的三个重要原则有（　　　　）。

　　A．价格低廉　　　　　B．可展示性好　　　　　C．价高质优

　　D．面向特定人群　　　E．适用范围广

5. 两种常见的直播预热策略有（　　　　）。

　　A．展示主播才艺　　　　　　　　　　　B．发放直播专享福利

　　C．邀请名人参与　　　　　　　　　　　D．企业领导人助播

　　E．直播PK

三、名词解释

1. 直播营销　　2. 现场制作式直播营销　　3. 直播商品选品

四、简答及论述题

1. 直播营销的产业链结构主要有哪两种类型？

2. 直播营销活动的执行方案主要包括哪几个部分？

3. 如何在直播间充分展示商品的卖点？

4. 试论述三种常见的直播预热方式。

5. 试论述在直播间派发红包的策略。

📚 案例讨论

GD夫妇：抓住每次大促机会，内容货架共同增长

一提到GD夫妇，可能想到的就是收租的画面，两人穿着一身简单随意的衣服、一双接地气的拖鞋，说着一口粤语，再带着标志性的蛇皮袋以及一串钥匙，将收租时的霸气展现得淋漓尽致。

前几年，GD夫妇凭借传神的收租段子进入大众的视野，之后一直保持着稳定的更新频率，在全网收

获了不少粉丝，但他们的主阵地是抖音，目前在该平台已经积累超过 5 900 万粉丝，属于抖音的头部网红，同时也是无忧传媒的头部达人。

现在 GD 夫妇也做起了带货主播，主要聚焦护肤美妆、家居和食品等品类的商品，并且做得有声有色，带货销售额多次刷新抖音平台的纪录。在 GD 夫妇直播首秀中，在短短 3 小时内，直播间的商品就被一售而空。2022 年仅凭着"美妆护肤"这一个赛道，GD 夫妇就创造了超过 1 000 元的平均客单价，一场直播销售 7 亿元商品，更是创下了同期抖音单场销售额最高的场次纪录。

GD 夫妇现在已经形成了固定搭配，妻子 Y 女士负责选品，丈夫 Z 先生负责制定大促策略及设计内容脚本。选品是夫妇俩非常重视的前期筹备环节。Y 女士意识到，留足时间才能在商谈中获得更多的商品、更好的优惠机制。"并非跟品牌方见一次，他就能给我令我满意的货盘跟机制，有时要见三次以上。"在反复与品牌方商谈后，GD 夫妇成功让品牌方给出了较低的价格。

GD 夫妇非常注重直播带货整个周期的消费者体验。在直播间里，Y 女士把控整体设计，包括音乐、灯光、流程等，力图将更多信息直接呈现在消费者眼前。在 GD 夫妇的直播间，除了 GD 夫妇的讲解，他们身后也有多位员工负责举牌展示商品和优惠信息。提前设计的商品链接封面图也能直接展现商品优惠力度，让消费者更快了解信息，避免浪费时间。

GD 夫妇考虑到商品运输时效，还会催促合作商家提前打包商品。Z 先生说："我们在卖货前就要确定如何保障快递能够迅速发出去，如何确保消费者收到完好无损的货品。我们要求所有的品牌商都要提前一周开始打包。在我们的眼里，消费者的收货体验，比商品卖出去更重要。"大量粉丝在 GD 夫妇的评论区称，他们在下单次日早上就收到了订单商品。

此外，GD 夫妇也积极与抖音电商平台沟通方案细节，寻求流量机制、合作商谈等方面的建议。在 Z 先生看来，从他们开播的第一天开始，抖音电商平台就提供了诸多指导和支持。"抖音电商平台就像一位严厉的老师，他会教你，带着你往前走。"

通过在选品、直播、发货、投流、团队等层面不断打磨，加强商品来源管控，经历了超过 1 个半月的时间筹备商品货盘，在 2023 年"6·18"大促期间，通过仅仅三天的直播带货，他们就完成了 2022 年同期大促期间十八天的总目标。

资料来源：搜狐网。

思考讨论题：

1. 结合案例，请分析 GD 夫妇成功的原因。

2. 请结合相关资料，分析网络红人进入电商直播赛道，进行直播带货的优势与可能会面临的问题。

第 11 章　App 营销

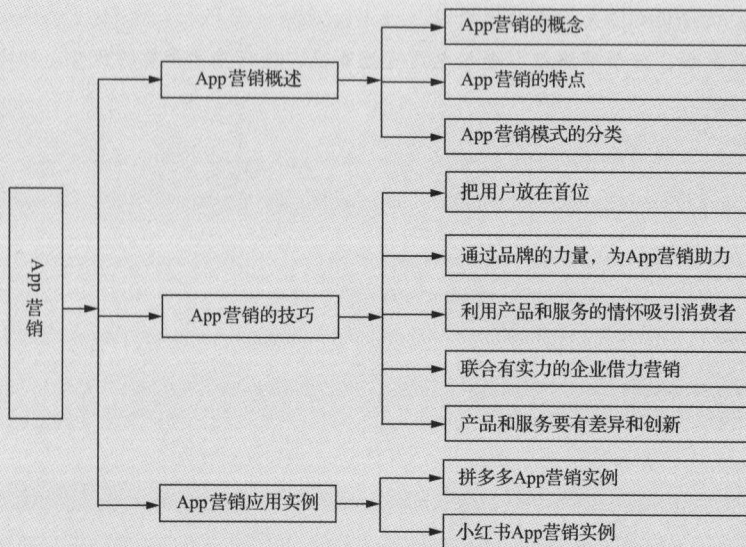

春节贺岁电影在手机App上免费播出

2020年伊始，春节档迎来线上首映的历史突破。

2020年1月23日与其他6部电影一同撤出春节档的《囧妈》，在1月24日宣布将于1月25日（大年初一）零点起免费上线。

"抖音App"微信公众号24日发布公告称，自2020年1月25日（大年初一）零点起，只要在手机上打开抖音、今日头条、西瓜视频、抖音火山版及欢喜首映中任意一款App，搜索"囧妈"，或在智能电视上打开华数鲜时光，即可免费观看《囧妈》全片。

该消息随即引发关注，网友们贡献了一片叫好声，"在家第一时间能看贺岁片，太感谢了！""这操作！我爱了""欠《囧妈》一张电影票，会还的""期待很久，不愧是中国的贺岁片！"

对于此次上线的选择，《囧妈》出品方欢喜传媒于24日发布两则公告，称由于《囧妈》未能在春节档如期上映，终止电影保底发行协议。此外，公司全资附属公司欢欢喜喜与今日头条母公司，即北京字节跳动科技有限公司订立合作协议，欢欢喜喜及字节跳动科技有限公司将在与在线视频相关的多个领域开展合作，字节跳动科技有限公司将向欢欢喜喜最少支付6.3亿元作为代价。

《囧妈》在手机App上免费播出，无形中打破了影院和线上的二元对立。新年新气象，新的合作模式也在开启。

资料来源：中国新闻网。

11.1 App营销概述

随着智能手机的快速发展和不断更新，网络购物也从网页端转移到了移动端，各大企业也在加紧开发本企业的移动端App，App营销成了各大企业抢占消费者市场的新利器。

11.1.1 App营销的概念

App是英文单词Application的简写，是指在智能手机上安装的应用程序。而App营销则是指企业利用App将产品、服务等相关信息展现在消费者面前，利用移动互联网平台开展营销活动。智能手机相对于传统计算机而言操作方式更为简便快捷，即使对计算机不熟悉的人，也能够快速熟练地使用智能手机，这促进了App的快速发展。

App包含图片、文字、视频、音频等元素，同时相对于网页端具有信息精练清晰的特点，所以受到越来越多人的欢迎。

例如，京东借助App的超高人气开展各项电子商务活动，推出了京东超市、京东金融、京东到家、京东农场等一系列App，全方位拓展业务领域。这些App将京东的营销从网页端拓展到移动端，不仅方便了老用户的使用，也帮助京东发展了更多的新用户。京东到家App如图11-1所示。

图11-1 京东到家App

11.1.2　App 营销的特点

和其他营销方式相比，App 营销具有以下特点。

1. App 营销的推广成本低

App 营销的推广成本比较低，企业只需开发一个适合本企业的 App 投放到应用市场，在初期投入少量的推广费用，即可等待用户下载安装使用。

2. 用户对 App 的使用持续性强

好的 App 在应用市场上的下载数量会比较靠前，能够赢得更多更好的用户口碑，形成良性互动，让企业的 App 营销开展得更加顺利。用户使用 App 时的体验好，就会一直使用并成为习惯，同时还可能向身边的人推荐。这样，企业的营销就能在用户使用 App 的过程中实现。

3. 销售人员利用 App 促进销售活动

除了针对消费者的 App，企业还有专为销售人员开发的辅助销售类 App。销售人员可以利用这类 App 进行商品库存、物流等信息的查询，从而能更好地服务消费者，促进企业销售活动的开展。

4. App 包含的信息全面而广泛

App 中的信息展示形式多样，既有图文形式又有视频形式。App 中可展示详细的商品及售后服务等信息，还包含消费者对商品的各种评价。借助以上信息，消费者可以全面、客观地了解企业和产品信息，从而做出购买选择。

5. 企业可以通过 App 来提升企业形象

企业可以通过 App 来传递优秀的企业文化、所承担的社会责任、以消费者为中心的经营理念等信息，潜移默化地影响用户，让用户使用 App 时接受企业的价值观，从而提升企业在用户心中的形象。

6. App 营销灵活度高

用户可以通过手机应用市场、企业网站推送和扫描二维码等多种方式下载企业的 App。企业可以随时在 App 中推送最新的商品信息、促销优惠、针对消费者的互动活动、针对老用户的回馈服务等。

7. 企业可以利用 App，通过大数据技术实现精准营销

大数据、云计算等信息技术已被应用到我们日常生活的方方面面。用户的每一次查询浏览、每一次点击关注、每一次购买行为都会被大数据记录。企业通过大数据分析，能对消费者的购买偏好、喜欢的颜色款式、能接受的价格、习惯使用的支付方式等信息进行精准定位，在消费者下一次打开 App 时就可以向消费者推荐符合其审美喜好的相关商品，实现精准营销。企业还可以在 App 的用户界面中提供丰富的个性化信息，针对每一位用户提供符合其偏好的促销信息、优惠礼券、个性服务等，让营销效果最大化。

8. 企业利用 App 可以实现与用户的互动

企业利用 App 可以实现与用户的互动，从而提高用户的参与度和品牌忠诚度。例如，企业通过 App 向用户发送消息通知，可以让用户及时获取企业最新动态和优惠活动，增加用户参与度和互动性。又如，企业可以通过用户在 App 上的搜索历史和购买记录等数据，向用户推荐个性化的产品和服务，从而增加用户参与度和购买率。此外，企业还可以在 App 中开发一些具有互动性的游戏，吸引用户参与，增强用户黏性。如拼多多 App 上就有多多果园、多多牧场、多多赚大钱、多多爱消除等不同类型的游戏。多多果园、多多牧场的游戏如图 11-2、图 11-3 所示。

为了玩好拼多多上的游戏，用户需要完成电商平台的任务。不管是本地的热销好货还是爆款会场，都得多逛逛。完成各种类型的任务后，用户获得了加速得到拼多多赠品的机会，而平台也因此增强了用户黏性。

图 11-2 多多果园游戏

图 11-3 多多牧场游戏

11.1.3 App 营销模式的分类

App 营销模式大致可分为植入广告模式、用户参与模式和内容营销模式这几类，下面分别进行介绍。

1. 植入广告模式

植入广告模式是最简单的一种 App 营销模式。App 开发者可以直接将广告嵌入 App。用户打开 App 后，在首页或相应的界面中就能看到广告。如果对广告感兴趣，用户就可以点击广告了解详细内容，从而参与企业的营销活动；如果不感兴趣，用户直接点击关闭或跳过广告即可。企业可以在广告中植入那些下载量大的 App，这样受众面更广。但广告内容本身吸引人才是最重要的，精美的广告有时会使对产品本不感兴趣的用户成为潜在消费者。同时，企业要注意将广告投放到与自身产品或服务相关联的 App 中。例如，华为音乐 App 拥有为数众多的青年用户，其中不少是音乐发烧友，他们对高品质的音响产品有较高的需求，因此在该 App 上比较适合投放与之相关的产品，如图 11-4 所示。而华为运动健康 App 则比较适合发布健身课程的广告，如图 11-5 所示。

2. 用户参与模式

App 营销的用户参与模式是指企业将自身开发的 App 发布到各大应用平台，让用户下载使用（见图 11-6）。用户参与模式又可进一步划分为网站移植类和品牌应用类两种。网站移植类 App 可以使用户获得等同于网页版的使用体验，虽然这类 App 中的信息可能不如网页端的信息全面详细，但用户可以迅速抓取重要信息。例如，天猫 App 页面简洁而信息全面，页面下方的天猫首页、购物车、个人页面等几个重要导航按钮完全可以满足用户的需要。品牌应用类 App 需要用户使用 App 来完成购买或消费，有的 App 甚至没有对应的网页版，这是因为其需要结合一部分手机功能来使用。例如哈啰，用户只有开启手机的位置服务功能，打开 App 对自己进行定位，才能搜索周围的共享单车。

微课堂

App 营销的模式

图 11-4　华为音乐 App 上的耳机广告

图 11-5　华为运动健康 App 上的健身课程广告

　　用户参与模式具有很强的互动性。例如，天猫 App 在每年的"双十一"购物节期间推出"红包雨"等互动小游戏，用户点击手机屏幕上掉落的红包就能抢到相应的购物优惠券，同时还能将活动的链接分享到社交软件中，从而使更多的人看到这个活动。哈啰会在用户骑行结束后给用户发红包，用户可以通过微信将链接分享到朋友圈或分享给特定朋友，同时自己也可以领到一张骑行优惠券供下次使用。平时不使用哈啰的人还可以通过链接页面中的下载按钮直接下载安装。由此，哈啰通过用户的分享达到了营销推广的目的。哈啰首页快照如图 11-7 所示。

图 11-6　应用市场上的各种 App

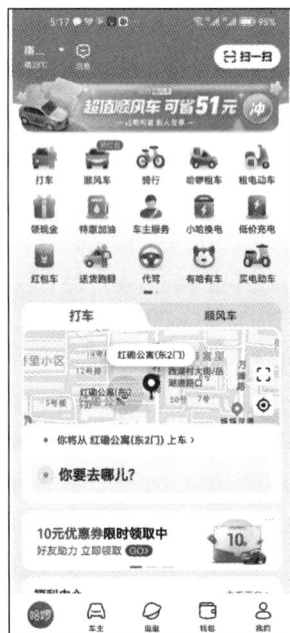

图 11-7　哈罗首页快照

3. 内容营销模式

App营销的内容营销模式是指运营方通过优质内容吸引精准客户和潜在客户,以实现既定的营销目标。这种App营销模式通过在App上针对目标用户发布符合用户需求的图片、文字、动画、视频、音乐等以激发用户的购买欲望。在采用这种营销模式时,企业需要对目标用户进行精准定位,并围绕目标用户策划营销内容。如有一款叫作"汇搭"的App,用户可以在其中搭配自己喜欢的服装,并与其他用户分享搭配经验。汇搭提供在线服装搭配工具,用户可以使用该工具查看自己已经购买的服装搭配的款式、搭配服装的效果、搭配服装的价格等。此外,汇搭还具有在线销售功能,用户可以在该平台上购买搭配好的服装,也可以根据自己的需求进行搭配。这可谓是一种商家、消费者双赢的营销模式。

案例分析

瑞幸咖啡App运营模式

瑞幸咖啡是一家体验式咖啡连锁店,它的发展受益于移动互联网技术的不断进步。随着消费者对高品质咖啡的需求日益增加,瑞幸咖啡利用其移动应用程序(App)创新的运营模式,改变了传统咖啡连锁店的经营方式,获得了高速的成长。

首先,瑞幸咖啡App的最大特点是可以实现在线下单和外卖送达。消费者可以通过App在线下单,实现自助点餐、支付、查看订单状态等功能。而且,消费者可以通过它轻松寻找瑞幸咖啡店铺的位置,查看咖啡种类、口味和价格,并了解会员计划和优惠信息等。这种便利的消费方式吸引了许多忙碌的现代城市人群,尤其是年轻人。瑞幸咖啡App也能够直接推送营销活动信息,以吸引消费者。消费者下单后,配送员可根据用户需求,通过瑞幸咖啡App将所选商品送到用户的门口。

其次,瑞幸咖啡App还具有一定的社交和互动功能。它允许消费者将瑞幸咖啡店的位置和咖啡体验分享到社交媒体上,并通过社交媒体推广品牌。此外,该App还提供了一些用户互动的功能,如用户可以在线投票选择新口味,留下评论、建议和反馈等。

最后,瑞幸咖啡App还设有积分兑换功能和优惠券兑换功能,目的是激励消费者持续使用App。积分可以兑换咖啡和其他商品,优惠券则可以用于下一次购买。

案例分析:瑞幸咖啡App的运营模式在消费者体验、社交和互动、忠诚度和品牌知名度等方面,体现了移动互联网的应用程序的特点及其潜力。通过这种模式,瑞幸咖啡成功地抓住了消费者目光,实现了高速的发展。预计未来,利用移动互联网技术开发的其他应用程序也有望重塑传统行业的商业模式,创造更具互动性和社会性的消费体验。

11.2 App营销的技巧

11.2.1 把用户放在首位

在App营销中,企业要把用户放在首位,不断提高产品和服务的质量,让用户用得放心;还要做好客服关怀,让用户用得顺心。企业要以用户为中心,产品和服务都要围绕用户的体验来进行设计。用户带着愉悦的心情体验产品,自然会愿意出钱购买。要做到把用户放在首位,企业就需要找到用户的根本需求。

把用户放在首位就是要针对用户的根本需求提供产品和服务。用户如果口渴，那水才是用户需要的，食物并不能满足其根本需求。只有站在用户的角度和立场思考问题，找到用户的根本需求，企业才能提供让用户满意的产品和服务。

如何才能找到用户的根本需求？企业可以采用以下几种方法。

一是通过搜索引擎。如果想知道用户对某一产品最关心的问题是什么，可以在百度等搜索引擎中输入产品名称，搜索引擎会自动匹配一些常见的搜索关键词，这样企业就知道用户最关心的是什么了。

二是站在用户的角度给产品挑毛病。企业要把自己当成产品的用户，用挑剔的眼光审视自己的产品，发现不满意的地方。这同样也是用户的痛点。

三是从市场中寻找用户的需求。要想让好的产品获得成功，企业需要有发现市场的眼光，这就需要用敏锐的洞察力发现市场中的"蓝海"。

四是让企业的忠实粉丝参与产品设计。粉丝的影响和作用不可小觑，他们是真正对产品有强烈喜爱、认同企业理念和价值观的积极用户，让其参与产品的调研、设计、试用、修改，会产生正向的粉丝效应。

通过市场发现用户的根本需求，把用户放在首位，是 App 营销必须做的事情。这样才能形成差异化，让产品脱颖而出，赢得用户的喜爱。

11.2.2　通过品牌的力量，为 App 营销助力

品牌是一种识别标志、一种精神象征、一种价值理念，是优异品质的核心体现。品牌营销是指通过市场营销使消费者形成对企业品牌和产品的认知的过程。企业要想不断获得和保持竞争优势，必须树立高品位的营销理念。因此，App 营销不能脱离品牌的力量，要借助品牌提升营销效果。

1. 塑造品牌的核心价值

品牌的核心价值主要包含 4 个方面：产品的使用价值、情感价值、文化价值和核心优势。产品的使用价值往往是品牌的根本价值，是吸引消费者的根本。情感价值可以让企业和消费者靠得更近，让消费者对品牌产生情感依赖和诉求。文化价值包含民族和地域的独特魅力，能够带来更高的附加价值。例如，世界上的不同地域和不同民族都有自己独特的文化。每个产品都有自己的核心优势，企业可以从产品的功能、设计、销售渠道等多方面进行探索，寻找产品的核心优势。

2. 利用品牌效应吸引消费者

人们购买家电会想到海尔，购买计算机会想到联想，购买手机会想到华为，这就是品牌效应，价格不菲的奢侈品能吸引人也是如此。因此，企业要将品牌元素融入 App，这样就能通过 App 吸引那些对品牌忠诚的消费者。具体做法包括在 App 中要突出品牌的 Logo，这是品牌的象征；App 的界面要和网页端保持一致，这样消费者就能轻松操作；App 中还要同步线下的活动，形成线上和线下的联动，这样不但能让消费者第一时间知晓企业的活动信息，还能将客源引流到线下，增强传统销售渠道的效果。

11.2.3　利用产品和服务的情怀吸引消费者

企业除了在产品和服务上要有特色，还可以用情感让产品变得与众不同，这就是情怀的力量。App 营销要取得成功，情感是不可缺少的要素。如果企业能够在情感上打动用户，自然能够获得用户的认可，促进产品的销售。

只有较早地发现用户的情感需求，想办法满足用户的情感需求，才能促进 App 营销。开展 App 营销的企业要碰触到用户的内心，让用户获得满意的情感体验。例如，M 公司的使命是始终坚持做"感动人心、价格厚道"的好产品，让全球每个人都能享受科技带来的美好生活。这一点配合其新品发售时别出心裁的营销策略，吸引了大批年轻的粉丝，这些人都追求产品的性价比，认同 M 公司的理念，成为 M 产

品的忠实用户。情感营销不需要花费太多，企业只要开动脑筋，抓住用户的心理诉求，就能传递品牌价值。这是 App 营销过程中需要重视的一个方面。

11.2.4 联合有实力的企业借力营销

站在巨人的肩膀上才能看得更远。移动互联网时代，市场竞争激烈，单打独斗不如强强联合，借力营销往往更能事半功倍。

1. 找到合适的搭档，优势互补

合作是非常好的方式，不同领域的企业可以在 App 中联合，这样可以对双方的用户群体进行引流，产生"1+1>2"的效果。

阅读资料 11-1 伊利公司的借势营销

伊利公司在 2022 年北京冬季奥运会期间的借势营销案例堪称业界典范，其营销策略紧密围绕奥运主题，展现了品牌的活力与温度，实现了品牌与奥运的深度融合。

2017 年 8 月，伊利成为北京 2022 年冬奥会和冬残奥会官方唯一乳制品合作伙伴，也是中国唯一同时服务夏季奥运和冬季奥运的乳制品企业。成为冬奥官方合作伙伴后，伊利将自身的品牌营销和产品营销融入到冬奥推广中。

在营销创意上，伊利巧妙地运用了"100 天后见"的概念，推出了品牌宣传片。宣传片以一位名叫李福来（谐音"立 flag"）的姑娘为主角，她立下在 100 天减到 100 斤的目标，并以此话题传递出"世上 99% 的事，都能在 100 天内干出来"的积极信息。伊利以此鼓励大家用 100 天去实现自己的小梦想，与冬奥梦想同步冲刺。这种创意方式既符合奥运精神，又贴近消费者的日常生活，具有很强的感染力，很容易激起消费者的共鸣。

此外，伊利还通过一系列线下活动，与消费者建立更紧密的联系。例如，伊利在奥跑日前夕招募伊利奥跑团（伊利为这次营销活动而特别创建的一个团体名称）成员，通过 H5 互动、官方微博、微信和网络新闻等方式进行活动预热。在奥跑日当天，伊利通过微博 KOL、微博段子手等对奥跑团的照片及趣图进行实时传播，引发广泛关注。奥跑日结束后，伊利又通过营销媒体微信进行传播，对品牌营销进行拔高升级。这些活动不仅提升了伊利的品牌形象，也增强了消费者对品牌的认知和信任。

在整个 2022 北京冬奥会、冬残奥会营销周期中，伊利通过线上媒介的高位布局和线下卖场的深度渗透，实现了品牌传播的全方位覆盖。伊利全面占位#北京冬奥会#话题，从启幕到收官，霸榜冬奥奖牌榜 17 天，与中国队历史性夺金时刻同框，占据社交热搜传播制高点。这种全方位的营销策略不仅让伊利公司在北京冬奥会期间大放异彩，也为伊利带来了可观的销售业绩和市场份额的增长。

借力营销还要注意以下几个问题。第一是两个企业的 App 要能连通，或借力企业的 App 能获得流量开放入口。例如，哈啰可以在支付宝第三方服务中直接找到，而支付宝"交通出行"中骑单车一项默认直接链接到哈啰。第二是两个企业的业务领域可以形成优势互补，即借力企业的业务领域是被借力企业尚未涉及但感兴趣并愿意进行投入的领域，这样双方开展合作，借力企业能获得可观的流量，被借力企业可扩大自己的业务版图。第三是需要广泛推广，企业可以不拘泥于一款合作 App，在市场竞争激烈的情况下，要善于发现商机。

2. 利用名人效应

名人的影响力要远远大于一般人，他们的一言一行都会受到公众和媒体的关注，尤其对其粉丝群体会产生巨大的宣传推动效应。企业根据所在行业及产品特色，可以邀请有影响力的名人代言 App，以起到良好的广告效应。例如，某艺人作为百度 App 超级蜕变代言人就吸引了不少年轻人的关注。

11.2.5 产品和服务要有差异和创新

App 市场目前处于快速增长中，其中不免会有同质化的 App。如何从众多类似的 App 中脱颖而出，是企业需要思考的问题。

1. 私人定制

在用户使用 App 的过程中，企业在后台可以通过信息技术搜集用户的个人习惯和爱好，针对其个性化的需求，进行精准的推送；还可以根据用户的会员等级提供不同的服务，让 VIP 用户体会到自己的优越性。私人定制包括为用户制定特定的 App 首页、App 会员界面等。

2. 创新创意

想在同质化的 App 中脱颖而出，要靠创新和创意。这听上去虽然有些困难，但企业可以从以下两个方面仔细搜寻，不断思考。

一是挖掘产品的亮点。不同的产品有不同的闪光点，如舒肤佳的香皂侧重于杀菌消毒，而力士香皂则侧重于滋养护肤。同样，App 也有不同的内涵，微信和支付宝都有钱包功能，都可以进行结算和支付，但各有各的特点，商家一般都会提供两种支付方式供顾客选择。

二是全面掌握信息。在信息时代，企业不仅需要了解对手的信息，还要掌握用户的信息，将从各方面搜集到的信息进行整合，确定要努力的方向。较为简便的一种方法，就是在应用商店中查看用户对竞争对手 App 的评论，针对其不足之处对自身进行修正，实现扬长避短、快人一步。

11.3 App 营销应用实例

通常认为，传统营销以"推式"策略为主，即企业主动向潜在消费者推销产品或服务，而消费者则相对被动地接受信息。这种方式容易让受众产生逆反心理，因而往往营销效果不佳。而 App 营销则将主动权交给了消费者，消费者可以自主选择是否下载、安装和使用某个企业的 App。这种选择权使得消费者在营销过程中占据了更主动的地位。但近年来，越来越多的 App 涌向市场，导致 App 同质化问题严重。如何做到在众多的同类 App 中脱颖而出，成为企业亟待解决的问题。下面分别介绍两款近年快速崛起的App，希望能够给我们带来一些有益的启示。

11.3.1 拼多多 App 营销实例

拼多多创立于 2015 年 4 月，是一家致力于为广大用户提供物有所值的商品和有趣的互动购物体验的"新电子商务"平台。

拼多多通过创新的商业模式和技术应用，对现有商品流通环节进行重构，持续降低社会资源的损耗，在为用户创造价值的同时，有效推动了农业和制造业的发展。

根据拼多多发布的 2023 年第二季度财报，拼多多二季度营收为 522.8 亿元，同比增长 66%。目前年活跃买家数量已接近 9 亿人，是用户规模第二大电商平台。从 App 的活跃用户来看，根据 QuestMobile的统计数据，2023 年 7 月拼多多日活跃用户约 3.07 亿人、月活用户约 6.56 亿人。

拼多多的商业模式其实并不复杂，就是一种网上团购的模式，以团购价来销售某件商品。用户可以将拼团的商品链接发给好友，如果拼团不成功，拼多多就会退款。许多人会在朋友圈、微信群转发拼多多团购的链接，这就使拼多多通过社交网络实现了一次裂变。

拼多多剑走偏锋，瞄准了被淘宝、京东忽略的三、四、五线城市人群，以低价大量吸取用户。这样的超低价策略使得很多对价格敏感的人开始使用拼多多 App。

调研发现，拼多多用户主要有以下 3 类典型人群。

（1）没有网购经验的人群。

（2）知道淘宝、也在淘宝消费过，但未形成购买习惯的人群。

（3）使用淘宝满足不了需求的人群。

其实无论是天猫还是京东，满足的都是较为追求品质的人群的需求，但少有人关注只需要"能用就行"的这批用户，而拼多多做到了。

拼多多的商业模式很简单：电商拼团、砍价。

如果是在淘宝上买东西，大都是一个人购买，但在拼多多上不一样，拼团能够让你获得更优惠的价格，所以大部分人不会选择单独购买。付款后用户可以一键分享拼团，链接到微信等社交平台上，从下单到支付，再到最后离开拼单页面，每一个步骤都在暗示、引导用户分享。在完成拼团之后，用户还有机会获得拼主免单券，这也是变相鼓励分享。这个看似简单的分享、拼团砍价模式，就是拼多多崛起的关键。

通过降价这种直接的方式，拼多多鼓励用户将 App 推广给更多的人，如此，用户省了钱，拼多多获得了新用户，这就是双赢。

拼多多的拼团砍价模式通过结合拼团和砍价两种机制，实现了流量的精准裂变和商品的有效推广。这种模式不仅满足了消费者对低价商品的需求，还提高了销售效率和顾客黏性，是拼多多取得成功的重要因素之一。

而为了吸引更多商家入驻，拼多多采取了多种策略，如免除佣金和提供免费首页展示等，这些优惠措施成功地吸引了大量商家涌入。因此，从运营的角度评价，拼多多是成功的。

11.3.2　小红书 App 营销实例

小红书是年轻人的生活方式展示平台和消费决策入口，于 2013 年在上海创立，致力于让全世界的好生活触手可及。在小红书上，用户通过短视频、图文等形式标记生活中的点滴。截至 2023 年 1 月，小红书的用户数超过 3.5 亿人，"90 后"及"00 后"是主要用户群体。在小红书社区，用户通过文字、图片、视频笔记的分享，记录了这个时代年轻人的正能量和美好生活。小红书旗下设有电商业务，通过机器学习对海量信息和人进行精准、高效的匹配。2017 年 12 月 24 日，小红书被《人民日报》授予代表中国消费科技产业的"中国品牌奖"。2019 年 6 月 11 日，小红书入选"2019 福布斯中国最具创新力企业榜"。2019 年 11 月 5 日，小红书再次亮相中国国际进口博览会，并将与全球化智库（Center for China and Globalization，CCG）共同举办"新消费——重塑全球消费市场的未来形态"论坛。

从 2013 年一份红遍网络的海外购物攻略，到如今集内容、电商、社交等功能于一体，吸引不同的年轻人纷纷在此标记日常生活的多元化社区平台，小红书以社区为阵地，不断拓展内容分享的种类和边界，构建起外界难以复制的商业闭环。

小红书在创立之初，是为了解决国人海淘、出国购物时信息不对称的痛点。早期，小红书邀请了很多旅居美国、日本、新加坡等地的人士撰写购物攻略。由于商品种类繁多、购物信息更新速度太快，小红书于 2013 年年底完成第一次转型，鼓励用户自己生产内容，以实现信息的多元化和高频迭代。

打开小红书 App 的首页，一篇篇图文并茂的笔记在记录购买心得、分享使用体验的同时，也搭建起小红书真实而多样的商品口碑数据库，成为用户购买决策中极为重要的一环。

目前，小红书社区每天产生数十亿次的笔记曝光，内容覆盖时尚、护肤、彩妆、美食、旅行、影视、读书、健身等各个领域。平台通过海量标注的数据及机器学习的方式做内容分发，实现"千人千面"的精准匹配，以提升用户黏性和活跃度。

小红书能突出重围是因为踩对了 3 个时间点。一是海外购物，也就是背后的消费升级；二是移动互联网，小红书从一开始就发力移动端社区，顺应了潮流趋势；三是赶上了国家对于跨境电商的政策支持。

本章实训

【实训主题】App 的设计与推广

【实训目的】通过实训，掌握 App 的设计方案与推广策略。

【实训内容及过程】

（1）以小组为单位组建任务实训团队。

（2）小组讨论，确定 App 的设计方案，要求突出 App 的营销功能。

（3）选择 App 设计网站，完成 App 设计，并做推广。

（4）根据 App 的使用情况，做进一步的完善。

（5）撰写实训报告，交由授课教师批阅。

【实训成果】

实训报告——《××App 的设计与推广汇报》。

练 习 题

一、单选题

1．App 营销主要以（　　）为传播平台，直接向目标受众定向和精确地传递个性化即时信息。

　　A．计算机　　　　　　B．手机　　　　　　C．微博　　　　　　D．互联网

2．App 营销的（　　）是指企业将自身开发的 App 发布到各大应用平台，让用户下载使用。

　　A．用户参与模式　　　B．私人订制模式　　C．植入广告模式　　D．内容植入模式

3．植入广告需要通过广告的（　　）来实现用户向消费者的转化。

　　A．内容　　　　　　　B．品质　　　　　　C．趣味性　　　　　D．点击

4．哈啰 App 在用户完成骑行后，鼓励将奖励的骑车优惠券分享到朋友圈或分享给指定人，从而使更多的人使用哈啰。这种 App 营销模式属于（　　）。

　　A．线上营销模式　　　　　　　　　　　B．名人代言的 App 营销方式

　　C．植入广告模式　　　　　　　　　　　D．用户参与模式

5．App 营销的技巧有很多，但（　　）不是 App 营销的技巧。

　　A．把用户放在首位　　　　　　　　　　B．通过品牌的力量

　　C．专注于自身的领域　　　　　　　　　D．实现差异化和创新

二、多选题

1．App 营销的特点主要包括（　　）。

　　A．成本低　　　　B．使用持续性强　　　C．开发周期短

　　D．增强用户黏性　　E．可实现精准营销

2．常见的 App 营销模式主要有（　　　）。

    A．植入广告模式　　　　B．口碑相传模式　　　　C．线下推广模式

    D．名人代言模式　　　　E．用户参与模式

3．可以通过下列哪些方法找到用户的根本需求？（　　　）

    A．通过搜索引擎　　　　　　　　　　B．寻找市场中的"蓝海"

    C．通过走访调查　　　　　　　　　　D．站在用户的角度挑毛病

    E．邀请粉丝参与设计

4．App 营销如何借助品牌提升营销效果？（　　　）

    A．塑造品牌的核心价值　　　　　　　B．利用品牌效应吸引消费者

    C．通过产品背后的精神吸引消费者　　D．聘请广告公司进行包装宣传

    E．与著名品牌寻求合作

5．下列有关 App 营销的说法正确的有（　　　）。

    A．企业可以通过 App 来传递企业文化、企业的社会责任、企业理念等企业价值信息

    B．植入广告模式是最简单的一种营销模式

    C．在 App 营销中，要把用户放在首位

    D．为服务更多的用户，App 营销中不可以包含私人定制的部分

    E．想在众多同质化的 App 中脱颖而出，要靠创新和创意

三、名词解释

1．App　　2．App 营销　　3．植入广告模式

四、简答及论述题

1．企业如何利用 App 实现与用户的互动？

2．借力营销需要注意哪几个方面的问题？

3．App 营销的技巧主要哪些？

4．试论述 App 营销模式中的内容营销模式。

案例讨论

饿了么的 App 营销

现代生活节奏的加快，使得点外卖成为许多人生活的常态。而伴随着互联网科技的发展，方便快捷的外卖 App 则彻底颠覆了传统的电话订外卖的模式，成为外卖市场的主流。

饿了么在 2008 年创立于上海，经过多年的发展，目前已经是我国主流的本地生活平台之一。饿了么能取得如此地位，与其精准的 App 营销不无关系。

在成立之初，饿了么对于目标市场的定位就非常明确，选择将大学校园作为业务开展的切入点和重点。一方面，大学校园人口集中，食堂虽然价格低廉，但是无法满足学生对就餐的多样性和可配送性的要求。另一方面，大学校园周围聚集着大量小型餐馆，它们受限于位置和距离，在经营过程中的主动性受到严重打击。而饿了么敏锐地发现了双方的需求，并将之转化为商机，架起了学生和学校周围餐厅之间的桥梁。饿了么选择将高校市场作为首先攻略的城池，展现了其营销过程中的目标市场定位和细分，即选择目标市场，并通过创造、传播和传递更高的顾客价值来获得、保持和增加顾客。

饿了么准确把握用户对于服务的需要，并以此打开市场。例如，校园用户的优势在于群体性强，对

新鲜事物的接受能力强，同时学生对于价格的敏感程度极高。饿了么很好地利用了用户的这一特点，采用各种促销手段，通过一系列的价格优惠来吸引、留住用户，如新用户下单优惠、各种赠饮打折活动等。除了线上的各种优惠活动，饿了么也十分注重线下的宣传，如"饿了别叫妈，叫饿了么"的宣传口号就十分形象生动，让人记忆深刻。这些手段对于增加用户以及增强用户黏性的作用巨大。

此外，饿了么还努力理解目标市场的欲望和需求，提供良好的设计和服务，创造、传递顾客价值，实现了自身及利益相关者的双赢。打开饿了么 App 界面，系统能精确地定位用户所在的位置，自动搜寻附近的美食外卖，用户不用打电话就可以在线直接预订。而且，饿了么 App 中餐厅的列表以商标图片形式呈现，用户可以在购买之前看到外卖的内容介绍、点评以及照片等，这比很多实体店的服务还要到位、细致、贴心。最重要的是，用户可以通过饿了么 App 获悉送餐时间，这对于追求效率的用户来说无疑十分具有吸引力。饿了么 App 根据用户以及商户双方的需要，在系统页面上进行有针对性的优化设计，更好地服务用户。

饿了么不仅关注良好的用户体验，还致力于提供更好的顾客资产和品牌资产管理。在运营质量方面，E 平台有自建的配送队伍提供专业的配送服务。2023 年夏天，饿了么用"精准滴灌"方案来解决高峰期的骑手短缺问题，通过物流端与商家端的实时联动，进行骑手、订单的实时调动。饿了么 还上线"食安服务"App，通过这款应用，饿了么可以将涉嫌食品安全违规的餐厅举报至监管部门，保证了用户的食品。在外卖配送和食品安全这两个方面的提升改进，对管理顾客资产和品牌资产的贡献巨大，也提升了用户对平台的信任度。

饿了么 2023 年二季度的财报显示，该季度收入增长 30%，订单增长超过 35%，平均订单价值在继续提高，消费者活跃度也在不断提升。

资料来源：百度文库、百度百家号。

思考讨论题：

结合本案例，谈谈本地生活平台类 App 营销的策略。

第 12 章 大数据营销

【知识目标】

（1）理解大数据与大数据营销的概念。

（2）了解大数据营销的特征与优势。

（3）熟悉大数据营销的运营方式。

（4）掌握大数据营销的策略与方法。

（5）了解开展大数据营销带来的问题。

【素质目标】

（1）树立正确的大数据营销理念。

（2）培养学习大数据营销的兴趣。

（3）培养利用大数据营销服务社会的意识。

📚 知识结构图

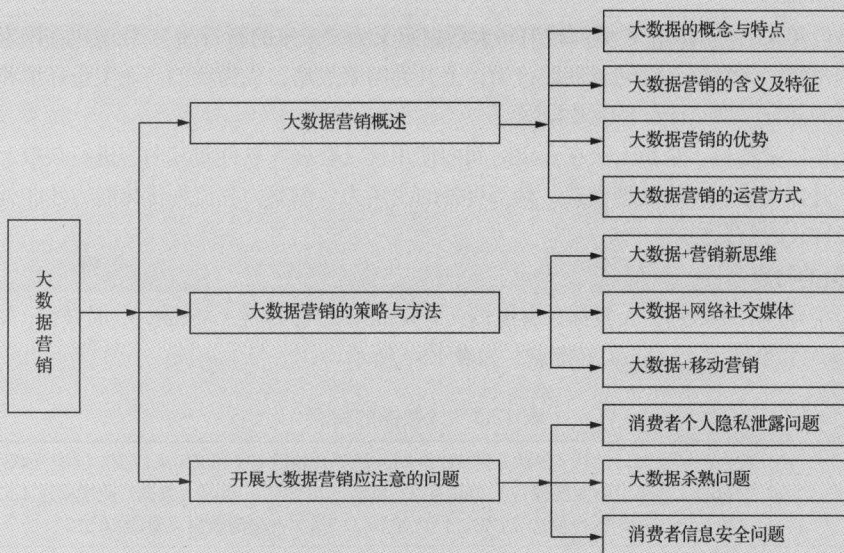

大数据助力企业实施精准营销

随着云计算、人工智能和大数据等新兴技术的发展，企业可以利用这些技术分析市场状况，准确了解消费者对产品的偏好和需求，然后对消费者群体进行全面的数据分析，促进企业营销工作的顺利开展。企业可以利用大数据技术，采用精确的营销模式，更好地优化自己的产品消费市场，也可以根据消费者的偏好使用大数据技术来构建通信服务系统，从而发掘潜在的消费群体。

在当今的信息时代，消费者能够接收到的信息也越来越多。在消费方面，消费者更加追求个性化。因此，企业可以利用大数据技术实施个性化的营销政策，提高营销方法的针对性，增加产品营销的长效性。大数据技术的不断发展，为个性化营销的有效实施提供了坚实的基础。通过分析网络平台上的各种用户信息，企业可以得到用户的个性化偏好，包括消费能力、产品需求、购买渠道等信息，有效地提高产品开发的针对性，进而提高企业的经济效益。

12.1 大数据营销概述

大数据时代，数据无孔不入，谁掌握了数据，谁就有可能取得成功。在云计算、物联网、社交网络等新兴服务的影响下，人与人之间、人与机器之间以及机器与机器之间产生的数据信息正在以前所未有的态势增长，人类社会正在步入大数据时代，数据开始从简单的处理对象转变为一种基础性资源。通过对大数据的挖掘与分析，企业能够发掘用户消费偏好，以便进行精准营销；并能够充分发现潜在用户，扩大营销范围，增强营销效果。运用大数据营销，企业还可以有效地进行市场预测，及时发现市场机会，加快做出业务决策。

12.1.1 大数据的概念与特点

1. 大数据的概念

大数据是近年来的热门词汇，美国政府将大数据定义为"未来的新石油"，我国也在国家层面给予了大数据足够的重视。大数据已经超越商业行为，上升为国家战略，成为我们商业生态环境和日常工作生活中不可或缺的部分。那么什么是大数据呢？

大数据又称巨量资料，是指无法在一定时间内使用传统数据库软件对其内容进行获取、管理和处理的数据集合，是需要采用新的处理模式，具备更强的决策力、洞察力和流程优化能力才能处理的海量、高增长率和多样化的信息资产。

2. 大数据的特点

相比于传统处理的小数据，大数据具有规模大（Volume）、多样性（Variety）、时效性（Velocity）、准确性（Veracity）和价值大（Value）等特点，如表 12-1 所示。

表 12-1 大数据的特点

规模大	数据存储量大，已从 TB 跃升到 PB 级别，甚至开始以 EB 和 ZB 来计数。国家互联网信息办公室发布的《数字中国发展报告（2022 年）》显示，2022 年，我国大数据产业规模达 1.57 万亿元，同比增长 18%；数据产量达 8.1ZB，同比增长 22.7%，占全球数据总量的 10.5%

续表

多样性	大数据包括结构化、半结构化、非结构化等各种格式，以及数值、文本、图形、图像、流媒体等多种形态
时效性	大数据具有很强的时效性，往往以数据流的形式快速地产生。用户若想有效地利用这些数据，就必须把握好数据流，同时数据自身的状态与价值也随着时代变化而发生巨变
准确性	处理的结果要有一定的准确性，不能因为大规模数据处理的时效性而牺牲处理结果的准确性
价值大	大数据虽然蕴含极大的价值，但其价值密度低，需要进行深度分析、挖掘才能获得有价值的信息

　　大数据规模巨大，处理起来难度显著提升。在大数据营销活动中，企业既要处理传统的结构化数据，如数据库记录等，也要处理文本、视频等难以归类的非结构化数据。这对企业的数据处理能力提出了前所未有的挑战。

12.1.2　大数据营销的含义及特征

1. 大数据营销的含义

　　大数据营销是指通过大数据技术，对由多平台所获得的海量数据进行分析，帮助企业找到目标消费者，并以此为基础对广告投放的内容、时间及形式进行预测与调配，从而实现广告精准投放的营销过程。按照大数据处理的一般流程，大数据技术可以分为大数据采集技术、大数据存储和管理技术、大数据分析技术和大数据应用技术 4 类。

　　社交网络的扩张使得数据急速增多。企业将消费者在社交网络中的行为轨迹串联起来，对其进行分析，就可以了解消费者的行为习惯，理解消费者需求。例如，亚马逊根据从消费者身上捕获的大量数据研发了个性化推荐系统，根据消费者的购物喜好为其推荐具体的产品及感兴趣的内容。

2. 大数据营销的特征

　　与传统营销相比，大数据营销具有以下特征。

（1）全样本调查

　　大数据技术的发展，使得人们对由传感器、移动终端等所采集的大数据进行分析，并从中获取有价值的信息成为现实。在大数据时代，商务数据分析不再以抽样调查的方式降低数据处理难度，而是对所采集的全部数据进行分析，从而能够有效避免抽样调查自身存在的误差甚至以偏概全等缺陷。

（2）数据化决策

　　英国学者维克托·迈尔·舍恩伯格（Viktor Mayer-Schönberger）和肯尼斯·库克耶（Kenneth Cukier）在其经典著作《大数据时代》一书中强调，大数据时代探索的不是"为什么"的问题，而是"是什么"的问题。在大数据时代，事物之间的因果关系已不是数据分析的重点，识别需求才是信息的价值所在。大数据营销将让一切消费行为与营销决策数据化，最终形成一个营销的闭环体系，即"消费—数据分析—营销活动—效果评估—消费"。预测分析将成为大数据营销的核心。全面、及时的大数据分析，能够为企业营销决策的制定提供更好的支撑，从而提高企业营销的竞争力。

（3）强调时效性

　　在网络时代，网民的消费行为和购买方式极易在短时间内发生变化，在网民需求最高点及时进行营销非常重要。全球领先的大数据营销企业 AdTime 对此提出了时间营销策略，即通过技术手段充分了解网民的需求，并及时响应每一个网民当前的需求，让用户在决定购买的"黄金时间"内及时收到产品广告。

（4）个性化营销

　　所谓个性化营销（Personalization Marketing），最简单的解释就是量体裁衣，就是企业面向消费者，直接服务于消费者，并按照消费者的特殊要求制作个性化产品的新型营销方式。互联网提供了大量消费者的信息数据，企业可以利用网络资源对消费者在各渠道中的行为数据、消费者生命周期各阶段的行为

微课堂

大数据营销的含义及特征

数据进行记录，制定高度精准、绩效可高度量化的营销策略。对于现有消费者，企业可以分析采集到的消费者信息，推断其购物偏好或倾向，进而进行定制化推送。同时，企业也可以根据不同消费者的特性对其进行细分，然后用不同的侧重方式和定制化活动向这些群体进行定向的精准营销。而对于潜在消费者，企业可以根据大数据分析获得消费者对产品特性的倾向，进而对产品精确定位，改善产品，进行有针对性的营销，使潜在消费者真正成为企业客户。

案例分析

网易云年度歌单刷屏

网易云年度歌单利用大数据海量收集用户们的听歌信息和数据，将每个用户对哪首歌听得最多、给出了什么评论、听歌时间、听歌习惯等，都在专属歌单上非常清晰地罗列出来。而且，根据每个用户的听歌喜好，网易云对用户的心情、性格等进行分析，给出大致的标签，加入了更多的个人情感化的内容，让用户体会到定制歌单的细致与用心，从而对其产生好感，进一步将其转发分享。这样就使歌单达到了传播和刷屏的最终目的。

这其中，大数据起到了非常基础而又重要的技术作用，正是因为大数据，网易云才能与用户形成深层次的创意互动，即时生成专属歌单。再借助情感角度的切入、用心的内容文案引发的感动与共鸣，网易云与每一个用户都能建立起情感上的联系，从而加强用户对网易云的信任和依赖。

案例分析：从网易云年度歌单刷屏的案例中我们不难发现，其中最让大众热衷和在意的莫过于年度歌单的特殊性与专属性让用户有了独一无二的优越感，同时借助年度歌单回顾一年来的心情也触动了很多用户。总之，在大数据的作用下，年度歌单这一类的互动形式才能够实现，企业才有可能为每一个用户量身定做产品，达到精细化营销的目的。

12.1.3　大数据营销的优势

企业实施大数据营销，不仅能够提高企业的营销效率，也能够提升消费者的体验，还能够促进营销平台的互通互联。

1. 提高企业营销效率

大数据营销既能帮助企业实现渠道优化，也能促进企业营销信息精准推送。企业可以通过分析消费者留存于社会化网络平台上的信息记录，获取消费者消费产品或服务的渠道信息，进而依据消费者的使用情况对营销渠道进行优化。同时，企业也可以通过大数据技术对消费者进行分类，然后有针对性地向消费者推送相关营销信息。

2. 提升消费者体验

大数据处理技术使企业能够进行精准分析，企业根据分析结果，可以对特定消费者进行准确划分，从而为潜在消费者推送其所需要的产品信息。对消费者而言，所获产品信息价值越高，就越有利于他们做出正确的购买决策。此外，进行大数据营销的企业，非常关注消费者使用产品后的体验、感受，以便对产品进行改进。大数据营销时代，企业只有对消费者的反馈信息进行合理分析和利用，才能真正发挥大数据营销的作用，使消费者的每一项反馈都能够真切地应用到产品的改进中。

3. 促进营销平台互通互联

消费者以生活化的形式存在于互联网之上，要想精准掌握消费者的需求，企业就要尽可能多地了解其生活的每一个关键时刻。人们已经充分将日常生活与互联网平台互联，如在社交网站与亲朋好友互动，在电商平台进行产品消费，在论坛发表个性化观点，甚至可以在某些平台进行知识科普。大数据营销需要的是将消费者网络中碎片化的信息重聚，得到消费者整体画像，从而进行个性化营销。因此，大数据营销应用的发展促进了各大互联网平台的相互融合。在打通线上平台的同时，大数据营销也促进了线上线下营销平台的互联。媒体通过跨界融合的方式使报纸、电视、互联网进行有效结合，促进资源共享，使企业能获得大量消费者信息并集中处理，衍生形式多样的营销信息，再通过不同的平台进行传播，从而提升营销效果。

阅读资料 12-1　大数据对营销的影响

大数据在营销 3.0 时代发挥着越来越重要的作用，企业通过大数据来细分、挖掘和满足需求，结合相应的效果反馈机制、综合评估分析，结合大数据的精准化、智能化营销，主要可以实现 3 个方面的改进。

一是受众更"全"。大数据收集的是目标消费者所有的信息数据，可以从市场中获取较以往更加全面和完整的消费者数据。企业通过分析这些数据，可以更真实地掌握消费者的信息，更准确地发现消费者的需求，根据数据来制定符合消费者需求的营销模式和营销组合。

二是投放更"准"。大数据可以用于分析消费者特征、消费行为、需求特点，同时平台、载体和人群的选择让营销更精准，从而促进各行业营销模式精准性的升级，改变行业内原有的营销战略和手段，提高企业的营销效率。

三是转化更"高"。大数据关注数据间的关联性，而不只是关注数据的因果性。企业通过分析海量的相关数据，还可以发现并总结出消费者的消费习惯，根据消费者的习惯进行预测，设置特定的场景来激发消费者的购买行为，从而提升有效受众的转化率。

资料来源：搜狐网。

12.1.4　大数据营销的运营方式

企业在开展大数据营销活动时，因获取消费者数据方式不同，会形成以下三种不同的大数据营销运营方式。

1. 自建平台运营方式

自建平台运营方式需要企业自行搭建大数据平台，通过企业自身收集的消费者信息实施大数据精准营销，通过精准营销与目标消费者建立信任关系，提高消费者的忠诚度，进而为企业创造长期的商业价值。这种方式要求企业具备充足的人力和财力资源，并建立大数据营销的运营机制。如果企业具备这些条件，那么自建平台运营是一种非常有效的运营方式。

2. 数据租赁运营方式

数据租赁运营方式是指企业通过付费租赁的方式，从专业的大数据营销平台获取潜在目标消费者的数据，然后向这些消费者精准投放企业品牌和产品广告。这种方式可以帮助企业在目标消费者中提高品牌和产品的曝光度，引起他们对企业品牌和产品信息的关注，为后续的消费者关系建立、数据挖掘与分析、品牌推广等市场营销行为打下基础。如果企业不具备搭建大数据平台的能力，那么可以考虑采用数据租赁运营方式来实施大数据营销。

3. 数据购买运营方式

数据购买运营是指企业在符合法律规范的前提下，向大数据营销平台购买潜在目标消费者的数据，然后通过自建的平台实施大数据营销。与数据租赁运营方式相比，数据购买运营方式更具自主性。企业在通过自身平台无法获取足够的数据或需要更加丰富的数据储量时，可以采用这种方式。数据购买运营方式一般需要与自建平台运营方式配合使用，才能达到企业期望的营销效果。

为提高大数据营销的效率和效果，企业应根据自身的实际情况选择适合的大数据营销运营方式。

12.2 大数据营销的策略与方法

大数据开启了一次重大的时代转型，正在改变着我们的生活方式。处于当今移动互联网时代、大数据化运营的大环境中，企业的营销策略也发生着一系列重大的改变。

12.2.1 大数据+营销新思维

大数据是一场新的革命，大数据时代的到来，将彻底颠覆此前的市场营销模式与理念，加快企业传统营销模式的转变步伐。那么，企业如何利用庞大的网络信息数据有效开展营销呢？下面将对大数据背景下几种营销新思维的应用方法进行具体介绍。

1. 关联营销

关联营销通过大数据技术，从数据库的海量数据中发现数据或特征之间的关联性，实现深层次的多面引导。著名的沃尔玛"啤酒与尿布"关联销售就是利用大数据关联分析开展营销的典范。

"啤酒与尿布"的故事发生于 20 世纪 90 年代的美国沃尔玛超市，沃尔玛超市的管理人员在分析销售数据时发现了一个令人难以理解的现象：在某些特定的情况下，"啤酒"与"尿布"这两件看上去毫无关系的商品会经常出现在同一个购物篮中。这种独特的销售现象引起了管理人员的注意，经过后续调查发现，这种现象出现在年轻的父亲身上。

这个时候在美国有婴儿的家庭中，一般是母亲在家中照看婴儿，年轻的父亲前去超市购买尿布。父亲在购买尿布的同时，往往会顺便为自己购买啤酒，这样就会出现啤酒与尿布这两件看上去不相干的商品经常会出现在同一个购物篮中的现象。如果这位年轻的父亲在卖场只能买到两件商品之一，那他很有可能会放弃购物而到另一家商店，直到可以同时买到啤酒与尿布为止。沃尔玛发现了这一独特的现象，开始在卖场尝试将啤酒与尿布摆放在相同的区域，让年轻的父亲可以同时找到这两件商品，并很快地完成购物；而沃尔玛超市也可以让这些消费者一次购买两件商品而不是一件，从而获得了更好的商品销售收入。"啤酒与尿布"的故事是营销界的神话，沃尔玛将"啤酒"和"尿布"两个看上去没有关系的商品摆放在一起销售获得了很好的销售收益。沃尔玛的这个营销案例，被普遍认为是利用大数据分析开展营销的开端，即通过对大数据进行分析，找到商品之间的相关性，确定消费者的购买行为，从而更好地促进营销活动。

关联性在市场营销领域有着广泛的应用。企业通过大数据分析，可以发现不同商品之间的关联性，进而实施有效的捆绑销售策略。

2. 定制营销

互联网思维下的定制营销思维正在蜕变，定制服务领域在扩展，内涵在加深，消费者满意度也得到空前的提升。所以，定制营销思维已经不再局限于量身打造产品那么简单，它已经逐步渗透到人们的日常生活中。例如，打车 App 和"定制公交"对交通这一传统行业的改造；旅行线路和产品销售为满足个性化和碎片化的需求，通过网络征集、梳理"大数据"后实现小众市场的深度发掘等。

互联网背景下的定制营销思维与传统定制营销思维有明显不同，追求快速、专注、口碑和极致的用户体验，推崇让消费者来定义产品或服务，快速响应消费者需求，以互联网为工具传递消费者价值等开放的理念。

在市场竞争日益激烈的情况下，定制营销思维的运用可以帮助企业在市场中获得有利地位。在互联网时代，没有定制营销思维的企业必将被市场淘汰。定制营销思维的必要性主要体现在以下几个方面。

（1）大数据时代的需求。"C2B"和"大数据"的互联网概念使众多企业管理者对企业生产模式重新进行思考。随着互联网大数据应用的逐渐普及，基于定制营销思维的产品和服务将开启产品销售的新模式。早在 2012 年，海尔就开展网上投票的活动，让消费者定制自己喜欢的电视。随后苏宁、国美等电器企业也开始进行定制家电营销。

（2）个性化趋势的要求。当今，青年一代是市场的主流消费群体，他们追求时尚、个性化的生活方式。这一消费群体标榜强烈的自我意识，对目前市场上的复制化生产感到很厌倦，有着理性加冲动的购物习惯。这一消费群体个性化的生活方式，对企业提出了增强定制思维的要求。

随着消费者的个性化需求持续增长及互联网的不断发展，企业与消费者之间的距离越来越近。企业利用互联网大数据分析消费者需求，并满足这种需求的目标很快就能实现。

（3）我国创新品牌的需要。我国在升级产业经济结构的过程中，最需要的就是打造品牌。将"中国制造"转变为"中国创造"是适合我国的一种经济结构转变方式。为了明确品牌定位，实现品牌核心价值的传播，企业还需要一整套营销体系的支持，以便企业的定制化品牌能被有效地传播，更快地被消费者接受。

在当今这个产品越来越趋向于同质化的时代，人们对于能满足自身个性化需求的定制产品有着明显的倾向。企业应抓住这个机遇，逐步实现产品的定制化，为消费者提供更加良好的体验，从而增加企业盈利。

3. 精准营销

美国西北大学教授菲利普·科特勒将精准营销定义为：在精准定位的基础上，依托现代信息技术手段建立个性化的消费者沟通服务体系，实现企业可度量的低成本扩张之路。简单来说就是在合适的时间、合适的地点，将合适的产品以合适的方式提供给合适的人。J 商城通过 E-mail 进行的大数据精准营销值得我们学习借鉴，下面我们来看一下京东商城的具体做法。

王先生是 J 商城的一名新会员，最近想买某品牌的空气净化器，于是他去 J 商城购买，结果他发现自己选中的净化器缺货。在失望之余他看到 J 商城还有"到货提醒"功能，于是他选中了该功能，并填上了自己常用的邮箱地址。几天后，王先生收到一封 E-mail，内容大致是"您上次想买的净化器有货了"。此刻，该净化器为 J 商城"满减"活动产品，可以优惠 300 元。王先生觉得可以接受，就果断购买了该净化器。

互联网和信息技术的发展，使记录和存储包含受众地址、购买记录和消费偏好等内容的大数据成为现实。数据的信息维度越高，其涵盖的信息越丰富，企业通过大数据技术分析后，获得的受众信息越准确，进而实施营销的精准度就越高，营销效果就越好。企业实施大数据精准营销一般需要具备 3 个条件，即精准的市场定位、巧妙的推广策略和更好的消费者体验。

（1）精准的市场定位。古人云，"知己知彼，百战不殆"。企业首先要弄清自己的产品是什么，消费者是哪些人，同时也必须对消费者有非常准确的了解，明白消费者的需求是什么，哪些消费者需要自己的产品。也就是说，企业准备将产品推向市场时，必须先找到准确的市场定位，然后集中自身的优势资源，才有可能获得市场战略和营销活动的成功。企业要获得成功，必须能够在恰当的时间提供恰当的产品，并用恰当的方式将产品送到恰当的消费者手中。这些"恰当"达到一定程度，就可称为"精确"。

（2）巧妙的推广策略。企业进行市场推广，一般都采用广告、促销和渠道等营销手段。企业尽管知道投入的巨额广告费用中的相当一部分会浪费掉，但不知具体浪费在何处。在互联网和信息技术高速发展的时代，通过大数据分析，企业能够较为准确地定位目标消费者，实施有效的推广策略，实现精准营销，减少营销费用的浪费。

（3）更好的消费者体验。在以市场为导向、消费者为中心的营销新时代，要想获得收益，企业必须关注消费者价值。只有实现消费者价值，企业才能获得丰厚的利润和回报。在精准营销中，企业必须通过多种渠道，真正实现更好的消费者体验。

12.2.2 大数据+网络社交媒体

延伸学习

利用大数据构建和生成用户画像

"金杯银杯不如口碑。"随着社会化媒体的盛行，消费者行为对于企业营销的影响在日益扩大。当今，消费者通过网络媒体平台对产品信息的反馈比以往任何时候都更加及时、全面。一则微博发出，短时间内通过转发评论就能引发社会关注，其时效性高于传统媒体。近些年逐渐盛行的社交媒体——微博、微信逐渐展示其在营销上的力量，消费者通过口碑传播可以在几天之内颠覆人们对于一个品牌的认知。企业应抓住机会，利用大数据技术在社交网络平台上提炼大众意见，捕捉消费者群体的产品需求，并以此为依据，结合网络社交媒体做好营销活动。下面以常用的微信、微博、E-mail 网络社交媒体为例进行介绍。

1. 大数据+微信

大数据的迅猛发展对当下的网络营销产生了巨大的影响，也赋予了微信大数据营销的价值。由于拥有海量用户，微信平台上会产生海量的数据。因此，微信除了有众多渠道可以帮助商家进行营销外，其本身的大数据特性也对商家的营销起着巨大的作用。在这方面，M 手机（这里也称"M 公司"）的"9∶100万"的粉丝管理模式值得称道。

"9∶100万"的粉丝管理模式，是指 M 手机的微信公众号后台客服人员有 9 名，这 9 名员工最重要的工作是每天回复 100 万名粉丝的留言。

每天早上，当这 9 名客服人员在计算机上打开 M 手机的微信公众号后台，看到后台用户的留言时，他们一天的工作也就开始了。其实 M 公司自己开发的微信公众号后台可以自动抓取关键词回复，但客服人员还是会进行一对一的回复，M 公司也通过这样的方式大大提升了用户的品牌忠诚度。

当然，除了提升用户的忠诚度外，用微信提供客户服务也给 M 公司带来了实实在在的益处，使 M 公司的营销成本、客户关系管理（Customer Relationship Management，CRM）成本降低。过去，M 手机做活动通常会群发短信进行通知，100 万条短信发出去，就是 4 万元的成本，相比之下，微信的作用显著且成本更低。

2. 大数据+微博

基于大数据分析技术的微博营销，能够有效识别目标客户，使营销活动更具针对性。下面就以伊利营养舒化奶的世界杯微博营销为例来做进一步的阐述。

俄罗斯世界杯期间，伊利营养舒化奶与新浪微博深度合作，在"我的世界杯"模块中，使网友可以披上自己支持的球队的国旗，在新浪微博上为球队呐喊助威。该活动结合伊利营养舒化奶的产品特点，将其与世界杯足球赛流行元素相结合，借此提高品牌知名度，让球迷形成记忆。在新浪微博的世界杯专区，超过 200 万人披上了自己支持的球队的国旗，为球队助威，相关博文的转发也突破了 3 000 万条。同时，该活动还选出了粉丝数量最多的网友，使其成为球迷领袖。

伊利营养舒化奶的"活力宝贝"作为新浪俄罗斯世界杯微博报道的形象代言人，将体育营销上升到一个新的高度，为观众带来精神上的振奋感，使观看广告成为一种享受。如果企业、品牌不能和观众产生情感共鸣，企业即使在比赛场地上铺满企业的 Logo，也可能无法带来任何效果。

伊利营养舒化奶的世界杯新浪微博营销活动其实是基于大数据技术的分析而进行的。特别是在目标受众方面，伊利营养舒化奶通过大数据分析，确定其目标受众为"活力型和优越型"人群，他们一般有着共同的产品诉求。本次微博营销活动让球迷将活力与营养舒化奶有机联系在一起，让关注世界杯的人都注意到了伊利营养舒化奶，将"营养舒化奶为中国球迷的世界杯生活注入健康活力"的信息传递出去。

3. 大数据+E-mail

E-mail 营销是在用户事先许可的情况下，通过 E-mail 的方式向目标用户传递有价值的信息的一种营销手段，具有操作简单、应用范围广、成本低、针对性强等特点。企业常通过 E-mail 发送电子广告、产品信息、销售信息、市场调查信息、市场推广活动信息等。然而，E-mail 营销信息常被认为是垃圾邮件，会降低人们对企业的信任度。随着大数据技术的发展，企业通过大数据分析能够获知用户的行为倾向、消费偏好，使通过 E-mail 进行高针对性的精准营销成为可能。

如今，已有越来越多的企业采用电子邮件开展产品的网络推广和客户维护，精准的 E-mail 营销是互联网时代的制胜利器。

12.2.3 大数据+移动营销

移动营销是指基于对大数据的分析处理，深入研究目标消费者，获取市场信息，进而制定营销战略，并通过移动终端（智能手机或平板电脑等）向目标受众定向和精确地传递个性化即时信息，通过与消费者的信息互动达到市场营销目标的行为。移动营销具有便携性、精准性、互动性等特点。这些特性使消费者能够通过手机或各种智能化的移动设备随时随地参与消费活动，完成品牌搜索、产品信息互动、相关价格查询对比、下单购买、反馈评价等一系列购买行为。

如今传统电商巨头纷纷布局移动电商，众多新型移动电商购物平台不断涌现，传统企业也在积极"试水"移动端营销。有的商家推出"PC 端+移动端+线下门店"多渠道购物业务，进行线下线上联动营销，包括推出支付宝支付、微信支付等移动支付形式。这种方式既在一定程度上减轻了消费者排队等候的苦恼，又使企业的营销活动更加新颖。

移动营销手段不仅使企业大大降低了广告宣传的费用，而且还降低了营运的成本。企业或品牌要想方便地与消费者进行"一对一"的推广，只需开发一款 App 或注册微信公众账号就可以精准定位消费群体，细分各个消费群体的类别，精确定位每一个消费群体，在精准定位的基础上实现消费者的个性化需求服务，让消费者获得满意的购物体验。同时，很多企业还推出"百度春晚搜红包""微信红包"等活动，鼓励消费者在手机上抢红包，以增加人气。此外，企业还开展团购活动，让消费者发动自己的微信群、朋友圈来参与。在这个过程中，越来越多的消费者关注企业的公众号，下载企业的 App，如此企业获得了更多的用户信息，以后可以用短信等形式向消费者推送产品信息，确保了与消费者的长期联络。

当前通过手机购物的消费者越来越多，企业应努力把营销活动做到消费者的手机端上，从而实现真正的精准营销。同时，在大数据时代，手机成为产生大数据的重要终端，企业在手机端的营销布局变得越来越重要。

12.3 开展大数据营销应注意的问题

12.3.1 消费者个人隐私泄露问题

大数据技术具有随时随地保真性记录、永久性保存、还原画像等强大功能。消费者的身份信息、行为信息、位置信息甚至信仰、观念、情感与社交关系等隐私信息，都可能被大数据记录、保存和呈现，我们每一位消费者几乎每时每刻都暴露在智能设备面前，时时刻刻都在产生数据并被记录。这增加了消费者个人隐私泄露的风险。

在大数据分析过程中，个人隐私信息很可能被无意中泄露或滥用。例如，我们通过大数据分析可以推断个人的生活习惯、消费偏好、健康状况等信息，而这些信息很可能被商业机构利用，给个人带来困扰。更可怕的是，恶意攻击者可能通过网络入侵、恶意软件感染等手段获取个人隐私信息，进而进行不法活动。如果任由网络平台运营商或商家收集、存储、兜售用户数据，消费者的个人隐私将无从谈起。

阅读资料 12-2　应对大数据时代个人隐私保护挑战的策略

1. 加强数据安全防护

企业和政府应加大对数据安全技术的投入，建立完善的数据安全防护体系，防范恶意攻击和数据泄露事件的发生。此外，应加强数据使用者的安全意识教育，提高其数据安全防范意识。

2. 规范大数据使用行为

在大数据使用过程中，政府应建立严格的隐私保护规范，明确数据的收集、存储、分析和利用等方面的要求。同时，对违反隐私保护规定的行为应加大处罚力度，以保障个人隐私权益。

3. 提高公众隐私保护意识

政府应通过媒体、教育等多种途径，加强对公众个人隐私保护的宣传教育，提高公众的隐私保护意识和技能。同时，公众也应学会合理行使自己的隐私权，关注自己的个人信息是否被滥用。

4. 加强国际合作

面对全球化的挑战，各国政府需要加强国际合作，共同制定和执行隐私保护政策，打击跨国网络犯罪，共同应对大数据时代的个人隐私保护挑战。

12.3.2　大数据杀熟问题

大数据杀熟是指开展网络营销的商家利用所拥有的用户数据对老客户实行价格歧视的行为。具体表现为商家为获得利润最大化，对购买同一件商品或同一项服务的消费者实行差别定价，给予老客户的定价要高于新客户。大数据杀熟现象存在已久，早在 2000 年时就有亚马逊的消费者发现《泰特斯》（Titus）的碟片对老客户的报价为 26.24 美元，而对新客户的报价为 22.74 美元。近年来，我国大数据杀熟的现象屡见不鲜。例如，在团购平台上充值成为会员之后反而要比非会员支付更高的配送费，在某购物平台上购物，老客户不仅没有获得优惠，反而要比新客户支付更高的价格。

2021 年 3 月，复旦大学孙金云教授发布的一项"手机打车"研究报告引发了网友的热议。孙教授的研究团队在国内 5 个城市收集了常规场景下的 800 多份样本，最后得出一份打车报告。报告显示：苹果机主更容易被专车、优享这类更贵的车型接单；如果不是苹果手机，则手机越贵，越容易被更贵车型接单——这样的报告，让人们对大数据用户画像、大数据杀熟产生的消费陷阱"意难平"。

大数据杀熟实际上是企业根据用户的画像，综合购物历史、上网行为等大数据轨迹，利用老用户的"消费路径依赖"专门"杀熟"。2019 年北京市消协所做的调查显示，88.32% 的被调查者认为"大数据杀熟"现象普遍或很普遍，有 56.92% 的被调查者表示有过被"大数据杀熟"的经历。同时，被调查者认为网购平台、在线旅游和网约车等消费"大数据杀熟"问题最多，在线旅游高居榜首。另据北京市消协 2022 年发布的互联网消费大数据"杀熟"问题调查结果，86.91% 的受访者表示有过被大数据"杀熟"的经历，50.04% 的受访者曾在在线旅游消费中遭遇过大数据"杀熟"。但遗憾的是，由于"大数据杀熟"具有隐蔽性，消费者若要进行维权往往难以举证，维权困难。

建设新型消费社会，消费者权益必须得到保障。在 2021 年全国"两会"上，有全国人大代表提交关于修改反垄断法及完善相关配套制度的议案，其中包括建议立法禁止协同行为，规制数据滥用、大数据杀熟、平台二选一等行为。2021 年 8 月 20 日，第十三届全国人大常委会第三十次会议表决通过《中华人民共和国个人信息保护法》，其中明确不得进行"大数据杀熟"。2022 年 1 月，国家网信办等四部门联合发布《互联网信息服务算法推荐管理规定》，自 2022 年 3 月 1 日起施行。该规定针对算法歧视、"大数据杀熟"、诱导沉迷等进行了规范管理，要求保障算法选择权，告知用户其提供算法推荐服务的情况；应当向用户提供不针对其个人特征的选项，或者便捷地关闭算法推荐服务的选项。此外，不得利用算法推荐服务诱导未成年人沉迷网络，应当便利老年人安全使用算法推荐服务；不得根据消费者的偏好、交易习惯等特征利用算法在交易价格等交易条件上实施不合理的差别对待等。

12.3.3 消费者信息安全问题

虽然个人所产生的数据包括主动产生的数据和被动留下的数据，其删除权、存储权、使用权、知情权等本属于个人可以自主的权利，但在很多情况下却难以保障安全。一些信息技术本身就存在安全漏洞，可能导致数据泄露、伪造、失真等问题，影响信息安全。此外，大数据使用的失范与误导，如大数据使用的权责问题、相关信息产品的社会责任问题以及高科技犯罪活动等，也是信息安全问题衍生的伦理问题。

本章实训

【实训主题】大数据杀熟问题

【实训目的】通过实训，了解大数据杀熟现象，分析产生的原因并提出解决对策。

【实训内容及过程】

（1）以小组为单位组建任务实训团队。

（2）搜集相关资料，汇编大数据杀熟现象典型案例。

（3）分析大数据杀熟现象产生的原因，并提出解决对策。

（4）提交分析报告，由授课教师进行点评。

【实训成果】

实训作业——大数据杀熟现象研究。

练习题

一、单选题

1. 大数据营销的核心是（   ）。

    A．精准营销   B．预测分析   C．个性化营销   D．移动互联网

2. 大数据应用需依托的新技术有（   ）。

    A．大规模存储与管理   B．数据分析处理

    C．数据采集技术   D．以上 3 个选项都是

3. "在网络时代，网民的消费行为和购买方式极易在短时间内发生变化，在网民需求最高点及时进行营销非常重要"体现了大数据营销的（   ）特征。

    A．全样本调查   B．数据化决策   C．强调时效性   D．个性化营销

4. 沃尔玛将尿布和啤酒摆放在一起销售采用了（   ）营销策略。

    A．精准营销   B．关联营销   C．定制营销   D．免费营销

5. 所谓（   ），最简单的解释就是量体裁衣，就是企业面向消费者，直接服务于消费者，并按照消费者的特殊要求制作个性化产品的新型营销方式。

    A．关联营销   B．关联营销   C．个性化营销   D．服务营销

二、多选题

1. 大数据营销需依托的技术有（　　　）。
   A．数据采集技术　　　B．数据挖掘、分析技术　C．数据存储技术
   D．数据呈现技术　　　E．因果分析技术

2. 下列属于大数据营销特征的有（　　　）。
   A．全样本调查　　　B．数据化决策　　　　C．强调时效性
   D．市场导向　　　　E．个性化营销

3. 企业实施大数据精准营销一般需要具备的条件有（　　　）。
   A．精准的市场定位　B．巧妙的推广策略　　C．更好的物流设施
   D．较多的产品种类　E．更好的客户体验

4. 大数据营销常用的方法主要有（　　　）。
   A．关联营销　　　　B．微博营销　　　　　C．微信营销
   D．移动营销　　　　E．定制营销

5. 大数据营销的三种运营方式有（　　　）。
   A．自建平台运营方式　　　　　　　　　B．数据定制运营方式
   C．数据代运营方式　　　　　　　　　　D．数据租赁运营方式
   E．数据购买运营方式

三、名词解释

1. 大数据　2. 大数据营销　3. 全样本调查　4. 精准营销　5. 大数据杀熟

四、简答及论述题

1. 大数据的特点有哪些？
2. 大数据营销的优势有哪些？
3. 试论述大数据与移动营销相结合的营销方式。
4. 试论述大数据营销带来的主要问题。

案例讨论

社区连锁超市的大数据营销

某社区连锁超市老板王先生最近对大数据产生了浓厚的兴趣。他通过调研越来越深刻地认识到，在当今的大数据时代，大数据无孔不入，只有有效掌握了大数据营销的方法，才有可能使自己的连锁超市经营取得成功。

王先生认为通过对大数据的挖掘与分析，自己的连锁超市能够更好地发掘用户消费偏好，从而进行精准营销，而且还可以充分发现潜在用户，扩大营销范围，增强营销效果。所以他决定将大数据营销应用到自己的超市经营实践中。

王先生决定开始实施大数据营销后，需要解决的问题很多，但他最关心的是采取什么样的大数据营销策略和方法才能取得期望的营销效果。

思考讨论题：

1. 在开展大数据营销之前，王先生需要做好哪些准备工作？
2. 请结合社区连锁超市的经营特点，从专业角度为王先生提供大数据营销建议。

第13章 | O2O 营销

知识结构图

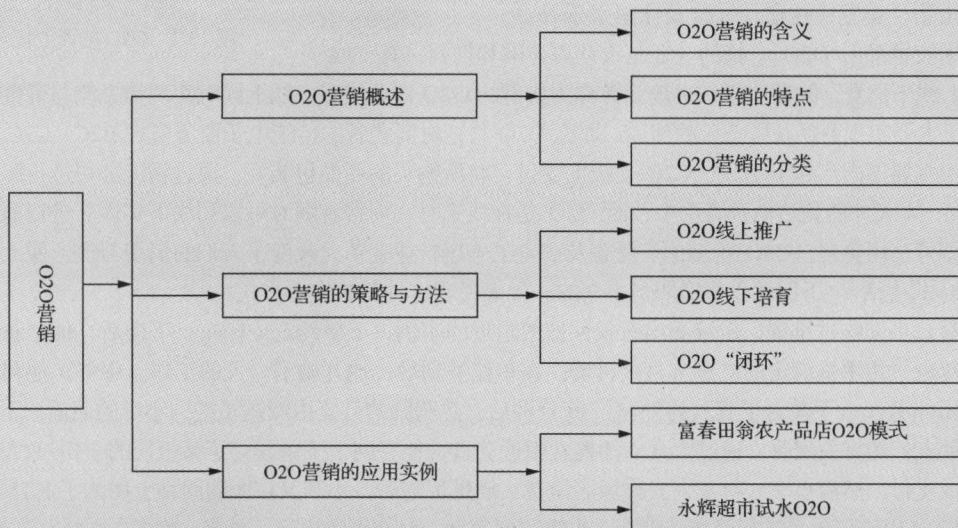

商业科技创新应用促进线上线下消费融合

近年来，一大批电子商务平台企业通过导购引流和技术赋能反哺实体零售，赋予线下零售新的价值，带动数字技术向实体经济深入渗透。传统实体线下零售也加快应用大数据、物联网、人工智能等数字技术转型升级，由仅依赖传统资源渠道发展转变为围绕用户需求和体验不断创新。利用新零售、本地直插、智慧门店、即时配送、销售预测等降本增效，提升销售服务能力，如加强全渠道运营，促进线上线下消费融合；实现"一店多能"，提升消费体验；打造一刻钟便民生活圈，增强便民效能。整个过程中，线上线下消费数据融合打通，线上线下消费场景优势结合，线上线下经济主体共同创造价值并分享成果，形成全渠道融合共同繁荣发展的良好局面。

资料来源：中华人民共和国商务部. 中国电子商务报告 2022[M]. 中国商务出版社，2023.

13.1　O2O营销概述

13.1.1　O2O营销的含义

2006 年，沃尔玛提出"Site to Store"的 B2C 战略，即通过 B2C 完成订单的汇总及在线支付，消费者到 4 000 多家连锁店取货。该模式其实就是最早的 O2O 营销，但一直没有人明确提出 O2O 的概念。直到 2010 年，美国 TrialPay 公司的创始人亚历克斯·兰佩尔（Alex Rampell）首次提出了 O2O 的概念。O2O（Online to Offline）主要包括 O2O 电子商务平台、线下实体商家、消费者等要素。其核心是利用网络寻找消费者，之后将他们带到实体商店进行消费，如图 13-1 所示。该模式主要适用于适合在线上进行宣传展示，具有线下和线上的结合性，并且消费者再次消费的概率较高的商品或服务，适合的行业主要有餐饮、电影、美发、住宿、家政及休闲娱乐等。

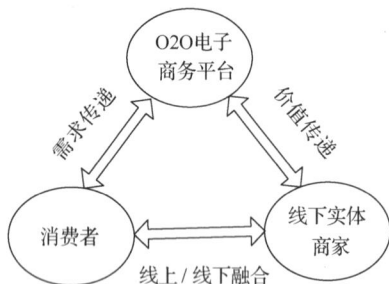

图 13-1　O2O 的商业模式

我国较早采用 O2O 营销的企业是大众点评网和携程，其"线上下单，线下消费"的商业模式也被业界称为典型的 O2O 商业模式。线上同时实现信息流与资金流的传递，线下主要实现商品及服务流的传递。那么 O2O 与针对消费者的传统电子商务模式 B2C、C2C 有哪些区别呢？主要不同点在于 B2C、C2C 是线上支付，将所购买的商品包装好，通过物流公司进行配送，一般需要 1~4 天才能到达消费者手中；而 O2O 是在线支付，消费者随时可以到线下实体店进行消费或足不出户即可享用美食。O2O 营销的广泛普及引发了一场行业变革，改变了人们的消费习惯，使人们过起了"O2O 式生活"。下面就以普通职员小李的一天来说明这种新的生活方式。

早晨，小李吃过早餐，用滴滴出行软件搜索附近的车辆，下单约定一辆车。下楼后，他坐着约定的车到达单位，用手机绑定的支付宝直接付费。在单位签到后，他开始了一天的工作。中午，他利用手机上的美团外卖 App 下单订了喜欢的外卖。30 分钟后，热腾腾的外卖由派送员送到小李的面前。下班前，小李和朋友们约好去聚餐。通过大众点评搜索附近美食，他在网上下单预订了某饭店的一份 4 人餐，并在线完成支付，然后小李一行 4 人去该饭店消费。酒足饭饱后，小李又在团购网站上团购了 KTV 的券，4 人在 KTV 出示订单号进行消费。晚上，小李回到家后，对今天的出行、外卖、晚餐、KTV 一一进行了点评。小李的一天仅是 O2O 式生活的一角。从该案例可以看出，移动互联网已经深入人们生活的方方面面，并成功实现了线上线下的融合。

阅读资料 13-1　"门店到商圈+双线同价"的 O2O 模式助力实体店发展

A 商超本身是做线下门店的，后来开始向 O2O 模式转变，通过线下门店和线上平台，实现了全产品全渠道的线上线下同价，从而打破了实体零售在转变过程中与自身的电商渠道价格相冲突的魔咒。

因开通了线上销售渠道，A 商超的线下实体门店已不再是仅具有销售功能的门店，而是具备了展示、体验、物流、售后、推广等新的功能，增强了线下零售的竞争力，促进了实体店的发展。

13.1.2　O2O 营销的特点

O2O 营销是一种利用网络争取线下用户和市场的新兴商业模式，一般具有以下几个特点。

1. 商品及服务由线下的实体商店提供，质量有保障

在 O2O 营销中，消费者一般根据需求在网上选择合适的商品或服务，在线上下单后到线下实体店进行消费。烘焙小屋就是一个典型的 O2O 应用案例，如图 13-2 所示。消费者只需通过扫描二维码在微商城线上下单，然后到店里取走早餐即可。O2O 营销平台上的商品及服务均由实体店提供，因此商品质量有一定的保障。

图 13-2　烘焙小屋的下单流程

2. 营销效果可查，交易流程可跟踪

O2O 营销可以较快地帮助实体店提高知名度。O2O 订单通过网络达成，在销售平台中留有记录，可使商家通过网络追踪每一笔交易，因而商品推广的效果透明度高。例如，对于在美团上进行的交易，商家可查看每一笔消费记录。

3. 交易商品即时到达，无物流限制

在 B2B、B2C 等模式下，消费者需要 1～4 天才能收到购买的商品。然而通过 O2O 营销平台，消费者一般足不出户就可以在 2 小时内收到所购商品，也可以随时到店消费，方便快捷。

4. 商品信息丰富、全面，方便消费者"货比三家"

O2O 营销平台可以将餐饮、酒店、美发及休闲娱乐等各类型的实体店集为一体，典型的代表为大众点评。该平台能够为消费者提供丰富的商品信息，并且还有消费者点评及推荐，以便为新的消费者选择商家提供参考。大众点评推荐的美食信息如图 13-3 所示。

图 11-3　大众点评推荐的美食信息

5. 宣传及展示机会更多，帮助商家寻找消费者，降低经营成本

O2O 有利于盘活实体资源，为商家提供了更多宣传展示的机会，从而便于吸引新消费者。O2O 的宣传及送货上门服务，降低了商家对地段的依赖，减少了商家的经营成本。

同时，O2O 营销平台所存储的用户数据，有利于商家维护现有的消费者。根据消费者的消费情况及评价信息，商家可以深度挖掘消费者需求，进行精准营销，合理安排经营策略。

13.1.3　O2O 营销的分类

O2O 营销的实质是将用户引流到实体店，为实体店做推广。从广义上来讲，O2O 的范围特别广泛，只要是既涉及线上又涉及线下实体店的模式，均可被称为 O2O。当前的 O2O 营销主要有以下两种。

1. Online to Offline（线上到线下）模式

这是 O2O 营销的普遍形式，将消费者从线上引流到线下实体店进行消费，具体的交易流程如图 13-4 所示。实体商家与线上平台（如网站、App 等）合作，在线上平台发布商品信息，消费者利用互联网在线上平台搜索相关商品，在线购买心仪的商品，在线完成支付。线上平台向消费者手机发送密码或二维码等数字凭证，消费者持该数字凭证到实体店消费。大众点评、美团等平台是这种 O2O 营销的典型代表。

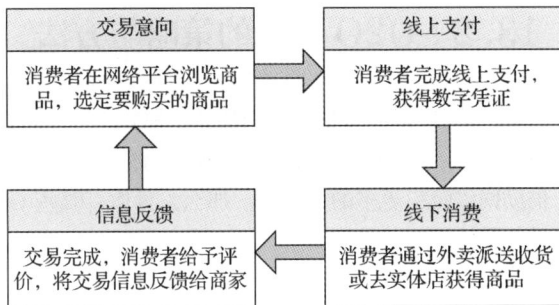

图 13-4　线上到线下模式交易流程图

2. Offline to Online（线下到线上）模式

这种模式是在 O2O 发展的过程中逐步兴起的，又被称为反向 O2O。它将消费者从线下吸引到线上，即消费者在实体店体验后，选择好商品，在线上平台进行交易并完成支付。例如，可口可乐开盖礼、麦当劳支付宝付款、母婴店扫描二维码加会员下单等都是反向 O2O 的典型案例。

值得注意的是，O2O 营销的价值并不仅仅在于通过线上展示和线下体验更好地连接消费者与商家，而是商家给消费者提供系统性的贯穿于整个交易流程的完整服务，包括售后的产品维护等。只有这样完整的购物体验和服务，消费者才更乐意分享，从而进行口碑的二次传播和持续购买。

📚 案例分析

美团外卖的 O2O 营销

餐饮 O2O（Online to Offline）模式即线上到线下的餐饮模式，是指通过互联网线上平台提供订餐、外卖等服务，将线下实体餐厅与线上消费者相连接。近些年，随着移动互联网的迅猛发展，餐饮 O2O 模式在全球范围内快速兴起，并深受用户的喜爱。

美团外卖是我国首家运用餐饮 O2O 模式的互联网公司。美团外卖通过手机 App 和网页端的在线订餐平台，满足用户在家或办公室的需求，提供方便快捷的美食外卖服务。首先，美团外卖通过与各大餐饮店进行合作，整合线下的餐饮资源，为用户提供多样化的美食选择。用户可以通过美团外卖 App 在线浏览附近参与合作的餐厅，选择自己喜欢的菜品，下单付款后，美团外卖将会将定好的订单信息和用户送达地址传递给对应的餐厅，餐厅负责制作和配送食物。这样的模式可以大大提高用户的订餐效率。其次，美团外卖通过与第三方物流公司合作，建立高效配送体系。在用户下单之后，第三方物流公司会根据用户的配送地址和餐厅的制作速度进行调配，以最短的时间将外卖送达用户手中。这种高效的配送体系极大地提升了用户的使用体验，让用户在忙碌的工作生活中能够方便地享受美食。最后，美团外卖通过积分和优惠券等营销手段来吸引用户。用户使用美团外卖 App 订餐后，可以获得一定的积分，积分可以用来抵扣后续订单的金额；同时，美团外卖还会不定期地推出各种优惠券活动，用户可以参与活动获取优惠券并在下单时使用。这样的营销手段让用户觉得同时享受到了便捷和实惠。

案例分析：餐饮 O2O 模式的成功要素主要包括：合作餐厅资源整合、高效的配送系统，以及营销手段的运用。这种模式不仅帮助用户方便快捷地享受美食，也给餐厅带来了更广阔的市场和销售渠道。其他餐饮企业可以借鉴美团外卖的经验，结合自身的特点和需求，开展线上和线下的联动，提升用户体验，增加营收和市场份额。

13.2　O2O 营销的策略与方法

在互联网时代，O2O 营销成为互联网领域最具潜力的营销模式之一。相对于实体商店传统的"等客上门"营销模式，O2O 营销代表着一种新的营销逻辑。许多企业开始利用这种营销模式，借助网络吸引更多的消费者。那么，具体有哪些 O2O 营销的策略与方法呢？下面将进行具体介绍。

微课堂

O2O 营销的策略与方法

13.2.1　O2O 线上推广

要做好 O2O 营销，消费者使用什么样的网络工具，企业就必须使用相同的在线工具。在移动互联网时代，网站、手机 App、微信、微博等都是 O2O 营销的工具，是产品或服务的传播渠道。下面具体介绍 O2O 线上推广的方法。

1. 自建网上商城——与线下实体店对接

企业在互联网上建立自己的网上商城，在线上对产品及服务进行宣传推广，消费者在该平台下单后，可以选择到实体店体验消费，也可以直接享受送货上门的服务。一般大型连锁加盟的生活服务类企业会采用这种自建网上商城的方式，从而有效地将线上平台与线下实体店实时对接。由于是自己的网站平台，商家对网站的管理很便利，对目标消费者的营销针对性很强，但企业自建 O2O 网上商城需要投入较多的资金。

2. 创建自有 App——充分利用移动互联网

在智能手机高度普及的今天，使用手机上网的人越来越多。无论是学习教育还是衣食住行，各大企业均不断推出各种手机 App，如图 13-5 所示，希望能够在移动互联网中占有一席之地，营销大战也从 PC 端转移到了手机移动端。例如，一张共享单车 App 的手机截图曾蹿红网络。在这张截图上，20 多个共享单车应用的图标占满了整个手机屏幕，可见自有手机 App 已然成为企业开展营销活动的重要工具，如图 13-6 所示。

图 13-5　各种手机 App

图 13-6　共享单车 App

3. 借势社会化营销——聚集人气

社会化营销是一种以消费者为中心的营销模式，采用集广告、促销、公关、推广于一体的营销手段，是典型的整合营销行为，只不过是在精准定位的基础上开展的，且偏重于口碑效应的传播。社会化营销的经典媒介包括论坛、微博、微信、博客、校内网、SNS 社区等。O2O 社会化营销在数字化营销的基础上，更关注利用线上和线下资源探索消费者个性化内容，找到目标客户群。与其他营销方式相比，O2O 社会化营销更加注重满足不同消费者的心理需求，进行个性化营销，其常用技巧如表 13-1 所示。

表 13-1　O2O 社会化营销的常用技巧

不同类别的消费者	营销技巧
爱吃的消费者	免费试吃、美食推荐
节约的消费者	秒杀、免费领、团购
较少出门的消费者	手机购物、送货上门
有情感需求的消费者	节日问候、贺卡祝福
追求享受的消费者	高级会员、奢侈品推广
好奇心强的消费者	悬念营销
关注娱乐新闻的消费者	邀请名人
注重养生的消费者	保健博文、养生话题
努力上进的消费者	励志软文
爱美的消费者	美妆、潮流
需要送礼的消费者	包装精美的礼品

社会化网络可以实现社交分享、维护关系、召集活动等，从而拉动消费。营销企业应与用户使用同样的在线工具。例如，微信拥有超十亿用户，走在大街上，基本每个人都在使用微信，一时间，微信营销成为各企业的重要法宝。内容营销强于广告，可激发用户分享。企业利用好微信、微博等社会化媒介可以在短时间内收到意想不到的效果。华美食品开展的"会说话的月饼"微活动，就是利用多种网络媒体平台，带领消费者一起体验了一场前所未有的互联网思维创意祝福活动。

华美食品在临近中秋节之际，用微信、微博、微视举办了一场促销活动——华美"会说话的月饼"，具体过程如下。

（1）用户购买华美月饼，扫描二维码进入华美微信服务号活动主页面。

（2）用户拍摄微视频短片，录制并上传祝福视频，复制微视频祝福链接，输入华美月饼独有的祝福编码，提交。

（3）用户分享祝福到朋友圈，就有机会抽取华美食品提供的丰厚奖品。而收到月饼礼物的用户，扫描二维码即可查看祝福视频。

华美"会说话的月饼"活动在网络上掀起了一场前所未有的浪潮，使越来越多的消费者加入了买月饼送祝福活动的热潮中。全新的祝福方式广受年轻人的喜爱，并且还吸引了许多网络红人参与。

月饼原本是节令性食品，华美食品"会说话的月饼"凭一次全新的创意祝福活动及过硬的品质与服务，创造了一个前所未有的销售高峰。

营销活动融合互联网思维，是一场空前的、历史性的改革。如果企业依然保有传统的营销方式，没有突破，没有创新，其营销将会举步维艰。然而，要做好 O2O 社会化营销，企业也需要有创意、执行力、公信度、传播面，同时要树立精品意识，减少用户参与互动的疲劳感。

4. 借助第三方消费点评网站——实施口碑营销

O2O商业模式主要是针对消费者的吃喝玩乐，瞄准了服务行业中生活服务这片市场的"蓝海"。生活服务类市场因其多元化的需求和庞大的消费群体，展现出巨大的增长潜力和销售空间。生活服务类商品适合利用口碑营销的模式进行推广，即第三方消费点评网站通过信息分类、优惠折扣、团购等手段为消费者提供商家信息，利用口碑分享来帮助商家推广。常见的点评网站主要有大众点评、美团、口碑、饿了么等。用户可以在这些点评网站上查找附近的商家信息，阅读其他用户的评价，并分享自己的消费体验。

5. 开展促销活动——优惠拉动消费

俗话说"货比三家"，在互联网飞速发展的今天，"货比百家"已经实现。对于企业来说，价格策略仍然是见效最快、最能拉动消费的方法之一。在这方面，某打车软件的做法值得很多企业学习借鉴。用户使用该打车软件并分享红包，即可领取优惠券；邀请好友助力，可领出行券；可1元购买90元券包，也可邀朋友拼团，每人花费0.01元即可得到上述优惠券包……一个个看似简单的活动，最终衍生为既能传播品牌，又能激活老用户，还能实现以老带新，抢占市场份额，甚至可以成为商业化变现或推动跨界合作、品牌合作的利器。

13.2.2　O2O线下培育

对于O2O营销来说，企业也应准确地定位自己的用户群体。用户在哪里，企业就要去哪里，能否对目标用户进行精准定位决定了一个商业模式的成败。

1. 体验营销

体验营销是一种通过提供个性化的体验和感受来吸引和留住消费者的新型营销方式。实施体验营销的企业，注重在产品或服务中融入更多的体验元素，从而让消费者在购买或使用过程中获得更多的乐趣和满足感。

在O2O营销中融入体验营销理念，让消费者在购买及消费过程中获得更好的感受，不仅能够提升消费者的满意度，而且还能够促成线下用户向线上用户的转换，实现反向O2O。在这方面，M服饰的做法值得借鉴。

以"不走寻常路"著称的M服饰提出了"生活体验店+App"的O2O模式。该模式通过在优质商圈建立生活体验店，为到店用户提供Wi-Fi、平板电脑、咖啡等便利的生活服务和消费体验，吸引用户长时间留在店内使用平板电脑或手机上网，登录并下载品牌自有App，以此实现线下用户向线上用户的转化。"生活体验店+App"的O2O模式在服装零售O2O领域是一个大胆、新颖的尝试，在这种模式下，门店将不再局限于静态的线下体验，不再是简单的购物场所，同时也是用户可以惬意上网和休息的休闲之地。这可以增加M服饰App的下载量，提高用户的手机网购使用率和下单量。

2. 会员卡应用

商家通过积累、分析会员信息，可以采用E-mail、电话、短信等方式有针对性地给相应用户发送产品信息，深度挖掘用户需求，维护用户关系。会员卡应用是一种长期的促销手段。当然，会员卡不必为实体卡片，商家可以采用电子会员卡的形式，如扫描二维码、关注公众号、注册手机号成为会员等。商家通过会员信息，可以更加方便地掌握用户的地理位置信息、到店消费信息等，利用折扣优惠吸引用户再次消费。

3. 粉丝模式

粉丝模式是指商家把O2O工具（第三方O2O平台、自有App等）作为自己的粉丝平台，利用一系列推广手段吸引线下用户不断加入，通过品牌传播、新品发布和内容维护等社会化手段吸引粉丝，定期给粉丝推送优惠和新品信息等以实施精准营销，吸引粉丝直接通过 App 购买商品，如图 13-7 所示。

图 13-7　粉丝模式

　　粉丝模式利用社会化平台的粉丝聚集功能，通过门店对现场用户进行引导，然后通过粉丝在线互动增强黏性。这样在新品发布、优惠活动或精准推荐的拉动下，商家可以提高移动端的销售能力。其中，服装品牌歌莉娅的做法可供参考。歌莉娅在 O2O 方面选择了与阿里巴巴旗下的微淘合作，在精选出的全国各地近百家门店内摆放了微淘活动物料，吸引到店顾客扫描门店内的二维码成为歌莉娅微淘粉丝，随时接收歌莉娅的新品推荐、活动发布、穿衣搭配建议等信息。微淘的推荐链接可以直接指向歌莉娅天猫旗舰店，促进用户直接下单。据统计，短短 5 天的活动让歌莉娅的粉丝增长了 20 万人，活动期间共有超过 110 万用户打开手机访问了歌莉娅天猫旗舰店。

　　4. 二维码

　　随着移动互联网的发展，二维码在商店、地铁、报纸等处随处可见，用户通过手机扫描二维码可以浏览产品或服务的信息，并可以获取优惠折扣。二维码形成了"无处不渠道，事事皆营销"的营销新态势。二维码凭借体积小、信息含量大的优势，既方便商家存储产品或服务信息，也方便用户消费，成为商家将用户从线下引流到线上的便捷工具。在这方面，E 超市的阳光二维码定时促销就是一个将用户从线下引到线上的典型案例。

　　E 超市是一家超大型连锁超市，其注意到在中午时段的销售规模明显下降，于是思考如何能够扩大该时段的销售规模。随后 E 超市设计了一个柱状物体，利用阳光和阴影形成一个只在 12：00—13：00 才出现的二维码优惠券，以趣味性吸引用户，并以折扣促进该时段的销售。它将这些实物二维码放置在首尔街头的某些地方，利用阳光照射的阴影形成别具一格的二维码图形。用户用手机扫码后，会被引导至手机购物的网页，获得各种优惠券。同时使用超市的 App 购物后，用户购买的商品可以直接被快递到家。

　　二维码凭借其一键连接线上线下的功能，大大提升了营销活动的趣味性和用户参与的便捷性，可以吸引众多用户参加商家的活动，便于商家与用户建立互动关系，最终创造有价值的用户体验。在未来的营销时代，二维码必将开辟一个巨大的市场，开创营销服务的新天地。

　　5. 新技术赋能

　　人工智能、虚拟现实、大数据等先进信息技术，能够实现"智能体验、全域运营、导购分销、数字营销"的融合，帮助传统门店快速形成"从在店到离店""从线上到线下""门店+网店"24 小时全天候的服务能力，从而为用户带来更好的消费体验。

13.2.3　O2O"闭环"

　　如果没有线上的产品展示，消费者将很难获得商家信息；如果没有线下实体店的产品体验，线上交易也只能建立在空谈之上。在 O2O 营销的过程中，要做到线上线下互动并非易事，这要求线上平台功能健全、线下服务创新实用。O2O 营销需要线上到线下的双向借力，线上线下的"闭环"营销才是 O2O 营销的核心。例如，很多企业不仅通过官网、官方微博、博客、微信公众号等线上方式营销产品，也通过传统的报纸、传单、公交站牌、线下体验店等线下方式宣传产品，大大提高了产品的出镜率，吸引了目标人群。

O2O 闭环是要实现两个 O 之间的对接和循环。线上的宣传营销活动，将消费者引流到线下消费，从而达成交易。然而，这只是一次 O2O 模式的交易，未实现闭环；要做到闭环，商家需要将消费者再从线下引回线上，如今消费者消费后对产品或服务做出评价，如此才实现了 O2O 闭环，也就是从线上到线下，然后又回到线上，如图 13-8 所示。

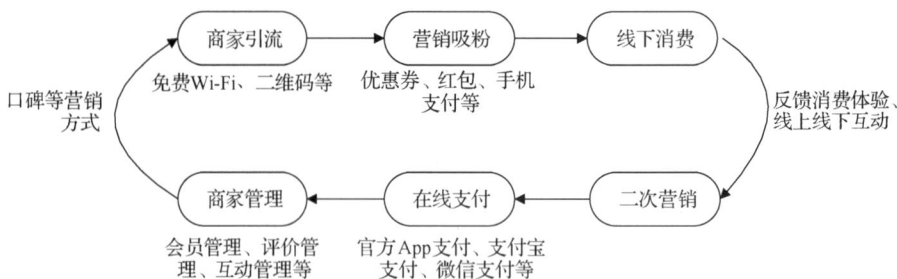

图 13-8　O2O 闭环

阅读资料 13-2　海尔消费金融 App 面世，为打造 O2O 闭环铺路

海尔消费金融 App 针对用户"痛点"，全面打通线上无纸化申请和快速审批全流程。用户只需打开海尔消费金融 App，按照办理流程完成注册账号—实名认证—激活额度—申请贷款四大步骤，最高可贷 20 万元，最快当天就可通过审核获取额度。

用户可以申请 50% 的额度变现，也可以直接在海尔消费金融的线上商城进行消费。此外，用户还可以通过内置搜索功能，查找离自己最近的线下网点。海尔消费金融布局的 3 000 多家线下网点的产品也支持使用额度支付，真正实现 0 元购物。用户只需每月 12 日前确保绑定的还款银行卡内有足够的余额，系统就能实现自动划扣。

此外，海尔消费金融致力于通过线上线下无缝对接，零时差提供消费金融服务。App 的上线不仅为用户提供更为便捷的线上申请、线上查询、线上线下消费、线上还款等服务，还对海尔消费金融打造一站式家庭消费金融生态圈、构建互联网金融 O2O 闭环有重要的推动作用。

据亿邦动力网了解，海尔消费金融将以家庭消费需求为核心，搭建家电、家装、家居、教育、健康、旅行等垂直化消费金融场景，汇聚了包括海尔家居家电产品线、红星美凯龙、有住网、绿城电商、犀牛电商、环球雅思、环球游学、新私享旅行等在内的诸多品牌，让用户能更轻松便捷地寻找到自己需要的 O2O 金融产品和服务。

资料来源：亿邦动力。

13.3　O2O 营销的应用实例

在移动互联网飞速发展的时代，O2O 商业模式成为企业抢夺移动互联网领域市场的利器。无论是传统实体企业还是电商企业，都看到了线上线下融合起来的巨大"钱景"，纷纷从人们的衣食住行等多个方面入手，在 O2O 领域"排兵布阵"，抢占市场先机。然而，"知易行难"，线上线下的完美融合并非易事。如果做得好，可以实现线上线下共赢；反之，则很有可能造成左右手相互抵触的窘境。如何完美地融合线上资源和线下资源仍是每个企业孜孜追求的目标。下面具体介绍两个 O2O 营销的典型案例，看看这两家企业的营销策略能够给我们带来哪些启示。

13.3.1 富春田翁农产品店 O2O 模式

随着互联网的普及，越来越多的生鲜农产品通过电商方便快捷地送达消费者。生鲜农产品电商模式有利于解决生鲜农产品买难卖难的问题，有助于改善生鲜农产品产业链，带动小农户有机衔接现代农业，实现生鲜农产品流通效率提升，不断提高农业产业竞争力，对于推进乡村产业发展、促进乡村全面振兴和共同富裕有着巨大作用。

按照交易主体的不同，生鲜农产品电商一般分为三类：B2C 模式、O2O 模式和 C2B 模式。本案例以位于杭州近郊的杭州盘古生态农业开发有限公司（以下简称"盘古公司"）运营的"富春田翁农产品店"为研究对象，对其生产、配送和销售的 O2O 模式进行解析。

1. 盘古公司发展概况

盘古公司是以蔬果的种植、加工、销售为主，兼有蔬果新品种、种植新技术引进与推广、土地流转等业务的农业龙头企业。公司成立于 2011 年，2014 年成立并运营电商销售平台"富春田翁农产品店"。2020 年电商平台销售额超 890 万元，2021 年通过团单、电商平台销售额达 1 200 万元。公司主要种植叶菜类和茄果类蔬菜及水果，年产叶菜类蔬菜 3 500 吨、茄果类蔬菜 2 000 吨，水果年产量 7 000 多吨，常年帮助基地周边的 40 余户大户销售各类蔬果，销往杭州主城区及江浙沪地区，2021 年销售额达 2 000 万元。盘古公司社区宣传现场如图 13-9 所示。

图 13-9 盘古公司社区宣传现场

2. "富春田翁农产品店"运营的主要做法

（1）坚持适度规模化的生产策略，确保农产品产量和质量

盘古公司生产基地位于浙江省杭州市富阳区东洲街道东洲岛上，生态环境优良，特别适宜农作物生长。公司成立之初，通过流转土地建立了 200 多亩农产品种植基地，后又通过土地整理、设施配套，吸引本地及外地种植大户承包土地，形成部分自种、部分外包的生产格局。基地所生产的农产品均可由盘古公司通过线上和线下统一销售，种植大户也可根据市场行情自行销售。为了保证农产品质量，盘古公司建立农产品检测中心，常年免费为周边基地大户提供农产品检测服务；同时成立农资供应部，为富阳及周边地区的基地提供优质种子、化肥、种植技术指导等服务。公司种植的多类蔬菜已通过"绿色食品认证"，基地先后获得"浙江名牌产品""浙江省科技型中小型企业"、省级乡村振兴"实训基地"、省级

"放心菜园"示范基地、"省供销系统百强基地"等荣誉称号。

2015 年，公司又牵头成立了杭州汉禾农产品专业合作社联合社，各类农产品种植面积达 1 500 亩以上，极大地带动了周边村民及种植大户的生产和销售，同时为平台提供更丰富多元的生鲜农产品货源。

（2）坚持高效率配送的服务策略，确保农产品新鲜和及时

盘古公司的生产基地距离富阳城区 6 千米，距杭州市 15 千米，交通极为便利。依托其优越的交通区位条件，盘古公司构建了以杭州主城区为核心市场、以江浙沪为拓展市场的农产品销售市场格局，提出了"吃当地，食当季"的口号，以期为消费者提供新鲜、自然、本土化的生鲜农产品。

在备货方面，"富春田翁农产品店"的生鲜产品采取"零库存"策略，即前一天晚上接单统计、报单备货，第二天早晨分装打包，当天配送到户，保证了食材的新鲜。在配送方面，盘古公司以自营物流加与顺丰物流合作的形式形成了高效及时的配送体系。

通过线上线下融合发展方式，盘古公司着力打造"富春田翁"农产品品牌。目前"富春田翁农产品店"的粉丝已经过万人，复购率已达 60%，大家对这一平台最多的评价就是"配送及时""吃得新鲜"。

（3）坚持数字化赋能的营销策略，确保客源高黏度和高复购率

从 2021 年开始，越来越多的沪、杭等地区客户在电商平台下单，盘古公司慢慢将销售范围拓展至杭州主城区以外的江浙沪市场。为此，公司从 2021 年开始与顺丰物流合作，为江浙沪消费者送去杭州地区优质、安全、绿色的农产品。电商配送平台经过多年发展，已与杭州地区多家农产品种植及加工企业建立合作关系，累计上架了 60 多类 500 余种杭州地区优质特色农产品，让部分耐储存、有特色的农产品销往更多更远的地区，让更多的顾客能品尝到优质农产品。

通过"富春田翁农产品店"积累的居民、企业消费数据库，盘古公司可了解所服务的每个家庭、每个单位的消费特点，建立精准的消费者画像。电商平台的数字化赋能，一方面使盘古公司可使用最少的服务人员运营电商平台，从而最大程度降低人工费用；另一方面，盘古公司通过电商平台销售数据分析，反过来指导公司自营及所关联的村民和种植大户的生产计划，通过精准的产销对接，实现农产品种得好、卖得出，消费者吃得好、黏性强、复购率高。

3. "富春田翁农产品店"运营启示

生鲜农产品电商发展的主要瓶颈是生鲜农产品流通环节过多及流通成本居高不下。盘古公司通过"富春田翁农产品店"电商平台和社区团购的运营，改变了以农产品批发市场为主的销售方式，通过电商平台直达消费者，大大减少了流通环节，并通过"零库存"备货及高效物流配送体系的构建，大大减少了生鲜农产品的损耗率，显著降低了流通成本，使消费者可享受到新鲜、优质、及时的生鲜农产品，提高了消费者的黏度和复购率。

"富春田翁农产品店"的运营以盘古公司为关键节点，一头连着富阳本土的农村社区生产主体，以适度规模化和社区组织化保障了农产品生产的产量和品质，为生鲜农产品电商化发展奠定基础；另一头通过服务以杭州主城区为核心的城市社区消费主体，以电商平台数据形成精准消费者画像，反过来指导生产主体的生产计划及构建高效的物流配送体系。由此，盘古公司建立起了根植于城乡社区的从生产端到消费端的完整产业链条，形成了富有生命力的适度规模 O2O 电商模式。这一模式对城郊地区农业经营主体如何通过电商化促进生产和销售具有一定的借鉴意义。

资料来源：郑军南，张官良，何见妹. 城郊地区适度规模生鲜农产品电商 O2O 模式解析—— 以"富春田翁农产品店"发展为例. 中国农民合作社，2022（09）：36-38。

11.3.2 永辉超市试水 O2O

永辉超市成立于 2001 年，是我国较早将生鲜农产品引进现代超市的流通企业之一，目前已发展成为

以零售业为龙头，以现代物流为支撑，以实业开发为基础的大型集团企业。永辉超市初次尝试拓展自己的 O2O 业务是在 2013 年 5 月，然而仅仅上线不满百日的"半边天"因为销售额不佳，产品大多内损导致亏损严重而悄然下线。

在初次尝试失败之后，永辉超市调整发展战略卷土重来，在 2014 年 1 月以"永辉微店"重新上线其 O2O 业务。作为一个全新的 O2O 业务平台，"永辉微店"将线上微店选购、线下实体店提货融合起来，使消费者可以在线上以微店为输入端，下订单之后在线下的任意一家永辉超市实体店进行取货。该项业务率先在福州地区的 8 家门店上线试运行。消费者通过 App 下单，基本可实现货物"半日送达"。同年，永辉超市引入了亚洲第一套"JOYA"自助购物系统、自助收银系统、自助会员建卡发卡系统、自助查价机等，并且接入微信及支付宝打通支付环节，从而形成线上线下的消费闭环。

到了 2015 年，随着国家明确提出"互联网+"概念，永辉超市开始推动 O2O 项目的上线，发展"实体店+互联网应用"，并开始支持各种创新业务，包括海淘和"中央厨房"等。2015 年 12 月，永辉超市与京东 O2O 正式合作，永辉超市北京首店上线京东到家 App 并开始正式运营，双方通过资源互补，在全国范围内拓展生鲜 O2O 市场。

2016 年，永辉超市不再满足于单一的线上 App 平台，陆续推出了永辉生意人、永辉到家、永辉管家等多款网络化服务产品，分别上线了 App，并且上马了"永辉数据中心""供零在线"运维监控平台"Zabbix"，并且入股福建地区的第一家民营银行——福建华通银行。

2017 年年初，今日资本投资永辉云创，持股 12%。获得大笔资金之后，永辉超市开始加速孵化"超级物种"，打造云创生活等项目。其中"超级物种"是永辉超市在互联网和新零售方面布局最多、投入最大的项目。在这个和阿里巴巴的盒马生鲜类似的体验式生鲜卖场里，集合了多种类型的特色"工坊"，组成了永辉特色的产品生态体系。到 2018 年 11 月，"超级物种"全国门店已经开业 59 家，计划开店数量 100 家，线上线下同时经营，声势浩大，成了市场上的明星项目。2018 年 12 月，永辉超市以 35.31 亿元的价格购入万达商管 6 791 万股股份。通过入股万达商管，永辉超市夯实了未来在线下深化布局的基础。

由于生鲜 O2O 对生鲜品种、定位人群的限制很大，为了应对这种挑战，有效解决生鲜损耗和物流成本，永辉超市将消费者分流到就近的社区，让消费者自行取货。永辉超市从 2001 年创立以来，不仅没有回避生鲜品的经营，反而面对挑战将其作为市场切入点和最重要的卖点，并采用完全自营的方式来经营。其 O2O 模式的核心就在于，以零售终端作为流通供应链的主导者，通过对供应链采购管理、物流管理和销售管理三大核心环节的建设、整合与优化，实现生鲜产品流通全过程的高效率和低成本，从而获得低价格、低损耗、高毛利的"两低一高"竞争优势。在 O2O 模式运营的过程中，永辉超市以产品资源为核心，以生鲜产品作为自身的特色，凭借其对生鲜产品的经营管理能力来带动其他产品的销售。永辉超市利用自身的供应链和实体门店，来提高消费者的购物体验。

尽管当前生鲜电商在整个生鲜零售市场的渗透率仅有 5% 左右，但随着对线上消费习惯的培育，线上将成为未来重要的生鲜销售渠道之一已经毋庸置疑。面对新挑战，面对更广阔的未来，永辉超市要如何把握新兴消费群体，如何顺应新的消费趋势？

永辉超市在 20 周年内部信中给出了答案——提升、科技、支撑能力，加快数字化转型，加大"线上店"投入，推进线上线下全渠道融合发展，打造"手机里的永辉"。

一方面，永辉超市正持续通过云化、智能等技术手段完善数字化门店建设，提升门店管理效率及用户购物体验；另一方面，永辉超市也在通过建设线上线下全渠道营运营销平台，全力支持到家、到店业务。在重庆、成都、福州这三大标杆城市，永辉超市以"永辉生活"为抓手、营销为驱动，打通供应链资源、聚焦履约基础能力打造、全面推进全渠道数字化转型战略。

财报显示，2023 年第一季度，永辉超市线上业务营收 40.2 亿元，占比 16.9%，日均 46.9 万单，客单价提升 6%。"永辉生活"自营到家业务已覆盖 952 家门店，实现销售额 19.5 亿元，日均单量 27.3 万单；第三方平台到家业务已覆盖 942 家门店，实现销售额 20.7 亿元，日均单量 19.6 万单。"永辉生活"注册会员数已突破 1.05 亿户。

本章实训

【实训主题】O2O 营销的策略与方法

【实训目的】通过实训，掌握 O2O 营销的策略与方法，能够以小组为单位完成 O2O 营销策划方案。

【实训内容及过程】

（1）以小组为单位组建任务实训团队。

（2）阅读以下材料：小明和小亮是兄弟俩，小明是哥哥，比小亮大五岁。小明学习不好，上完高中后在家人的资助下开了社区超市。小亮学习优秀，以优异的成绩考上了南开大学商学院市场营销专业。大三寒假期间小亮到哥哥小明的超市帮忙，发现生意非常冷清，而隔壁王哥家生意却异常火爆。都是超市，面对的是同样的消费群体，商品的价格又相差无几，为何哥哥的生意就比不过王哥呢？小亮决定一探究竟。经调查发现，王哥采用了 O2O 的营销模式。消费者通过王哥超市建立的在线平台就可搜索商品和在线购买，这极大地方便了消费者购物。小亮终于知道哥哥生意不景气的原因了，他觉得哥哥也要开展 O2O 营销，否则很难与王哥竞争。

（3）根据上述材料，为小明的超市完成 O2O 营销策划方案，重点阐述营销策略与方法部分。

（4）各团队分享策划书，由同学们在课下讨论。

【实训成果】

实训作业——《××社区超市 O2O 营销策划方案》。

练习题

一、单选题

1．O2O 营销的核心是（　　）。

    A．利用网络寻找消费者　　　　　　　　　　B．O2O 电子商务平台

    C．线下实体商家　　　　　　　　　　　　　D．在线支付

2．O2O 商业模式主要瞄准了服务行业中（　　）这片市场"蓝海"。

    A．公共服务　　　　　B．生活服务　　　　　C．医疗服务　　　　　D．金融服务

3．O2O 营销是一种利用网络争取线下用户和市场的新兴商业模式，下列不属于 O2O 营销特点的是（　　）。

    A．商品及服务由线下的实体商店提供，质量有保障

    B．营销效果不可查，交易流程不易跟踪

    C．商品信息丰富、全面，方便消费者"货比三家"

    D．宣传及展示机会更多，帮助商家寻找消费者，降低经营成本

4．O2O 电子商务模式的实质是将用户引流到（　　）。

    A．微信平台　　　　　B．实体店　　　　　　C．购物网站　　　　　D．以上均不正确

5．通过（　　　），可形成"无处不渠道，事事皆营销"的新态势。

  A．精准营销   B．粉丝模式   C．二维码   D．LBS

二、多选题

1．O2O 营销的要素主要包括（　　　）。

  A．O2O 电子商务平台   B．线下实体商家

  C．消费者   D．在线支付

  E．资本

2．我国较早采用 O2O 模式的企业是（　　　），其"线上下单、线下消费"的商业模式也被业界称为典型的 O2O 商业模式。

  A．大众点评网 B．当当网   C．拼多多

  D．阿里巴巴   E．携程

3．O2O 线上推广常用的方法主要有（　　　）。

  A．自建网上商城 B．微博营销   C．微信营销

  D．设立线下体验店 E．借助第三方消费点评网站

三、名词解释

1．O2O 2．Online to Offline 模式 3．Offline to Online 模式 4．粉丝模式 5．O2O 闭环

四、简答及论述题

1．哪些行业适合采用 O2O 模式？为什么？

2．O2O 模式的特点是什么？

3．O2O 营销闭环是如何实现的？

4．试论述 O2O 营销线上推广的方法。

5．结合富春田翁农产品店 O2O 模式案例，试述生鲜农产品的 O2O 模式运营策略。

案例讨论

连州农特产 O2O 体验中心揭牌运营

  乘八面来风，应万众期盼，2020 年 12 月 12 日，连州农特产 O2O 体验中心揭牌运营。该体验中心根据连州市省级电子商务进农村综合示范县（市）—推动农村产品上行建设要求构建而成，总面积达 1 300 多平方米，包含"连州农特产产品展示厅、清远市工程研发中心、广东省博士站"。在全面解决连州农特产线上线下销售、深加工新品研发、品牌建设等问题的同时，帮助连州市完善农村电子商务服务体系建设，优化农村电子商务发展环境。

  近年来，连州市以农业供给侧结构性改革为主线，以增加农民收入为核心，不断完善农村电子商务服务体系建设，加快推进电子商务进农村综合示范工作，农村电子商务发展环境进一步优化，精准扶贫工作取得实效。

  连州物产种类丰富，有连州菜心、东陂腊味、玉竹、百合、沙坊粉、星子红葱、砂糖橘等。该电子商务 O2O 体验中心将以"互联网+旅游+农特产品"的线上、线下互动模式，有效推动特色产品走出连州，打造特色农产品销售全产业链，构建连州"互联网+"新经济体系，促进连州农业提质升级。

  体验中心以"政府监督主导、企业参与运营"的模式，最大限度保障中心农特产品品质、特色，及对游客提供精准、便捷、完善的服务，从而形成口碑效应带动线上流量，积极打造连州农特产品品牌建

设，推动连州市名特优农产品上行，对连州市农村电子商务发展起积极带头示范作用，带动乡村农副产品进城，为解决城乡二元结构矛盾，最终实现"精确扶贫、美丽乡村"目标贡献应有力量。

揭牌仪式上，连州市领导表示，连州市农特产 O2O 体验中心，既是连州特色现代农业开拓市场的创新方法，也是助推连州脱贫攻坚工作的载体。连州一定要以体验中心揭牌运营为契机，深度融合"产业+电商+扶贫"，切实解决产业小、散、弱问题，充分发挥该平台作用和孵化器功能，把公共服务中心建设好、运营好，探索出一条适合实际、符合市场发展规律的电商发展"连州新模式"，通过线上与线下结合、上行与下行结合、销售与生产结合、传统与现代结合，畅通产品流通渠道，有效推动特色产品走出连州，走向全国。

当天，在连州农特产展示厅内汇聚了连州当地名特优新、地标保护、无公害、有机、绿色农特产品及其深加工产品，嘉宾们通过面对面零距离的亲身体验，在现场试饮、试吃、看样品、选购下单，以及享受物流配送到家服务，直接感受到连州农特产及其深加工产品的优良品质，体验中心也实现了游客线下至线上的引领、持续性消费引流，形成了良好的口碑效应。

资料来源：清远日报。

思考讨论题：

1. 农特产品开展 O2O 营销需要注意哪些问题？
2. 连州农特产 O2O 体验中心揭牌运营具有哪些示范效应？

第 14 章 其他网络营销工具与方法

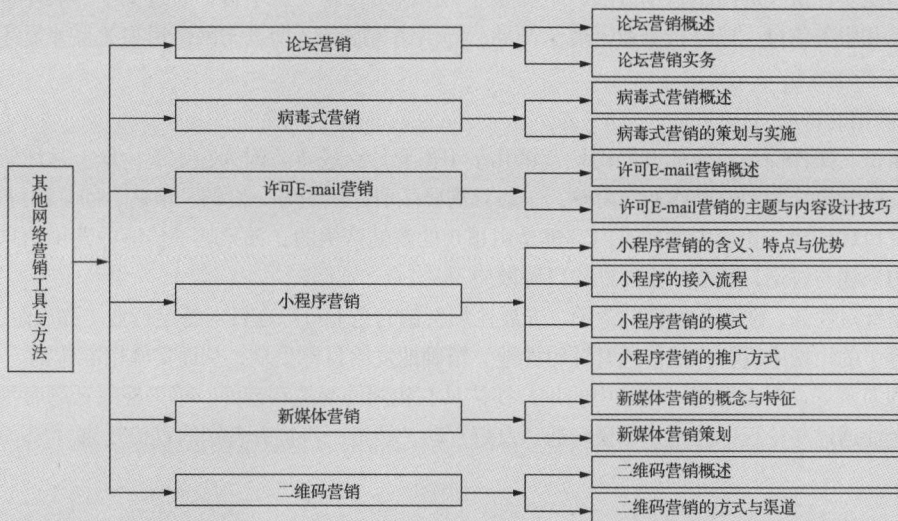

学习目标

【知识目标】

（1）掌握论坛营销的概念与操作流程。

（2）掌握病毒式营销的概念与策划要点。

（3）熟悉许可 E-mail 营销的主题与内容设计技巧。

（4）了解小程序营销的接入流程与推广方式。

（5）熟悉新媒体营销的概念与特征。

（6）熟悉二维码营销的方式与渠道。

【素质目标】

（1）培养持续关注网络营销热点的意识。

（2）提高对新生事物的敏感度和洞察力。

（3）建立新媒体营销思维模式。

知识结构图

开篇案例

A 电商的小程序营销

小程序是在微信平台上实现的一种轻应用形态，具有实时通信、安全可靠、快速启动等特点。用户无须下载小程序即可使用，使用体验极佳，是企业开展网络营销的有力工具。A 电商采用小程序营销，将网络购物与社交元素相融合，为用户提供了更加有趣和便利的购物选项。

A 电商小程序营销完美契合微信小程序"用完即走"的定位，简化了用户操作，提升了用户体验。A 电商通过小程序推出了一系列的拼团活动，如"砍价""拼单"等，吸引了很多消费者的关注。小程序让消费者可以更加方便地参与 A 电商的团购活动，在降低消费者购买成本的同时，还帮助商家提高了产品的知名度和销量。

A 电商小程序通过微信好友和微信群分享，实现了裂变传播，迅速打造口碑效应。这种方式充分利用了微信平台的用户流量，使 A 电商的品牌和产品能够快速、广泛地被人们所认识和接受。

A 电商还利用小程序的社交功能，让用户之间互相分享、推荐商品和活动，进一步提高了品牌影响力。A 电商小程序推出了"拼爱心""拼学费"等社交功能，加强了用户之间的联系和社交互动；A 电商小程序还推出了"天天领现金"活动，用户可以通过抽奖、签到等多种方式领取现金红包。这样既增加了用户的参与度，也提高了用户的购买积极性。

14.1　论坛营销

论坛营销（BBS Marketing）伴随着论坛的产生而兴起和发展，虽然是网络营销中较为简单和原始的推广手段，却以易上手、实用性强、性价比高而一直沿用至今，逐渐成为众多网络营销方法中不可或缺的一种。

论坛营销

14.1.1　论坛营销概述

1. 论坛营销的含义

论坛营销是一种常见的网络营销方法，是指企业利用网络论坛交流平台，通过文字、图片、视频等方式发布产品和服务信息，以宣传企业、展示产品、提供销售服务、增进与网络用户关系并最终促成产品销售的网络营销行为。

2. 论坛营销的特点

（1）成本低，操作简单。企业开展论坛营销几乎不需要什么成本，因为在主流论坛上从注册到发帖都是免费的。同时论坛营销的操作非常简单，一般只需要注册论坛账号、发帖、顶帖、回复即可。

（2）适宜口碑传播。论坛内的所有内容都是由用户的发帖产生的，如果帖子传递的营销信息能够成功激起用户的兴趣与讨论，就会产生良好的口碑效应。

（3）传播针对性强，便于开展精准营销。开展论坛营销的企业可以在针对特定行业（如旅游、健康、餐饮、培训等）的论坛中发帖，把信息有针对性地、精确地发给目标受众，从而实施精准营销。

（4）沟通氛围好，互动性强。论坛中的用户往往具有相同的兴趣和爱好，感兴趣的话题容易引发大家的共鸣。企业通过与论坛中的用户积极沟通、友好互动，能进一步提升营销的宣传效果。

14.1.2 论坛营销实务

1. 开展论坛营销前的准备工作

开展论坛营销前的准备工作很重要，是决定论坛营销成败的关键。

（1）确定论坛营销的目标。确定目标是开展论坛营销的第一步。和其他营销方式的目标一样，论坛营销的最终目标也是促进销售，但在不同阶段，论坛营销的具体目标还是有很大差异的。到底是增加流量、注册量，还是提升品牌知名度、塑造良好的口碑等，都要视具体情况而定。

（2）了解论坛营销的产品。开展论坛营销的企业要对产品的性能、质量、销售亮点、存在的不足等进行充分了解，这样才能在后期的论坛营销中将产品客观、诚恳地介绍给目标受众。

（3）了解目标用户在论坛中的行为与需求。开展论坛营销之前，企业应弄清楚目标用户聚集在哪些论坛，用户在论坛里喜欢做什么，他们喜欢什么样的话题、资源及内容等。而且企业还要了解论坛用户最有共性的问题有哪些，哪些问题是最需要解决的，以及企业能解决其中的哪些问题等。

（4）了解竞争对手。所谓"知己知彼，百战不殆"，企业在开展论坛营销前要了解竞争对手有没有做过类似的推广、效果如何等，还要分析他们具体的推广方式。

2. 论坛的选择

选择适宜的论坛开展营销非常重要，企业在筛选时应注意以下几点。

（1）论坛数量要适宜。目标论坛数量不是越多越好，企业要量力而行，根据自身的人力、物力而定；否则选择太多的论坛，企业无力维护，反而成为营销的负担。选择论坛时要优先考虑有潜在客户的论坛、人气旺的论坛、有签名功能的论坛、有修改功能的论坛以及有链接功能的论坛等。

（2）论坛质量很关键。论坛质量是营销的关键，判断论坛质量高低要看论坛氛围如何，用户群是否集中、精确等。

（3）论坛大小不是决定性因素。论坛不一定越大越好。不要忽略小的论坛和地方性论坛。很多企业做推广的时候不愿意在小论坛、地方性论坛上发帖。其实地方性论坛、小论坛的影响力虽然有限，但可能是企业目标客户集中的地方，而且相对大论坛来说，其限制也更少。

（4）尽量选择人气旺的论坛。论坛的人气往往是决定帖子能否火起来的首要因素。企业在开展论坛营销之前可以通过多种途径对目标论坛的人气进行分析，如通过网络文献、搜索引擎检索、咨询专业人士等，然后再对目标论坛进行选择。

3. 论坛账号注册

在论坛营销活动中，账号名称的重要性不言而喻。名字简单易记、富有特色，并且具有亲和力的论坛账号名称更容易被识别和记忆。论坛账号名称要尽量用中文，要易记且有特色。一般可以直接用公司名、产品名作为账号名称，当然也可以用一些富有特色、具有一定寓意的名称。尽量不要用晦涩难记的名称，最不推荐的是英文名或无意义的字母组合，那些随意打出的英文名或数字难以给人留下好的印象。

4. 熟悉目标论坛

企业选定论坛后，最好不要急于开展营销活动，如发布广告帖等，否则容易被禁言、封号。企业应先去了解论坛的特点和规则，以及论坛各板块的特点、差异和论坛用户的特点等，再根据所推广的产品类型，选择潜在客户群集中的板块，发布形式不同的内容，满足不同板块和人群的要求，从而高效率地进行论坛营销。

5. 撰写论坛帖

论坛帖的质量非常重要，它能直接影响论坛营销的效果。下面分别介绍两类常见的论坛帖的撰写技巧。

（1）硬广帖的撰写技巧。硬广帖可以利用高权重论坛做 SEO 长尾关键词的排名，

延伸学习

撰写软文贴应掌握的技巧

如在一些高权重的论坛上专门在广告板块发帖。注意要在标题中加入一些长尾关键词，内容中也要出现几次长尾关键词。一般一个帖子中最好只有1～3个关键词，标题出现一次长尾关键词。长尾关键词不要堆积，要自然一点，长尾关键词还可以在帖子的回复中出现几次。

（2）软文帖的撰写技巧。在论坛上发软文帖可降低帖子被删除的概率，所以企业一定要高度重视软文帖的写作。在撰写软文帖时应注意掌握的主要技巧包括：① 写好软文帖的标题；② 在卖点和用户需求间找到平衡点；③ 把握写作语气和词汇；④ 配图和排版；⑤ 合理布局关键词。

6. 如何做好发帖维护

（1）有选择地发广告。不要在论坛上随意发广告，尤其是广告性很强的帖子。基本上所有的网民都会排斥论坛广告，同时对发广告的人会产生抵触心理。为了避免被用户排斥甚至被封号，企业切勿在论坛上乱发广告。

（2）借助论坛意见领袖发帖。意见领袖又叫舆论领袖，是指在人际传播网络中经常为他人提供信息，同时对他人施加影响的"活跃分子"。意见领袖是论坛的中心，他们在大众传播效果的形成过程中起着重要的中介或过滤作用。由他们将信息扩散给受众，受众会更加容易接受，如意见领袖推荐的产品可能会被跟风购买等。

（3）长帖短发。在论坛中看帖的人大多缺乏耐心。太长的帖子，不管写得多么精妙，都很少有人能够坚持看完。所以企业一定要长帖短发，将一帖分成多帖，以跟帖或连载的形式发，每隔一段时间发一帖，让他人有所期待。

（4）注重负面信息的处理。在很多论坛里面，消费者在购买产品后，可能会发表对该产品的负面言论，这种负面言论通常会比正面言论获得更多关注。在进行论坛营销时要特别注意处理产品的负面信息，对有负面信息的帖子要及时跟帖澄清事实、消除误解。

（5）利用其他外部资源做好辅助推广。发布帖子后，企业可以在第一时间邀请论坛好友、QQ好友或微信好友等参与话题，以增加文章的浏览量和给予好评。为了增加分享量，每一个论坛中都会安装百度分享插件，企业可以通过百度分享把文章传递到站外。此外，企业可以在条件允许的情况下购买置顶帖，组织论坛发帖团队广为传播等。这些方法都会大幅度提高用户的参与度，提升最终的营销效果。

7. 论坛数据监控和营销效果总结

经过一段时间的论坛营销推广，企业需要知道在哪些论坛发过帖，这些帖子的宣传效果如何。这个时候就需要统计和管理，并分析营销成功或失败的原因，对帖子进行及时的维护。

14.2 病毒式营销

14.2.1 病毒式营销概述

1. 病毒式营销的概念

病毒式营销是一种常用的网络营销方法，其原理是通过"让大家告诉大家"的口口相传的用户口碑传播，利用网络的快速复制与传递功能让企业要传递的营销信息在互联网上像病毒一样迅速扩散与蔓延。病毒式营销常被用于网站推广、品牌推广、为新产品上市造势等营销实践中。需要注意的是，病毒式营销成功的关键是要关注用户的体验和感受，即是否能给受众带来积极的体验和感受。

2. 病毒式营销的特点

病毒式营销通过自发的方式向受众传递营销信息，因此它有一些区别于其他营销方式的特点与优势。

（1）推广成本低。病毒式营销与其他网络营销方式最大的区别就是它利用了目标受众的参与热情，由用户自发地对信息进行二次传播。这样原本应由企业承担的推广费用就转嫁到了外部媒体或受众身上，他们充当着免费的传播媒介，因此大大节省了企业的广告宣传费用。例如，法国高档矿泉水品牌依云，就采用病毒式营销的方式以极低的成本获得了良好的传播效果。

依云矿泉水通过营销短片《滑轮宝宝》（Roller Baby）首次尝试病毒式营销，设计者应用计算机三维动画技术，塑造了滑轮宝宝们可爱的形象。短片中一群穿着纸尿裤的可爱宝宝不仅玩起了轮滑，还摆出了各种酷酷的姿势，甚至大跳嘻哈，如图 14-1 所示。

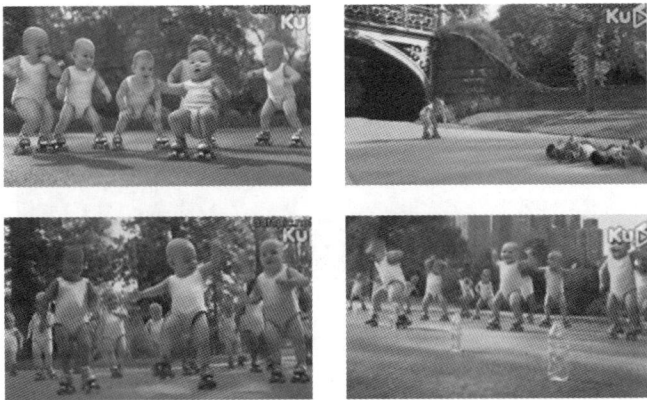

图 14-1 伊云矿泉水短视频截图

这段时长 60 秒的短视频在短短一周内点击率就超过了 600 万次，在推出后不到两个月的时间里，浏览量就超过了 2 500 万次。这在当时创造了吉尼斯世界纪录，成为在线广告史上观看次数最多的视频。其实，这段视频是依云矿泉水的一个创意广告，体现了依云矿泉水"保持年轻"的宗旨，但因为制作精美，内容新颖有趣，使人们争相转发，收到了令人惊叹的传播效果。

（2）传播速度快、传播范围广。在当今的网络社会，信息传播极为迅速，所有信息几乎都可以做到实时传播。而且随着自媒体的兴起，网民对感兴趣的信息可借助博客、微博、微信、短视频平台等进行转发，相当于无形中形成了强大的"信息传播大军"，因而能大大拓展信息的传播范围。

（3）效率高、更新快。病毒式营销的信息传递者是目标受众"身边的人"，因而具有更高的传播效率。同时，在整个病毒式营销的过程中，营销信息可以做到实时修改，更新速度极快。

阅读资料 14-1 快看呐！这是我的军装照

2017 年 7 月 29 日，为庆祝中国人民解放军建军 90 周年，人民日报策划推出了一款换脸"军装照"H5 小游戏。用户只需扫描二维码，上传自己的照片，就可以生成帅气的军装照。这款 H5 小游戏一经推出，浏览量立即呈井喷式增长。截至 2017 年 8 月 2 日 17 时，"军装照"H5 小游戏的浏览次数累计达 8.2 亿次，独立访客累计 1.27 亿人，一分钟访问人数峰值高达 41 万人。这款 H5 小游戏将 1927—2017 年 11 个阶段的 22 套军装全部呈现出来，用户上传照片选择年限即可制作自己专属的军装照。强大的图像处理技术——国内首创的"人脸融合"既能突出用户的五官特点，还自带美颜滤镜，让照片呈现非常自然的图片效果，使用户产生一种对军旅生活的向往和在朋友圈展现自我的欲望。

14.2.2 病毒式营销的策划与实施

1. 病毒式营销的策划

病毒式营销策划的核心是制造具有爆炸性的传播话题。话题只有足够出人意料，足够新鲜有趣，才能激起网络用户的兴趣和转发的热情。病毒式营销的话题有很多种，最常见的有 3 种，分别是情感性话题、利益性话题和娱乐性话题。

借情感性话题营销是指开展病毒式营销的企业以情感为媒介，从受众的情感需求出发，寓情感于营销之中，激发受众的消费欲望，并使之产生心灵上的共鸣。例如，前些年异军突起的白酒品牌江小白，就是靠一手漂亮的"情感牌"营销赢得了消费者尤其是青年消费者的心，如图 14-2 所示。江小白那充满了"情感"的营销活动，总是让人们心里充满了温情。

图 14-2　江小白的情感营销

借利益性话题营销是指开展病毒式营销的企业，以引人注目的利益话题来激起受众的高度关注和参与热情。

借娱乐性话题营销是指开展病毒式营销的企业将娱乐元素融入话题，通过营造轻松愉快的沟通氛围来增强受众的黏性，并最终促进产品的销售。

阅读资料 14-2　七喜汽水的病毒式营销

七喜汽水通过融合一系列热门话题和小人物幻想等各种搞笑因素于一体的趣味性视频，对七喜汽水当时的"开盖有奖""中奖率高达 27%"等活动进行了生动的演绎，牢牢地抓住了观众的眼球。其视频在优酷、土豆、人人网、开心网、微博等各大视频及社交网站被大家疯狂转发，取得了很好的营销效果。面对市场上众多大品牌饮料产品的竞争，七喜汽水在产品功能、口味上并无太多特别之处，但其选择了扬长避短，突出自身特色，在视频中通过传递"中奖率高"的特点使消费者一下子就记住了该品牌，从而与其他品牌进行了有效区分。随后，七喜汽水通过视频续集的方式发动了第二波、第三波大规模营销，大幅提升了品牌知名度。七喜汽水当年的销售额也一举进入饮料类的前三甲。

2. 病毒式营销的实施

病毒式营销的实施一般需要经过规划整体方案、进行创意构思和设计营销方案、制造话题和选择信息传播渠道、发布和推广话题等，下面就对每一阶段的具体工作做简要介绍。

病毒式营销的第一步是规划整体方案。在这一阶段，企业需制定病毒式营销的总体目标，拟订实现目标的计划，设立相应的组织部门并配备所需的人员。

病毒式营销的第二步是进行创意构思和设计营销方案。企业在进行病毒式营销创意构思时一定要追求独特性和原创性，人云亦云或跟风抄袭等不仅难以引起受众的兴趣，甚至会让人反感和厌恶。因此，病毒式营销对创意人员有着很高的要求，需要企业能慧眼识人，找到能担此大任的优秀人才。企业在这一阶段的另一个任务是设计营销方案。病毒式营销不是将话题抛出后就大功告成，而是要从多个方面综合考虑，设计全面具体的营销方案，要制订应对不同情况的营销措施。例如，当话题发布后，激起了受众强烈的兴趣并被争相转发时，企业就应该再次制订对应的方案，借势营销，以增强营销效果。

病毒式营销的第三步是制造话题和选择信息传播渠道。企业在制造话题时要融入情感、利益和娱乐等元素，这样更容易获得受众的关注。在选择信息传播渠道时，企业首先应考虑哪些是目标受众最易接触的平台，如论坛、QQ、微博、博客、微信或短视频平台等，然后从中进行选择。当然，企业也可采取组合策略，充分利用各种传播渠道发布信息。

病毒式营销的第四步是发布和推广话题。企业发布和推广话题要选准时机，要尽可能吸引有影响力的名人和意见领袖参与。

病毒式营销的第五步是对营销效果的总结和分析。对营销效果进行总结和分析，可以帮助企业从中发现问题，适时调整病毒式营销的策略，并为下一次活动提供借鉴。

14.3 许可 E-mail 营销

14.3.1 许可 E-mail 营销概述

1. 许可 E-mail 营销的概念

E-mail 是一种利用计算机通过电子通信系统进行书写、发送和接收的信件，是一种利用电子手段进行信息交换的通信方式。凡是利用 E-mail 开展营销活动的商业行为都可以称为电子邮件营销，但未经用户许可而大量发送的电子邮件通常被称为垃圾邮件。发送垃圾邮件开展营销活动是一种违法的商业行为，很容易招致用户的反感。而许可 E-mail 营销则是在用户允许的情况下，通过电子邮件的方式向目标用户传递有价值信息的一种网络营销手段。用户允许商家发送电子邮件是开展许可 E-mail 营销的前提。因此，一些网站在用户注册成为会员或申请网站服务时，就会询问用户"是否愿意接受本公司不定期发送的产品的相关信息"，或者提供一个列表供用户选择希望收到的信息，在用户确定后，才可以在提供服务的同时附带一定数量的商业广告。

2. 许可 E-mail 营销的两种基本方式

按照 E-mail 地址资源所有权的划分，许可 E-mail 营销可分为内部列表许可 E-mail 营销和外部列表许可 E-mail 营销这两种基本的方式。两者各有其侧重点和优势，并不矛盾，必要时企业可以同时采用。

内部列表就是平时所说的邮件列表，包括企业通过各种渠道获取的各类用户的电子邮箱地址资源（更具体的可以是用户的注册信息）。内部列表许可 E-mail 营销就是在用户许可的前提下，营销者利用注册用户的邮箱地址开展的 E-mail 营销。外部列表是指专业服务商或其他可以提供专业服务的机构提供的电子邮箱地址资源，如专业的 E-mail 营销服务商、相同定位的网站会员资料、免费邮件服务商等。外部列表许可 E-mail 营销就是在用户许可的前提下，营销者利用专业服务商提供的电子邮箱地址资源开展的 E-mail 营销。

内部列表许可 E-mail 营销和外部列表许可 E-mail 营销各有优势。表 14-1 分别从主要功能、投入费用、用户信任程度、用户定位程度、获得新用户的能力、用户资源积累情况、邮件列表维护和内容设计、许可 E-mail 营销效果分析 8 个方面对两种方式进行了比较。

表 14-1　内部列表许可 E-mail 营销和外部列表许可 E-mail 营销的比较

比较项目	内部列表许可 E-mail 营销	外部列表许可 E-mail 营销
主要功能	顾客关系管理、顾客服务、品牌形象提升、产品推广、在线调查、资源合作	品牌形象提升、产品推广、在线调查
投入费用	相对固定，主要是日常经营和维护费用，与邮件发送量无关，用户数量越多，平均费用越低	没有日常维护费用，营销费用由邮件发送量、定位程度等决定，发送数量越多，费用越高
用户信任程度	用户主动加入，对邮件内容信任程度高	邮件为第三方发送，用户对邮件内容的信任程度取决于服务商的信用、企业自身的品牌、邮件内容等因素
用户定位程度	高	取决于服务商邮件列表的质量
获得新用户的能力	用户相对固定，对获得新用户效果不显著	可针对新领域的用户进行推广，吸引新用户能力强
用户资源积累情况	需要逐步积累，规模取决于现有的用户数	在预算充足的情况下，可进行多方合作，快速积累用户
邮件列表维护和内容设计	需要依靠自己的专业人员操作	由服务商的专业人员负责，可对邮件发送、内容设计等提供相应的建议
许可 E-mail 营销效果分析	由于是长期活动，较难准确评估每次邮件发送的效果，需长期跟踪分析	有服务商提供专业分析报告，可快速了解每次活动的效果

内部列表许可 E-mail 营销以少量、连续的资源投入获得长期、稳定的营销资源，外部列表许可 E-mail 营销则是用资金换取临时性的营销资源。内部列表许可 E-mail 营销在顾客关系管理和顾客服务方面的效果比较显著，外部列表许可 E-mail 营销可以根据需要选择投放给不同类型的潜在用户，因而在短期内即可获得明显的效果。

3. 实施许可 E-mail 营销需要注意的问题

在实施许可 E-mail 营销时，企业需注意以下具体问题。（1）针对已有用户信息，分类整理用户邮件资料，按照其消费习惯，制定个性化的营销信息并定期沟通联系。（2）充分把握任何可以获取用户电子邮箱地址的机会，如以打折优惠作为获得用户电子邮箱地址的条件。（3）正确使用许可邮件列表，采用"内部期刊""信息简报"等形式定期发送最新活动通知、促销信息等。（4）与用户充分沟通，由用户确定收邮件的频率与邮件的类型。（5）在用户生日或节日时发送祝福邮件，拉近与用户的关系。（6）奖励优秀用户。好用户应享受特殊的礼遇，企业可发送邮件告知他们专享的优惠等。

14.3.2　许可 E-mail 营销的主题与内容设计技巧

1. 邮件主题设计技巧

邮件主题能让用户了解邮件的大概内容或最重要的信息，是企业许可 E-mail 营销最直观的体现。一个好的邮件主题应能够引起用户的兴趣，进而令其决定阅读邮件正文。设计许可 E-mail 营销邮件主题时应掌握的技巧主要有：（1）要将邮件最重要的内容体现在邮件主题上；（2）主题要明确，要和邮件内容相关联；（3）邮件主题尽量要完整地体现品牌或者产品信息；（4）邮件主题应含有丰富的关键词；（5）邮件主题不宜过于简单或过于复杂；（6）邮件主题要有吸引力。

延伸学习

设计许可 E-mail 主题时应掌握的技巧

2. 邮件内容设计技巧

如果说许可 E-mail 营销中邮件主题的作用在于吸引用户，那么邮件内容的作用则是说服用户。为了达到最终的营销目的，设计许可 E-mail 营销邮件的内容时，企业应掌握以下的技巧。

一是目标要一致。这里的一致是指许可 E-mail 营销的目标应与企业总体营销战略目标相一致，因此邮件内容应在既定目标的指引下进行设计。

二是内容要系统。一些开展许可 E-mail 营销的企业不能从整体上对邮件内容进行规划，发给用户的邮件内容或过多，或过少，或经常改变行文风格，让用户觉得这些邮件之间没有什么系统性、关联性，进而会怀疑邮件的真实性。经常发送这样的邮件很难培养用户的黏性。

三是内容来源要稳定。许可 E-mail 营销是一项长期任务，必须有稳定的内容来源，这样才能确保按照一定的周期发送邮件。邮件内容可以是自行撰写、编辑或者转载的，无论哪种来源，都需要保持相对稳定性。

四是内容要精简。内容过多的邮件不会受到欢迎。首先，用户邮箱空间有限，占用空间太多的邮件会成为用户删除的首选对象；其次，接收或打开较大的邮件耗费的时间也较多；最后，太多的信息让用户很难一下子接受，反而降低了许可 E-mail 营销的有效性。

五是内容要灵活。邮件内容应在保证系统性的前提下，根据企业营销目标的调整而做相应的改变。同时，企业也要根据用户消费行为和偏好的变化改变邮件内容的写法。

六是选择最佳的邮件格式。邮件常用的格式包括纯文本格式、HTML 格式和富媒体格式，或是这些格式的组合。一般来说，采用 HTML 格式和富媒体格式的邮件内容丰富，表现形式多样，视觉效果会更好；但存在文件过大，需要发送链接或附件，导致用户在客户端无法直接阅读邮件内容等问题。到底哪种邮件格式更好，目前并没有定论，如果可能，企业最好给用户提供多种不同内容格式的选择。

14.4　小程序营销

14.4.1　小程序营销的含义、特点与优势

1. 小程序的含义及特点

小程序又称微信小程序，是腾讯公司推出的一种全新的移动应用模式。它是一种无须下载安装即可使用的应用程序，可以在微信平台内直接打开和使用。2017 年 1 月 9 日，微信小程序正式上线，其开发团队不断推出新功能。如今小程序在企业宣传、企业营销、售后服务等方面都有着广泛的应用。

小程序营销，也称为微信小程序营销，是一种灵活、多元的线上技术，主要利用微信开发的小程序作为线上营销工具，进行手机新零售和线上活动推广，并增加品牌知名度和建立客户关系等。

2. 小程序营销的优势

随着小程序功能的上线，越来越多的企业开始运用小程序开展营销，并将其作为重要的营销手段。具体而言，小程序营销具有无须安装、转化率高、数据准确、成本低和用户流量大 5 大优势。

"互联网+"可以连接一切，微信也正在"连接一切"，而小程序正在悄然改变这一切。小程序的产生是对微信生态圈的洗牌及变革，虽然微信带有高流量，但目前仍没有很好的分发机制，广告转化率不高。小程序的投入使用能帮助微信大幅度提升点击率和转化率。市场积累成熟后，微信小程序将成为企业进行营销的一个重要渠道。

▶ 延伸学习

小程序营销的 5 大优势

14.4.2　小程序的接入流程

小程序的接入流程主要分为 4 步：第一步，在微信公众平台上注册微信小程序的账号；第二步，完善小程序信息；第三步，开发小程序；第四步，提交审核与发布。

1. 注册微信小程序账号

首先搜索微信公众平台官网，在账号分类中点击小程序并查看详情，如图 14-3 所示。小程序的开放

注册范围包括个人、企业、政府、媒体及其他组织，使用者可以根据自己的情况选择不同的主体类型。

图 14-3　小程序查看详情

注册小程序需要输入邮箱并填写相关资料，如图 14-4 所示。之后进行邮箱激活，选择所需的"主体类型"，完成主体信息登记，即可完成注册。

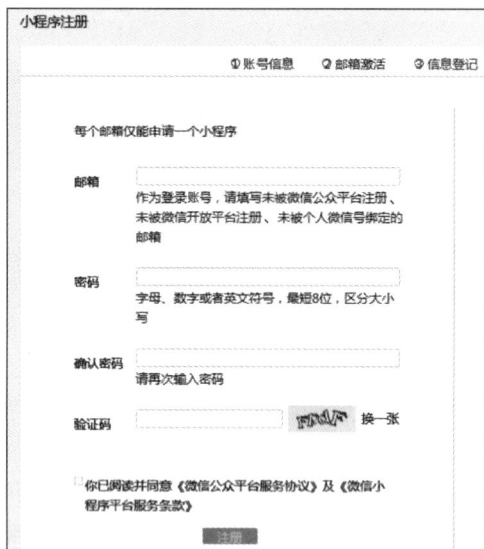

图 14-4　微信小程序注册界面

2. 完善小程序信息

填写小程序的基本信息，包括名称、头像、介绍及服务范围等。小程序的名称对于用户搜索等非常重要，相当于网站的域名，最好清晰明了、简短新颖，且和小程序功能一致，并能体现企业的品牌形象。例如，京东的小程序名为"京东购物"，直接将小程序的用途和功能展现了出来。另外也有直接以企业名称或产品名称作为小程序名称的，如唯品会、雨课堂、腾讯会议等。

3. 开发小程序

完成小程序开发者绑定、开发信息设置后，开发者可下载开发者工具，参考开发文档进行小程序的开发和调试，如图 14-5 和图 14-6 所示。

4. 提交审核与发布

完成小程序开发后，提交代码给微信团队审核，审核通过后即可发布小程序。

图 14-5　微信开发者工具启动页

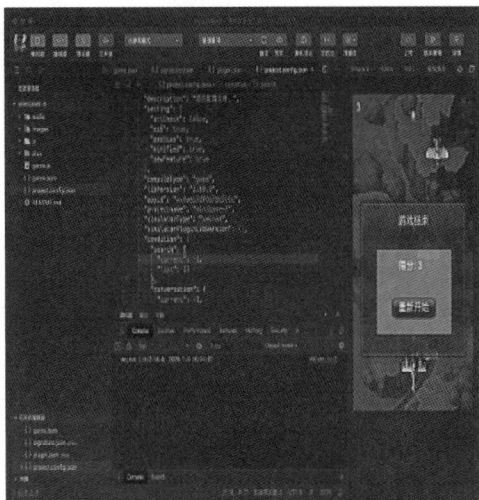

图 14-6　微信开发工具主界面

14.4.3　小程序营销的模式

如今小程序已经成为现代企业数字化营销的重要工具之一，企业借助小程序开展营销活动，可以增强用户黏性，让用户获取更好的购物体验，提升用户转化率，提高企业的品牌价值，从而更好地实现营销目标。下面简要介绍下小程序营销的几种主要模式。

1. 引流模式

引流模式是小程序营销的常见模式，是指企业通过各种渠道引导用户进入小程序，以获得更多的用户关注。具体的引流方法包括以下三种。（1）社交媒体引流。通过社交媒体，如微信好友、群聊等方式来引导用户进入小程序。（2）互动式广告引流。运用互动式广告等方式，在用户使用其他 App 时引导用户进入小程序。（3）内容营销渠道引流。通过自媒体、公众号、微博等内容流量入口，向用户展示企业的小程序，从而引导用户进入小程序。

2. 启动页模式

启动页模式是指通过小程序启动页来实现宣传和推广产品，旨在吸引用户注意并传递特定的营销信息。小程序启动页营销的方法包括简单展示品牌、推广活动、增加用户参与、运用故事化营销、个性化推广等。

3. 互动模式

小程序互动模式是指通过互动玩法激发用户的参与热情，将用户活动转化成关注度、转化率等数字化成果。小程序互动营销的方法主要有以下两种。（1）创意玩法。通过在小程序中设计富有创意的游戏及互动活动来吸引用户，激发用户的参与欲望。（2）红包引流法。通过在小程序中发放红包的方式来促进销售。

4. 电商模式

电商模式是指通过小程序的电商功能来实现营销目标的一种模式，具体方法包括以下三种。（1）商品推荐。通过小程序向用户推荐商品，增加用户的购买欲望。（2）购物引导。通过购物引导活动、买赠活动等方式来增加用户的购买量。（3）积分系统。通过积分系统来增强用户的黏性，提高其购买频率。

5. 整合模式

整合模式是指将小程序营销与其他营销方法和手段进行有效整合的一种营销模式。实现小程序整合营销的方法包括平台整合、全网渠道覆盖和数据整合 3 种。

延伸学习

小程序启动页营销的方法

14.4.4　小程序营销的推广方式

小程序营销的推广方式包括线上推广和线下推广两种方式，下面分别进行介绍。

1. 线上推广方式

（1）社交媒体推广

利用微信、微博等社交媒体平台进行推广是小程序营销常见的推广方式。例如，在微信上，可以通过公众号、朋友圈、微信群等渠道分享小程序链接或二维码，吸引用户点击进入。同时，也可以与社交媒体中的大V或名人合作，通过他们的影响力推广小程序。

（2）内容营销推广

通过撰写及制作与小程序相关的文章、视频、图文等，在各大内容网站发布，以吸引潜在用户的关注。需注意的是，这些发布的内容应与小程序的功能和用户需求紧密相关，以提高转化率。

（3）合作推广

与其他相关的小程序或网站进行合作，进行互换推广。例如，可以在相关的小程序中互相添加链接或推荐，共同扩大用户群体。

（4）搜索引擎优化推广

对小程序页面进行搜索引擎优化，如页面标题优化、关键词优化、描述优化等，以提高小程序在各大搜索引擎中的排名。

（5）线上优惠活动推广

通过举办各类线上优惠活动，如限时折扣、积分兑换等促销方式吸引用户进入小程序并进行消费。

2. 线下推广方式

（1）店内二维码推广

可以利用顾客在店内的停留时间，通过在收银台、门口、产品展示区等显眼位置布置小程序二维码，有效引导顾客扫码了解详情或下单，从而将线下流量转化为线上小程序用户。也可以在门店内举办如扫码关注小程序即可抽奖、获取优惠券等互动活动，提升顾客对小程序的兴趣和用户黏性。

（2）小程序二维码宣传材料推广

设计包含小程序二维码的宣传单页、广告册和礼品卡片，结合各种促销活动进行分发，以吸引潜在用户扫描二维码进入小程序。

（3）线下活动推广

可以通过定期举办如新品发布会、节日促销、会员专享等线下活动，并在现场展示小程序二维码，鼓励用户扫码参与，增强活动互动性，并将实体店客户转化为小程序用户。也可以与其他商家或品牌形成合作联盟，通过共同举办的线下活动来推广小程序。

（4）地面推广团队推广

通过专业的地面推广团队，在人群密集区主动向潜在用户介绍小程序的功能和附带的各种优惠，引导用户扫码进入小程序，从而实现精准推广。

14.5　新媒体营销

14.5.1　新媒体营销的概念与特征

1. 新媒体营销的概念

新媒体是指以数字技术为依托，通过计算机网络、无线通信网、卫星等渠道，以及计算机、手机、数字电视等终端，向用户提供信息和服务的一种新型传播媒体，包括数字杂志、数字报纸、数字广播、手机短信、移动电视、网络平台、桌面视窗、数字电视、数字电影、触摸媒体等。

新媒体营销是借助新媒体平台进行的线上营销，它结合了现代营销理论与互联网，具有多元性、普及性、互动性和灵活性等特点，是一种重要的营销方式。

新媒体营销与传统媒体营销有较大的不同，后者追求市场接受度与产品到达率，如纸媒发行量、电视收视率、广播收听率等；而前者能够在精确掌握目标用户访问量的基础上，获得用户的来访日期、来访地址及消费行为习惯等重要信息。与传统的营销手段相比，新媒体营销不但更为快捷，还能合理控制时间、成本费用等方面的投入，尤其是借助多元化新媒体平台推广的营销手法，更有助于商品推广及提升服务质量，并能获得更理想的营销效果。

2. 新媒体营销的特征

（1）应用载体广泛

新媒体营销以互联网技术为依托，所有的互联网产品都可以成为新媒体营销的载体。新媒体营销的应用载体主要分为 PC 端媒体和移动端媒体两大类。

PC 端媒体是网络媒体的早期形式，大部分的早期新媒体都出现在 PC 端，为后来的移动端的新媒体营销奠定了坚实的用户基础。

移动端媒体是指以智能手机、平板电脑等移动终端为传播载体的新兴媒体形态。移动端媒体的最大特点就是具有移动性，可随身携带。正是这一特点让网络媒体得到更大程度的发展和普及。

（2）目标客户精准定位

新媒体平台的开放性让每个人都可以成为信息的发布者。用户将个人的工作、生活、学习、娱乐、消费、喜怒哀乐等发布到平台，形成浩如烟海的信息。企业借助大数据技术对这些信息进行深度挖掘，能够实现对目标客户的精准定位，进而实施有针对性的精准营销。

（3）拉近与用户的距离

相对于传统媒体只能被动接受而言，在新媒体传播的过程中，接受者可以利用现代先进的网络通信技术进行各种形式的互动，这使传播方式发生了根本的变化。移动网络及移动设备的普及，使信息的实时及跨越时空的传播成为可能。因此，新媒体营销实现了随时随地的信息传播，营销效率大大提高。以新媒体技术为基础的新媒体营销，大大降低了产品投放市场前的风险。例如，小米 CEO 雷军在推出 MIUI 13 时通过其官方微博征求用户的意见（见图 14-7），以便根据用户的要求进行产品的设计研发与改进。

图 14-7 雷军在微博征集网友对 MIUI 改进点的建议

14.5.2 新媒体营销策划

1. 新媒体营销策划的含义

新媒体营销策划是指对新媒体营销活动的目标、流程、时间等内容的规划与部署，是新媒体营销活动运营的开端。新媒体营销活动的关键在于良好的策划。在新媒体营销策划阶段，策划者需做好以下阶段性工作。

一是制订计划。策划者需要在每年年底结合节假日、周年庆等热点，制订下一年度的活动计划。

二是确定活动目标并设计活动玩法。在开展新媒体营销之前，策划者需要先确定活动目标，再根据目标设计活动玩法。在设计活动玩法的同时，策划者需要将目标数据植入玩法，以便对活动进行监控。

三是物料制作。活动物料既包括线下物料（易拉宝、宣传单、条幅），也包括线上物料（活动海报、活动视频、活动文字）。策划者必须提前将物料制作安排妥当，防止由于物料缺失而延误其他工作。

2. 新媒体营销策划的要素

新媒体营销策划一般包含 6 个要素，即"5W+1H"。新媒体营销活动的策划或操作，都要从内容（何事，What）、地点（新媒体营销活动平台，Where）、时间（新媒体营销活动时间，When）、人员（新媒体营销活动人员安排，Who）、目标（为什么要做，Why）、过程（怎样做，How）6 个方面进行思考。

3. 新媒体营销策划的基本流程

（1）定目标

新媒体营销活动的目标是策划者首先需要确定的事情。策划者应明确新媒体营销活动的目标是实现用户增长、品牌曝光还是销售转化，一般一次活动的目标不宜过多。

目标确定后，策划者需要确定量化指标。指标的设置要直观清晰、尽量量化，以便衡量活动目标的达成度。

（2）分析目标人群

明确了新媒体营销活动的目标后，策划者需要对目标人群的特征进行分析整理，使新媒体营销活动更具针对性，以提升活动效果。目标人群分析主要从社会人口统计学特征、行为、态度、日常偏好 4 个方面展开，与前文的用户画像的内容有些类似，只是这里的分析对象是此次新媒体营销活动面向的目标人群。

（3）做预算

策划者要根据新媒体营销活动方案做预算，根据每个活动周期涉及的活动细项做预算。预算越精细越好，这样可控性更强，执行效果更理想。

（4）撰写策划方案

撰写新媒体营销策划方案是新媒体营销策划的核心工作，其内容一般包含以下几个方面。

① 活动背景。新媒体营销活动的背景往往是活动是否有必要执行的重要参考因素。影响活动背景的主要因素有产品数据、市场热点、竞品动态、目标人群、领导观点等。例如，产品数据的变化是领导和同事们关心的问题，策划者一旦确定了提升重点产品数据的目标，就必须思考如何通过新媒体营销活动来进行优化。再如，市场热点对活动策划而言有着非常显著的数据提升效果，其原因在于热点能够拉近活动与用户的距离，让用户感知到这场活动与自己有关。

② 活动创意。例如，对于自动驾驶汽车，对于其调性是未来科技还是舒适安全，策划者都需要阐述清楚，因为这是新媒体营销活动策划的核心部分。

③ 活动过程。新媒体营销活动过程是指策划者根据新媒体营销活动的不同类型来设计其预热、发布、执行、结束过程。

④ 资源准备与分工。策划者应尽可能将新媒体营销活动过程中可能会使用到的工具、物料等资源阐述完整。

⑤ 活动执行风险应对计划。如果是比较重要的活动，策划者需要提前识别活动风险、评估风险并制订应对计划。

📚 **案例分析**

蜜雪冰城的新媒体营销

2021年6月3日，蜜雪冰城在其官方账号上发布了一支魔性洗脑的宣传歌曲MV，在随后的一个多月时间内，在各大社交媒体持续发酵。

在B站，以"蜜雪冰城"为关键词，排名前20与主题曲有关的热门视频累计相加，播放量超6000万。在微博，#蜜雪冰城新歌#和#这是蜜雪冰城新歌吗#，两个话题的阅读量破6亿。在抖音，关于#蜜雪冰城#的抖音话题播放量高达55亿，累计话题量近百亿。仅在6月，蜜雪冰城的话题在抖音热搜榜中就出现了六七次。

"你爱我，我爱你，蜜雪冰城甜蜜蜜"让人无限上头的主题曲是如何出圈的？有哪些成功要素？

首先，歌曲本身与品牌"亲民、大众"的调性高度契合，且主题曲节奏欢快，歌词简单重复，被网友称为"洗脑恰饭歌"，歌曲本身这三大要素为年轻人玩梗奠定了良好基础。其次，得益于蜜雪冰城庞大且广泛的线下渠道的优势，15000多个线下门店成为蜜雪冰城线上传播的KOC自有资产，而无限裂变的线上流量又为线下带去高人气。这种线下线上相互促进的模式，共同推动事件持续发酵。另外，最为重要的是，蜜雪冰城在主题曲事件中，将短视频平台作为主要的传播媒介，通过B站、抖音、快手等平台与年轻人深度链接。可以说，短视频已经成为用户流量、注意力的最大洼地。

2022年6月19日，有很多网友发现，那个唱着"你爱我，我爱你，蜜雪冰城甜蜜蜜"的雪王突然变黑了，微信公众号、抖音号及外卖的头像，都变成了黑雪王。一时间，"蜜雪冰城黑化"这一话题登上了热搜第一名。面对雪王黑化的热议，蜜雪冰城官方并没有第一时间揭晓答案，而是自己调侃，雪王有了新皮肤。随后，还发布了一条"为什么蜜雪冰城各平台头像变黑，评论区盲猜不断，一起在线'破案'"的微博，吊足了网友们的胃口。对于突然变黑的雪王，网友们纷纷提出了他们的猜想。一部分网友认为，这是为新出的产品做宣传。如某网友说："因为蜜雪冰城近期推出桑葚新品，所以黑了。"还有部分网友认为，是因为气温太高，雪王被晒黑了。如有网友的留言："雪王总部在郑州，而郑州最近气温高达40℃，雪王也被晒黑了。"

2022年6月19日18时，蜜雪冰城官方在微博公布了正确结果，"变黑的真相只有一个，雪王去桑葚园摘桑葚被晒黑了。"对此，网友们在调侃的同时，表示很期待全新的桑葚饮品。

案例分析：随着互联网传播技术和现代移动通信技术的迅速发展，以传播速度快、内容丰富、互动性强为主要特点的新媒体营销，越来越受到企业的重视。蜜雪冰城也顺应时代潮流开展新媒体营销，在B站、抖音、快手、微博、微信等平台均有布局，综合运用多种新媒体营销方式，让"蜜雪冰城"品牌在众多茶饮品牌中，具有极高的话题热度，为广大年轻人所熟知且迅速火出圈。

14.6 二维码营销

14.6.1 二维码营销概述

1. 二维码及二维码营销的概念

二维码是日本电装公司于1994年在一维条码技术的基础上发明的一种新型条码技术。二维码是某种特定的几何图形按照一定的规律，在二维方向上分布的记录数据符号信息的图形。在代码编制上，二维码巧妙地利用构成计算机内部逻辑基础的"0""1"比特流的概念，使用若干与二进制相对应的几何图形来表示文字数值信息，通过图像输入设备或光电扫描设备自动识读以实现信息自动处理。二维码图像指向的内容非常丰富，可以是产品资讯、促销活动、在线预订等。二维码的诞生丰富了网络营销的方式，它打通了线上线下的通道，为企业带来了优质的营销途径。

二维码营销是指企业将营销信息植入二维码，通过引导消费者扫描二维码来推广该营销信息，以促进消费者产生购买行为。在当今网络营销逐渐从 PC 端向移动端倾斜的时代，二维码营销以其低成本、应用广泛、操作简单、易于调整等优点得以迅速发展。

2. 二维码营销的优势

从企业的角度来看，二维码营销主要具有以下优势。

（1）方便快捷。用户只需用智能手机扫描二维码，就可随时完成支付、查询、浏览、在线预订、添加关注等操作，帮助企业方便快捷地开展网络营销活动。

（2）易于调整。二维码营销内容的修改非常简单，只需在系统后台更改，无须重新制作投放，成本很低。因此，二维码营销的内容可根据企业营销的需要而实时调整。

（3）有利于实现线上线下的整合营销。二维码为人们的数字化生活提供了便利，能够更好地融入人们的工作和生活。企业进行二维码营销时，可将链接、文字、图片、视频等植入二维码，并通过各种线下途径和网络平台进行投放，从而方便企业实现线上线下的整合营销。

（4）易于实施精准营销。开展二维码营销的企业，可以对用户来源、途径、扫码次数等进行统计分析，从而制定针对用户的更精准的营销策略。

（5）帮助企业更容易地进入市场。随着移动营销的快速发展及二维码在人们工作和生活中的广泛应用，功能齐全、人性化、省时实用的二维码营销策略能够帮助企业更容易地进入市场。

阅读资料14-3 HD 矿泉水的二维码营销

2016 年，HD 矿泉水的一物一码营销开启了快消品行业的二维码营销新模式。过去企业做活动必须经过经销商、终端店，但是现在仅需消费者扫一扫便能实现企业直接掌控，在简化流程的同时，通过绑定线下高人气的微信红包、积分商城、线上优惠券等方式，吸引消费者，增强用户黏性，并通过活动获取到消费者信息，进行消费者圈层分析。

14.6.2 二维码营销的方式与渠道

1. 二维码营销的方式

从企业运营层面来看，二维码营销主要包括以下几种方式。

（1）植入社交软件。植入社交软件是指以社交软件和社交应用为平台推广二维码。以微信为例，微信可以让企业和用户之间建立友好的社交关系，企业通过设置微信二维码提供各种服务，能为用户带来便捷的操作体验。

（2）依托电商平台。依托电商平台是指将二维码植入电商平台，企业依托电商平台的流量，引导用户扫描二维码。现在很多的电商平台中都有二维码，用户扫描二维码后即可下载相应 App，或关注网店账号。

（3）依托企业服务。依托企业服务是指企业在向用户提供服务时，引导用户扫描二维码对企业进行关注，或下载相关应用。例如，在电影院使用二维码进行网上取票时，企业通过二维码引导用户下载相应 App，或查看相关营销信息。

（4）依托传统媒介。依托传统媒介是指将二维码与传统媒介结合起来，实现线上营销和线下营销的互补，如在宣传海报上印刷二维码，提示用户扫码进行预约和订购，参加相应促销活动等。

2. 二维码营销的渠道

二维码营销渠道既包括线上渠道也包括线下渠道。企业很少会选择单一的渠道开展二维码营销活动，而是会选择在线上和线下同时进行。

（1）二维码营销的线上渠道

可供企业选择的二维码营销线上渠道有很多，但较为适合的是社交平台和即时通信工具。这是因为社交平台和即时通信工具均具有很强的社交属性和分享功能，可将企业植入的二维码快速、广泛地进行传播，从而达到企业的营销目的。常见的二维码营销线上渠道包括用户基数大且与企业目标消费者定位较为吻合的网络论坛和贴吧，以及微信和微博等。尤其是微信，除了具有以上所说的社交和分享功能，它还具有二维码扫描功能，能够非常方便地帮助用户读取二维码信息，轻松实现扫码支付、扫码下单、扫码收款、扫码骑行等多种功能。

（2）二维码营销的线下渠道

与其他营销方式相比，二维码对线下渠道也有很强的适应性。随着二维码的应用场所越来越多，二维码的线下营销渠道也在不断拓展。目前主要的线下渠道包括线下虚拟商店、实体商品的包装及快递包装、宣传单、画册、报纸、杂志及名片等。线下二维码营销的关键是吸引用户扫描二维码，这样才能有效促进企业线上营销与线下营销的融合。

本章实训

【实训主题】新媒体营销策划

【实训目的】通过实训，熟悉新媒体营销策划的要素和基本流程，提升新媒体营销策划能力。

【实训内容及过程】

（1）以小组为单位组建任务实训团队。

（2）各小组选择一款家乡的特色产品，为其撰写新媒体营销策划方案。

（3）各小组制作 PPT 在课堂汇报。

（4）各小组对策划方案进行互评。

（5）授课教师进行终评。

【实训成果】

实训作业——《××产品新媒体营销策划方案》。

练习题

一、单选题

1.（   ）是论坛的中心，他们在大众传播效果的形成过程中起着重要的中介或过滤的作用。由他们将信息扩散给受众，受众会更加容易接受。

    A．网红　　　　　　B．意见领袖　　　　　C．论坛管理员　　　　D．以上均不是

2．在实施病毒式营销的过程中，首要步骤是（　　　）。

    A．规划整体方案　　　　　　　　　　B．信息源和传递渠道设计

    C．原始信息发布　　　　　　　　　　D．效果跟踪管理

3．病毒式营销与其他营销方式的最大区别是（　　　　）。

　　A．利用了目标受众的参与热情　　　　　　B．利用了发起者的积极性

　　C．利用了网络媒体的开放性　　　　　　　D．利用了网络媒体的公平性和便捷性

4．小程序接入流程的第一步是（　　　　）。

　　A．开发小程序　　　　　　　　　　　　　B．注册微信小程序账号

　　C．提交审核和发布　　　　　　　　　　　D．完善小程序信息

5．（　　　　）除了具有社交和分享功能外，还具有二维码扫描功能，能够非常方便地帮助用户读取二维码信息，轻松实现扫码支付、扫码订单、扫码收款、扫码骑行等多种功能。

　　A．微博　　　　　　　B．博客　　　　　　C．QQ　　　　　　　D．微信

二、多选题

1．下列关于论坛营销中论坛选择的说法，正确的有（　　　　）。

　　A．目标论坛数量越多越好

　　B．目标论坛越大越好

　　C．小的论坛和地方性论坛有时候也可以成为目标论坛

　　D．一般的论坛营销不需要建立论坛数据库

　　E．选择论坛可以只注重数量，不注重质量

2．病毒式营销的主要特点包括（　　　　）。

　　A．推广成本低　　　　B．传播速度快　　　　C．具有公益性

　　D．效率高　　　　　　E．更新快

3．设计许可 E-mail 营销邮件内容应掌握的技巧包括（　　　　）。

　　A．目标要一致　　　　B．内容要系统　　　　C．内容来源要稳定

　　D．内容要精简　　　　E．内容要灵活

4．新媒体营销策划的要素包括（　　　　）。

　　A．内容　　　　　　　B．地点　　　　　　　C．时间

　　D．人员　　　　　　　E．过程

5．二维码营销的优势包括（　　　　）。

　　A．方便快捷　　　　　B．双向互动　　　　　C．易于实施精准营销

　　D．易于调整　　　　　E．帮助企业更容易地进入市场

三、名词解释

1．论坛营销　　2．病毒式营销　　3．许可 E-mail 营销　　4．小程序营销

5．新媒体营销

四、简答及论述题

1．论坛软文帖的撰写技巧有哪些？

2．病毒式营销的实施步骤是什么？

3．实施许可 E-mail 营销需要注意哪些问题？

4．试论述小程序的线下推广方式。

5．试论述二维码营销的渠道。

案例讨论

大众出版借力新媒体玩转营销

当下，大众纸质书市场面临着严峻考验，在市场和消费者需求的变化面前，一些勇于创新尝试的出版社，在做好"硬核"内容的前提下，开发社群平台、知识共享平台等新媒体营销新路径，注重提升线下活动的阅读体验，并借助电商促销，开拓多种出版新路径，让优质的纸质内容获得了广泛传播，取得了良好的市场反响。

开发公版书的音视频新模式

岳麓书社先后推出"四大名著"有声版及视频版，并在书中附上专家解读，满足了读者的"刚需"。有声版及视频版图书利用了多种技术形式呈现名著中的场景，如短视频、动态地图、VR/AR（虚拟现实/增强现实）等技术，旨在激发读者通过阅读四大名著了解、体会、学习中华传统文化的热情。

借助社群平台带动全网推广销售

中译出版社的《西南联大英文课》的品牌效应自 2017 年出版以来不断扩大，为这本轻学术、偏冷门的图书奠定了坚实的市场推广基础。

2019 年 4 月，由中译出版社策划的《西南联大英文课》有声珍藏版正式上市，并于同年 4 月 27 日在北京大学举办新书发布活动，当当网同步线上直播。该书首次出版于 2017 年，两年间已加印 9 次，销量破 10 万册。有声珍藏版作为这本书的升级版，受到读者热捧，首印量达 5 万册。

资料来源：杜鹏，佟玲. 新媒体营销. 北京：人民邮电出版社，2021.

思考讨论题：

请结合本案例，谈谈在网络时代出版业如何借助新媒体开展营销活动。

第Ⅳ篇

应用篇

第 15 章　网店开设与营销

![学习目标]

【知识目标】

（1）熟悉网上开店的不同形式和各自的优缺点。

（2）熟悉网上开店的前期准备与流程。

（3）掌握网店营销的必要知识。

（4）熟悉网店的退换货服务。

（5）掌握与买家沟通的方法和技巧。

【素质目标】

（1）培养网上开店的创业意识。

（2）建立新零售营销的思维模式。

（3）提升网店经营的服务意识。

知识结构图

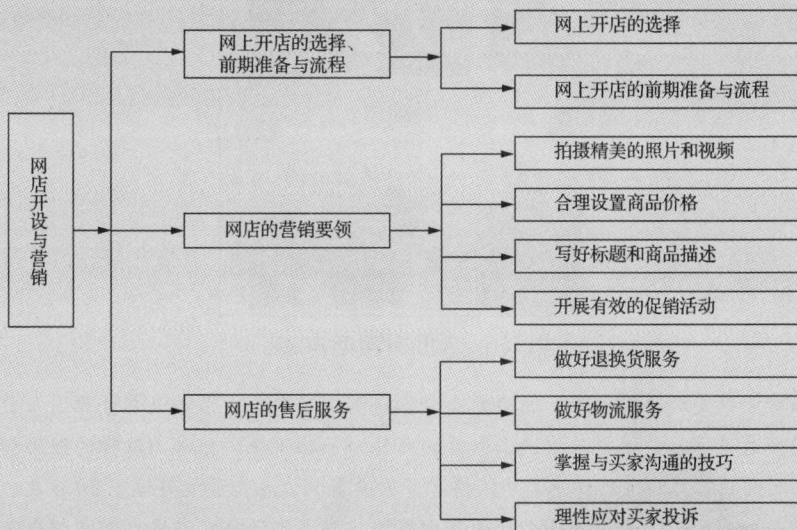

青川海伶山珍：舌尖上的土特产

早在 2009 年，农产品电商还未兴起的时候，淘宝上的青川海伶山珍店铺就走上了土特产的细分道路：食品中的土特产，特产中的青川野生土特产。多年来，青川海伶山珍坚持把"山里人的货"搬到线上的经营理念，从无到有，一路将淘宝店做到 2023 年的 4 皇冠。青川海伶山珍淘宝店如图 15-1 所示。

赵海伶的创业开始于一个简陋的地震棚。好在当地有一批志同道合的年轻人陪伴她共同创业，他们立志要把藏在家乡深山里的绿色山货卖到城市，让城里人吃上放心的健康食材。

在人们越来越重视食品安全和品质的今天，土生土长的特产美食，确实很能够打动人心。但是，对于蜂蜜、竹荪、花菇、木耳这些自然生长的特产，要把控好它们的产量、采集成本、物流成本，可不是那么容易的事。

那时，当地还没有网络、快递。赵海伶只能去党校借用计算机，对外联络。为了经营网店，她每天早上 6 点到党校，晚上 12 点才回家。正逢 9 月，新鲜的野生山核桃大丰收，由于交通不畅，村里农户都是骑摩托车拉货到县城卖。一台摩托车能拉的重量有限，一旦遇到修路，一天都得堵在路上，可能一斤也卖不出去。赵海伶发现后，通过临时菜市场和这些农户建立联系，劝说农户把新鲜的核桃放到网店统一销售。赵海伶从小在城里读书，对市场需要有一定了解，她希望消费者买到的产品物有所值。新鲜核桃皮的味道微苦，城里人可能不喜欢。为了改善口感，赵海伶和伙伴们把核桃皮洗掉，然后用毛巾把核桃擦干净，再用吹风机吹干，通常从夜里 12 点忙到凌晨 4 点……

图 15-1　青川海伶山珍淘宝店

青州海伶山珍能够走到今天，除了因为创业者们能够吃苦耐劳，很大一部分原因来自口碑的传播。店主赵海伶专门开通了博客，她把每次进山取货的照片一一拍下来，把进山取货的经历和图片放到博客中，同时也放在店铺的首页和宝贝详情页中。博客开通没多久，点击量就超过了 30 万次，客户对这些信息的敏感度可想而知。此后，青川海伶山珍的官方微博、赵海伶的个人微博也常常都会呈现进山取货的照片和内容。

与此同时，赵海伶也较早给店铺注册了商标，对店铺产品进行统一包装，并在店铺中放上食品流通许可证、产品生产许可证等，无形中让客户感受到店铺产品品质的保障。这在一定程度上拉高了竞争门槛，避免店铺陷入同质化、价格战的混战中。

15.1　网上开店的选择、前期准备与流程

15.1.1　网上开店的选择

对于创业者来说，网上开店主要有两种选择：一是自建网站开店，二是借助第三方平台开店。到底选择哪一种方式，需要视具体情况而定。下面就分别对这两种开店方式进行介绍。

1. 自建网站开店

自建网站开店是指卖家不依托第三方平台，而是独立建设网站销售商品。卖家自建网站开店在前期需做大量的准备工作，主要有域名注册、空间租用、网页设计、程序开发和网站推广等。

自建网站开店的主要优势是拥有独立的经营自主权，能够独享流量，并且推广方式也不受第三方平台的限制。同时，也不需与第三方平台分享利润。自建网站开店的缺点也很明显，如前期需要投入大量的资金、无法分享第三方平台的巨大流量、网店维护及运营成本较高等。所以自建网站开店一般适用于资金充裕、实力较强的卖家。

2. 借助第三方平台开店

除了自建网站开店，卖家还可以借助第三方平台来开店。第三方平台主要包括天猫、京东商城等传统的 B2C 平台和淘宝等 C2C 平台。近年来微信兴起，带动了微商的发展，因而微信也成为非常重要的第三方平台。微信既可作为 B2C 平台，也可作为 C2C 平台，前者如京东微店，直接通过卖家对接消费者，后者是众多个人对个人的微店。除了微信，还有一些平台如拼多多等，既是 B2C 平台也是 C2C 平台，属于 B2C 与 C2C 的综合体，因此企业和个人均可在这类平台上开店。

在上述平台上开店，卖家只需少量投入即可拥有自己的店铺，并借助平台的人气带动商品的销售。例如，淘宝的卖家不仅可以在淘宝上开店卖货，或通过淘宝直播卖货，还可以借助抖音、今日头条、快手、微博等多个平台引流，从而提高销量。

在第三方平台上开店的优势主要有技术门槛低、初期投入少；可以分享平台的巨大流量，节省大量宣传推广费用；也可借助平台的信用提高消费者的信任度等。缺点主要是店铺的同质化程度高，价格竞争较为激烈，同时还要受平台的诸多限制，经营方式不如自建网站灵活等。

卖家在 B2C 与 C2C 平台上开店的主要区别在于 B2C 平台对卖家的资质要求较高，一般需要为知名品牌企业，或是获得该类企业授权的代理商、零售商及服务提供商，同时还要具有良好的商誉、较强的实力和一定的影响力等。

因此，对于个人创业者或实力不足的中小企业来说，借助第三方平台，采用 C2C 模式是最佳的开店选择。

15.1.2　网上开店的前期准备与流程

在网上开店与开实体店类似，卖家首先要想好经营什么商品，然后选择合适的第三方平台开店或选择自己建立销售网站。在开设店铺后，卖家通过进货—营销推广—发货—售后服务等一系列的流程，最终实现网上店铺的正常运转。

1. 网上开店的前期准备

具体而言，网上开店的准备工作主要包括以下内容。

（1）了解网上开店的优势与风险。与开设实体店相比，网上开店虽然具有资金投入少、经营方式灵活、受传统因素限制较少等优点，但这些并不能保证卖家只赚不赔，卖家必须对网上开店所蕴藏的风险有一个清醒的认识。网上开店正是因为门槛低，所以卖家众多，加上网上价格透明，往往会导致卖家之间的激烈竞争。因此，如果没有自己独特的竞争优势，网店很难在竞争中生存。

（2）掌握网上开店软件的使用技能。网上开店要求卖家掌握一定的软件使用技能，这些技能主要包括掌握网上搜寻信息和收发邮件的技能；熟练使用各种即时通信软件，如 QQ、微信、阿里旺旺等；会使用 Photoshop 等修图软件，具备一定的图片修饰能力；而且还要会使用 Adobe Premiere、快剪辑、超级转换秀、剪映、爱剪辑等视频剪辑软件，能够对视频进行后期处理。

（3）具备网上开店的硬件资源。网上开店也要求卖家有一些基本的硬件资源。这些硬件资源主要包括基本的办公场地、能够上网的计算机和各类移动终端、便于与消费者联系的电话或手机、高像素的数码相机、扫描仪以及传真机或打印机等。如果通过直播方式卖货，还需有相应的直播设备。

2. 网店的开设与运营流程

（1）考察市场，确定在网上销售的商品。考察市场的目的在于确定适合在网上销售的商品。因此，卖家要充分了解网络消费者行为方式和网络市场的特点，同时还要考虑货源情况、自身的兴趣和能力等，切不可盲目选择。

（2）选择网上开店的形式。卖家既可以选择自建网站开店，也可以选择借助第三方平台开店。究竟选择哪一种方式开店，卖家需要视具体情况而定。有实力的企业可以选择自建网站或在 B2C 平台上开设网店，而中小企业、个人创业者则适合在 C2C 平台上开设网店。

（3）申请开设网店。不同的网上开店形式及不同的网络平台对卖家开店的要求有所不同，受篇幅所限，本书无法一一介绍。这些具体的申办要求与流程在互联网上均有详细的介绍，感兴趣的读者可以进一步阅读。

（4）寻找货源。卖家除非销售自己生产的商品，否则开店时都会遇到寻找货源的问题。寻找货源有两种途径，一是线上，二是线下。下面将分别进行介绍。

① 线上寻找货源。卖家可以利用搜索引擎在线寻找货源信息，也可登录国内知名贸易网站，如阿里巴巴、慧聪网等。只要在网站上发布求购信息，卖家很快就可以收到很多反馈和报价。在线上寻找货源时，卖家要特别注意辨明真伪，以免上当受骗。

② 线下寻找货源。线下寻找货源的途径有很多，卖家既可从厂家直接进货，也可选择在批发市场上购进商品。值得注意的是，线上寻找货源和线下寻找货源并非截然不同的两种途径，在线上线下不断融合的环境下，我们已经很难将这两种途径完全分开。

（5）在网店内展示商品。卖家有了货源之后，就可以在网店内展示商品了。卖家在发布商品信息时要注意在标题中突出卖点。标题要写得尽可能全，以增加被搜索到的概率。好的标题关键词应涵盖"品牌、型号""吸引人的价格信号""店铺信用等级或好评率""高成交记录"等内容。同时，上传商品图片时也要下一番功夫。商品图片对商品的销售影响巨大，一张精心修饰、清晰、漂亮的图片可以吸引众多消费者，反之，则可能使商品无人问津。

此外，在描述商品时需要尽可能地将商品的优势和特色体现出来，可采取"文字+图像+数据"的组合方式，全方位地进行展示。

（6）选择合适的物流商。网店除了销售无形商品，还会涉及物流的问题。因为只有通过物流这一环节，实体商品才能被送达消费者的手中。目前卖家可选择的物流商分为快递公司、邮政、物流托运三大类，其中以快递公司最为常见。市场上主要的快递公司有顺丰、韵达、圆通、申通、中通等，卖家要多尝试与不同的物流商合作，以选择最为合适的一家。

此外，对网店来说，选择合适的包装也非常重要。因为一旦包装出了问题，商品就很容易损坏，并会由此造成与消费者之间不必要的纠纷。

阅读资料 15-1 特殊商品的包装

1. 易变形、易碎的商品

这一类商品主要包括瓷器、玻璃制品、字画等。对于这类商品，包装时要多用些报纸、泡沫塑料或泡沫网。易碎怕压的商品四周都应用填充物充分填充以避免晃动，其包装外应注明"怕压""易碎"等字样。

2. 液体类商品

对于这类商品，应先用棉花裹好，再用胶带缠好封口，然后在外面包裹塑料袋。这样即使液体漏出也会被棉花吸收，并且有塑料袋保护，液体不会流到包装外面。

3. 衣服、床上用品等纺织品

这类商品可以用不同种类的纸张（牛皮纸、白纸）单独包好，以防止脏污。外包装可以使用纸箱或快递专用加厚塑料袋包装，也可以用自制布袋进行包装。

4. 电子产品、贵重精密仪器等

对于这类商品，可以用泡棉、气泡布、防静电袋等包装材料包装好，并用瓦楞纸在商品边角或者容易磨损的地方加强保护，再用填充物将纸箱空隙填满。

（7）做好售后服务工作。网店的商品卖出之后，卖家还应积极做好售后服务工作。优秀的售后服务会给消费者带来良好的购物体验，有助于提高消费者的忠诚度，也有助于提高网店的知名度与美誉度，这对于进一步提高网店的销量具有重要的意义。

15.2 网店的营销要领

开设网店的各项工作完成之后，卖家应立即着手开展营销活动。在开展营销活动时，卖家需掌握以下营销要领。

15.2.1 拍摄精美的照片和视频

对于网上销售，商品的展示至关重要，精美的照片和视频能够全方位地展示商品，赢得消费者的青睐和信任。

1. 相关器材的选择和保养

俗话说："工欲善其事，必先利其器。"在网上开店，一些专业的摄影和摄像器材是必备的。一般来说，需要的设备包括数码相机、三脚架、专业的摄影灯、拍摄用的背景及反光板等。在这些器材中，数码相机是精密的仪器，需要精心保养，最重要的是保持镜头的清洁，操作时要严格按照说明书进行，不用时要注意防潮防尘，避免摔碰。近年来，手机的摄影功能不断增强，已经能够满足不少商品的拍摄需求，手机同样可作为网店的一种重要拍摄和摄影器材。

2. 拍摄商品照片和视频

考虑到成本因素，部分网店的卖家很少去专业的摄影棚里拍摄商品，而选择在家或办公场所进行拍摄。但这些地方的拍摄条件往往较差，不仅背景杂乱而且缺少专用的工具台，这时卖家更要注意对场景的布置和用光的技巧。

（1）常见的场景布置

① 使用反光板布置场景。反光板在外景中起辅助照明作用（作为副光），有时也作为主光。不同的反光表面可以产生软硬不同的光线。近年来，反光板在内景拍摄中也得到了普遍运用。常见的是金银双面可折叠的反光板，这种反光板的反光率比较高，光线强度大，光质适中，价格一般为几十元，携带也比较方便。

② 使用墙纸。生活中能够用于布置场景的材料有很多，如美化家居用的花纹墙纸非常适合用来充当小型商品照片的背景。

③ 使用背景。使用背景进行拍摄的优点是可以衬托实物的大小、颜色和形状，也更加生动，但缺点是有时会喧宾夺主，不利于突出商品。此外，选用的背景不同，商品给人的感觉也很不同，因此卖家应根据实际情况选择是否使用背景或使用何种背景。图 15-2 和图 15-3 所示分别为同一商品使用背景的效果图和未使用背景的效果图。

图 15-2　使用背景的效果图

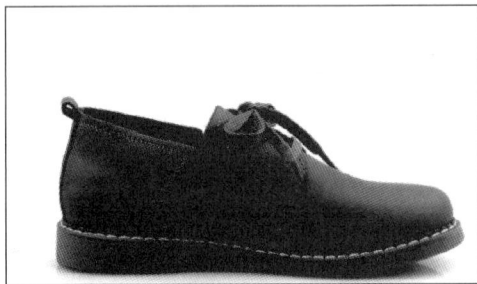

图 15-3　未使用背景的效果图

（2）用光技巧

光线的运用直接关系到拍摄的效果。光线的运用技巧主要包括顺光、逆光、侧光、顶光、反射光和底光等，下面分别进行介绍。

① 顺光。如果大部分光线都从正面照亮被摄物体，则为顺光。顺光的特性在于可以均匀地照亮被摄物体，物体的阴影被自身遮挡，影调比较柔和，能隐没被摄物体表面的凹凸及褶皱，但处理不当会难以突出被摄物体的质感和轮廓。

② 逆光。如果光线从被摄物体的后面照射过来，就是逆光。逆光通常会让背景相当明亮，但主体往往一片漆黑，只有轮廓没有层次。卖家在拍摄时应避免使用逆光。逆光可以通过人工补光来弥补，补光能勾画出拍摄对象的轮廓，丰富和活跃画面。

③ 侧光。侧光是指光线的照射角度和摄影者的拍摄方向基本呈 90°。侧光在摄影创作中主要应用于需要表现强烈的明暗反差或展现物体轮廓造型的拍摄场景中。对于表面粗糙的商品，如棉麻制品、皮毛等，为了体现质感和层次感，建议采用侧光。

④ 顶光。将光源置于商品顶端打光，称为顶光。这种光线布置可以起到淡化被摄物体阴影的效果，打顶光要注意光线柔和，否则被摄物体顶部将出现强烈的明暗反差效果，严重影响照片美感。

⑤ 反射光。反射光是指光源所发出的光线不是直接照射被摄物体，而是先对着具有一定反光能力的物体照射，再由反光物体的反射光对被摄物体进行照明。在平常的摄影创作中，常用的反光工具是反光板和反光伞。使用反射光可以使光线更加集中，便于增加亮度。

⑥ 底光。拍摄透明的商品如玻璃器皿、水晶等时，为了表现商品清澈透明的质感，建议采用侧光或底光。底光从物体的下面往上打，能很好地表现商品的透亮质感。

3. 后期处理照片和视频

利用数码相机拍摄的照片和视频需要进行后期处理，有多种图片处理软件和视频编辑软件可供卖家使用。当然，软件只是一种工具，能否制作出精美的照片和视频还有赖制作者的水平。卖家应认真学习相关技术，努力成为这方面的高手。如果一开始不具备这种技能，卖家还可以将后期制作的工作外包，请专业人士帮助完成。

15.2.2　合理设置商品价格

商品定价看似简单，但实际操作起来并不容易。由于网络信息透明化，消费者可以很容易地获得同类商品的报价。定价过高会影响销量；但定价过低，虽然会增加销量，但可能会使卖家丧失利润。

1. 定价时应考虑的因素

（1）市场竞争情况。如果商品供不应求，则卖家可以适当提高价格，以增加利润。如果服务到位，高价还可以塑造商品高质量、高品位的形象。若市场竞争激烈，这时稍低的价格可能会大大增加销量。因此卖家在定价之前要了解商品所在市场的竞争情况。

（2）网店的形象。如果网店出售的商品没有独特的竞争力，卖家就可以低价取胜；如果网店拥有较高的知名度，信用等级较高，卖家就可以适当提高商品的售价。例如，淘宝上的皇冠店，如果商品定价偏低，反而会让买家质疑商品的质量。

2. 定价策略

定价策略一般分高价策略和低价策略两种，下面分别予以介绍。

（1）高价策略。高价会给人质量可靠、档次较高的感觉。当网店的目标消费者是高端人群时，卖家可以采取高价策略。

当商品质量较高时，卖家同样可以采用高价策略。俗话说"一分钱，一分货""便宜无好货，好货不便宜"。如果商品质量较高，采用低价策略不但不会增加销量，反而会使买家对商品的质量产生怀疑。

卖家可以提供更高水平的服务时，也可以采用高价策略。好的服务绝对是有"价值"的，所以也值得买家付出更高的价格。

（2）低价策略。现在许多网店都在采用"每日低价"的策略，力争让自己的商品在同类商品中是最低价。低价策略在通常情况下是有竞争力的，但是并非绝对有效，因为过于低廉的价格会造成买家对商品质量和性能的"不信任感"和"不安全感"。

要想用好低价策略，网店需要具备以下条件。

① 低成本。进货成本低、业务经营费用低是低价策略的基础。

② 存货周转速度快。如果存货周转速度快，网店就可以节省大量的仓储成本和运输成本，从而降低商品价格。

③ 买家对商品的性能和质量很了解。这样买家不会对商品的质量产生怀疑，如日常生活用品、图书音像等标准化商品。

④ 能够向买家充分说明价格便宜的理由。

⑤ 店铺的信誉度高，可以让买家相信商品质量较好。

15.2.3　写好标题和商品描述

好的标题能够突出卖点并提高被买家搜索到的概率，而丰富的商品描述则可以帮助买家全面了解商品的信息，打消其购买的顾虑。

1. 在商品标题中突出卖点

买家通过输入关键词来搜索商品信息，但由于个体的差异，人们的输入偏好并不相同。为了提高被买家搜索到的概率，商品标题中应尽可能多地包含一些能够突出卖点的关键词。一般来说，商品标题应涵盖以下信息。

（1）价格信号。价格信号是每个标题必不可少的内容，卖家可使用"特价""清仓特卖""仅售××元""包邮""买一赠一"等词汇吸引买家。

（2）进货渠道。如果网店的商品是厂家直供的，是从国外直接购进的或是外贸尾货，卖家一定要在标题中表明商品的特殊性。

（3）网店高信誉度记录。如果网店的信誉度高，如钻石级、皇冠级等，卖家可以在标题中标明，以增强买家对商品的信心。

（4）品牌和型号。如果商品品牌知名度高或型号比较特殊，卖家可以把这些特殊情况写进标题。

（5）超高的成交量。如果商品的成交量较高，卖家可以在标题中标明"已热销××件"。较高的成交量会吸引更多的买家购买。

图15-4所示是一个好的商品标题的范例，该女装的标题包含了大量的卖点和关键词，虽然很长但并不冗余。"爆款""小众设计""大码""洋气"等从多个角度涵盖了买家可能使用的关键词，不仅突出了卖点，而且大大增加了商品被搜索到的可能性。

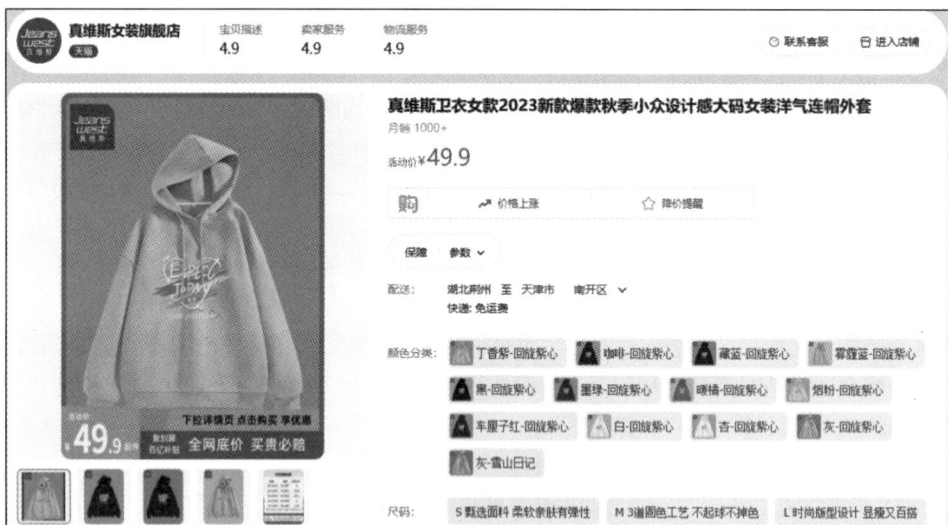

图15-4　商品标题的"卖点"

2. 丰富对商品的描述

商品描述的内容一定要丰富，所遵循的原则是"宁可多写，不要少写"。这是因为对商品的描述越详细、越丰富，买家所能了解到的商品信息就越全面，这有助于打消买家顾虑，促使买家采取购买行动。同时，详细的商品描述也有助于减少售后买卖双方可能产生的纠纷。

网店对商品的描述应采用"文字+图片+数据"的形式，以全方位地展现商品的全貌。

（1）要以文字的形式描述商品的品牌、型号、原料、产地、售后服务、生产厂家、性能、使用注意事项等，文字描述切忌简单、生硬，要口语化、通俗化，尽量明确买卖双方的责任，给买家提供一个明确的预期。

（2）图片是展示商品的关键。图片一定要清晰明了，精美大方，而且要从多个角度进行展示。为了防止被竞争对手盗用图片，卖家还可以在照片上加水印。

（3）用数据说话，体现商品优势。以参数形式体现商品相对于同类商品的优势，可以让人信服、眼前一亮。

（4）卖家可以经常到其他网店逛逛，学习写商品描述的技巧。

15.2.4　开展有效的促销活动

促销活动在网店的经营过程中起着至关重要的作用。下面以淘宝平台上的网店为例，简要介绍常见的网店促销活动和手段。

1.　在淘宝社区中推广

淘宝社区是淘宝网为卖家提供的一个相互交流的平台。卖家可以通过看帖和发帖，在淘宝社区中交换经验和信息。卖家发帖也可以积攒人气，如果发的帖子质量很高，很有可能被版主加精，加精的帖子可以吸引大家阅读，从而增加网店的点击率，达到宣传网店的目的。

2.　参加秒杀活动

秒杀活动是淘宝网上常见的促销活动。秒杀活动可以在短期内大大增加销售量，如果卖家亟须消化库存或想"打响"某品牌，秒杀活动是一种非常有效的推广手段。但是，秒杀活动可能会造成"赔本赚吆喝"的情况，所以使用不能过于频繁。

3.　加入天猫

天猫是阿里巴巴集团打造的 B2C 网站，是由从淘宝网中独立出来的淘宝商城改名而来的。天猫整合了大量的品牌商、生产商，为买家和卖家提供一站式解决方案，提供 100%品质保证的商品，以及 7 天无理由退货、购物积分返现等优质服务。在天猫购物要比在淘宝网上购物更加放心，服务也更加贴心，所以卖家要努力成为天猫的一员。

4.　开通淘宝直播

淘宝直播是阿里巴巴推出的直播平台，定位于"消费类直播"。淘宝直播主要有四种类型，分别是淘宝店铺直播、淘宝达人直播（又分为个人达人直播和机构达人直播）、全球购买手直播和天猫直播。淘宝直播的商品几乎涵盖所有商品品类，但需注意，网店开通淘宝直播是需要一定的准入条件的。网店在开通直播之前，可登录淘宝网商家服务大厅，了解具体的要求。淘宝网商家服务大厅页面如图 15-5 所示。

图 15-5　淘宝网商务大厅页面

阅读资料 15-2　淘宝直播：3 年间 11 万农民主播村播，带动农产品成交超过 50 亿元

2021 年 9 月 7 日，淘宝直播发布了一份特殊的"成绩单"，在系统性的直播助农计划"村播计划"上线三年后，淘宝直播平台累计已有 11 万农民主播，开播超过 230 万场，通过直播带动农产品销售超 50 亿元。他们用一场场直播，将家乡的特产卖到了全国，不仅提高了自己的收入水平，还带领乡亲们走上了直播致富的道路。

"拿起手机做主播，一年收入翻一番"，淘宝直播让许多农民的生活发生了质的变化。"村播计划"负责人介绍，农民主播已经遍布全国 31 个省、2 000 多个县域。在学会直播后，农民主播的平均月收入能够提高两倍到三倍，人均能够带动 2 个就业岗位，共计拉动了 20 万人就业致富。

手机成为新农具，直播成为新农活，数据成为新农资，这些已经成为农村越来越常见的变化。淘宝直播建立了超过 100 所"村播学院"，为农民提供直播培训课程、直播间现场实战演练等，为农民主播提供从基础设施支持、人才孵化培训到地域品牌设计、直播带货产业规划扶持、政策引导和资源协调等方面的全方位支持。致力于帮助农民学会、用好"新农具"，做好"新农活"。作为中国最大的农产品电商平台，整个淘宝网上 1/4 的网店都来自农村，淘宝网正在吸引越来越多的年轻人回到乡村，投身关注农业、关心农村的事业中。

资料来源：腾讯网。

5. 通过抖音、火山等短视频平台引流

在新媒体时代，"屏幕即渠道，内容即店铺"的理念越来越成为企业界的共识。短视频与电子商务的深度融合，正逐步演变成市场发展的新趋向之一。对于淘宝等电商平台来说，进军短视频领域不仅是探索新的用户流量入口，更是在重塑购物消费场景方面的创新尝试。

自 2018 年 3 月起，抖音开通了直接链接到淘宝的外链功能，这一特权最初仅限于拥有百万粉丝的顶级网红。2018 年 5 月，抖音进一步推出了自己的网店系统，使得用户能够直接从达人的个人主页商品橱窗中点击并跳转到淘宝店铺进行购买，这一举措极大地缩短了用户从内容浏览到实际购买的路径。此外，淘宝网店还可以通过投放抖音 CID 广告实现直接跳转至淘宝商品页面，让用户在抖音浏览时就能快速完成购买。抖音短视频跳转淘宝网店如图 15-6 所示。

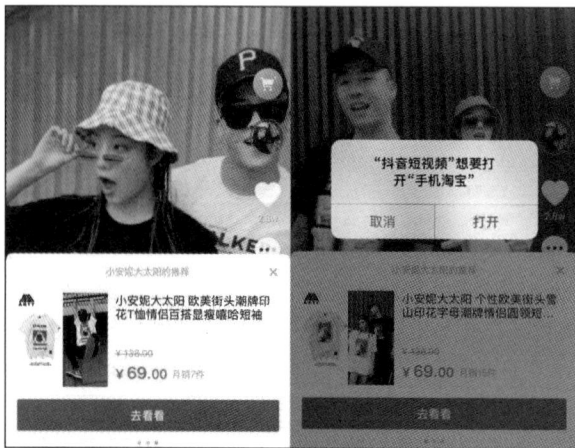

延伸学习

CID 广告详解

图 15-6　抖音短视频跳转淘宝网店

如今以抖音为代表的短视频平台炙手可热，流量惊人，淘宝网店选择与这些平台合作，是其促进销售的又一重要途径。

6. 折价促销

折价促销是网店较为常见的一种促销方式。折价促销一般选择在重大节日期间进行，因为这时消费者往往都有购物的冲动和购物的时间。卖家一般采用 5～9 折的折扣率来吸引消费者购买，用于增加网店的人气，提高销量或处理库存。但是折价促销要避免"先提价后折价"的不诚信行为，因为这种欺骗行为会严重影响网店的信誉。

7. 拍卖

拍卖也是常见的网店促销方式之一，它的一般流程是卖家先为商品设定一个起拍价，有兴趣的消费者在规定时间内出价，拍卖结束后，出价最高的人就可以得到商品，而没有人出价的商品就会流拍（没有人竞拍）。如果卖家想要增加网店的人气，可以给商品设定一个较低的起拍价，同时辅以相应的广告宣传活动。

8. 包邮

包邮是网店吸引消费者购买的一种常见促销手段。但为了促使消费者更多购买以及考虑到网店成本因素，网店通常会对交易金额有一定的要求，只有超过某一标准之后才提供免费包邮服务。

9. 赠品促销

消费者在购物时往往希望能获得一定的赠品，所以赠品促销也是网店可以选择的一种重要促销方式。但必须注意的是，送出去的赠品千万不能是伪劣商品，否则不仅会招致消费者的不满和反感，而且还容易遭到相关部门的处罚。

10. 提供 VIP 会员服务

针对优质消费者提供 VIP 服务，不仅能够满足消费者的心理需求，而且还可以提升消费者的忠诚度，促使其重复消费，最终帮助网店提高销量。

此外，淘宝网上的网店还可以使用橱窗推荐位和直通车，以及利用"双十一""6·18"等购物节来开展促销活动，限于篇幅，本书不再逐一展开介绍。

案例分析

绽放女装旗舰店

打开绽放女装旗舰店的商品页面，呈现在眼前的是色彩鲜明的亚麻服装、旅拍形式的视觉效果及文艺范儿十足的文案内容。

创始人三儿之前在某旅游节目工作，而妻子茉莉则在某畅销书作家的公司担任美术总监。夫妇二人一个对旅行有经验，另一个也喜欢旅行并对美有十足的鉴赏力，这都为后来做绽放品牌埋下了种子。

1. 属于白领女性的绽放

在博客特别火的那几年，已经是中国女性博客博主的茉莉，经常在自己的个人博客"十分钟年华不老"上发布有关女性成长的文章，分享自己热爱的电影、书籍和服饰。慢慢地，她发现不少粉丝除了喜欢她的文字外，还十分中意她分享的服装。于是夫妻俩决定开一家淘宝女装店。

他们给网店取名"绽放"，意为积极向上的能量。基于之前的工作经验，三儿和茉莉对旅行中的人的着装需求比较了解，因此以旅行为切入点。为了更好地贴近自然，提高旅行中穿着的舒适度，夫妻俩采用了以亚麻为主的面料。

原来，绽放针对的市场人群以 28～38 岁的白领女性为主，其中也不乏全职妈妈，她们的共同点是有独立的经济收入和一定层面的文化知识。因此，她们对服饰的第一要求是舒适，其次才讲究格调和美观。

2. 花式玩转粉丝经济

早在几年前，运营个人博客"十分钟年华不老"时，茉莉就在网上吸引了一批粉丝。随着绽放网店的开业，这批博客上的粉丝也逐渐被导流到了淘宝网店，他们成为绽放最原始的一批忠实消费者。

令人惊讶的是，起初绽放是不重视旺旺客服的，但商品质量和品牌文化驱动了消费者的购买意向，绽放的好评率依然是100%。对茉莉来说，"打理的人太少，询问的人太多"，网店自然而然就走上了自主购物的形式。就绽放初步形成品牌文化之后，三儿意识到只有在一线接触到消费者，才能提高客户服务的水平。于是夫妻俩又开始建立旺旺客服机制，但同时也发现只依赖旺旺客服来接触消费者是远远不够的。

3. 别具一格的微信运营

新媒体是"玩"出来的，三儿很懂这个道理。他称呼自己的粉丝微信群为"微学院"，并根据粉丝对品牌的认识先后设置教务处、助教等职务。以助教为例，担任这个职务的人除了需要对品牌有足够高的黏性外，还要有互联网思维，能带动群内气氛、维护粉丝关系。担任不同职务的粉丝只有带动其他粉丝随时在群里分享品牌商品，才能够更大范围地提高品牌影响力，提高品牌商品销售量。而这样的机制不仅能够极大增强粉丝对品牌的黏性，还能够将品牌理念在潜移默化中植入粉丝的生活。绽放的社群如图15-7所示。

图15-7 绽放的社群

4. 带着粉丝去旅行

旅行是两人生活中不可或缺的一部分，也一直是网店分享给消费者的理念。这是他们的特色，也是他们擅长的东西。慢慢地，"旅行"被赋予到商品中，成为一种风格。"这是一个品牌和用户之间情感的连接"，但仅在新媒体上与用户进行远距离的交流是很难维系良好关系的。三儿想出了另一个主意——让绽放的团队带着粉丝去旅行，这样不仅可以拉近与粉丝的距离，还可以围绕品牌强化公司的文化价值。

案例分析：绽放的成功得益于成功的粉丝运营模式，主要表现为以下几点。一是市场定位准确，将目标市场聚焦于28～38岁的白领女性，并根据该目标消费者群体具备独立的经济收入和一定的文化知识，对服饰追求舒适、讲究格调和美观的特点，提供适应消费者需求的服饰产品。二是充分利用粉丝效应，培养了最原始的一批忠实客户。三是开展别具一格的微信营销，增强了用户的黏性。四是营销创新，绽放的团队带着粉丝去旅行，不仅拉近了与粉丝的距离，还可以增加其文化价值。

15.3　网店的售后服务

与实体店不同，网店的交易是在虚拟的网络平台上完成的。由于消费者无法亲眼看到商品，加之买卖双方又无法面对面地沟通与交流，所以买卖双方很容易在交易后产生纠纷，因此做好网店的售后服务工作尤为重要。

15.3.1　做好退换货服务

退换货服务一旦处理不当，就会严重影响网店的声誉，进而带来极为不利的后果，因此卖家需要高度重视。为做好退换货服务工作，卖家需要注意以下两点。

（1）事前对退换货条件进行详细的说明。事先获悉能否方便地退换货，是影响买家做出购买决策的重要因素之一。所以卖家应提前主动告知买家在何种情况下可以退货，退货后多久可以退款，退货运费由哪方来承担等。只有提前说明退换货的条件，才能最大限度地避免买卖双方产生纠纷。这里需要注意的是，退换货说明要尽可能详尽、全面、严谨，以免引起买家的误解。例如，在界定运费的承担方时，可以这样明确规定：由于商品的质量问题、运输磨损等问题引起的退换货运费由卖家承担；而由于买家自身原因造成的退换货费用，则应由买家承担。

（2）积极应对买家的退换货要求。当买家提出退换货要求的时候，卖家必须积极应对。卖家应首先了解买家退换货的原因，并确定责任的归属问题。如果是卖家的责任，就要勇于承担，同时要尽快与买家达成退换货协议，争取让买家满意；如果是买家的责任，卖家也要耐心地解释不予退换货的原因，以求得买家的理解。在应对买家的退换货要求时，卖家一定要注意沟通技巧，以免激化矛盾。

15.3.2　做好物流服务

虽然网店销售的商品大多是通过第三方物流公司送达买家手中的，但是当物流出现问题时，买家依然会将责任归咎到卖家的身上，因此卖家必须重视物流问题，并制定相应的对策。以下几个建议可供参考。

（1）联系多家物流公司，寻找最适合的一家。卖家要联系多家物流公司，通过比较，选择最适合的一家与之合作。同时，在物流配送的过程中，卖家还要积极与物流公司沟通，时刻关注商品的运送状态。

（2）售前充分说明物流情况。卖家在售前要与买家沟通，充分说明物流中可能遇到的不可控因素，希望出现问题时买家能够予以谅解。

（3）主动与买家联系，避免买家产生焦虑情绪。如果订单运输时间较长，卖家要主动联系买家并说明物流情况，同时告知买家查询物流的方法，以避免买家焦虑。

微课堂

网店的售后服务

15.3.3 掌握与买家沟通的技巧

在网店运营的过程中，卖家与买家的沟通极为关键。一旦沟通不畅，轻则会失去一笔生意，重则会招致买家的差评甚至投诉。因此，卖家应积极掌握一些必要的沟通技巧，以避免引起买家的不满。

1. 基本的沟通技巧

（1）换位思考。换位思考就是凡事从对方的立场思考问题而非主观臆断。沟通能力强的卖家会将心比心、设身处地为买家着想，把买家的满意当作一切行为的准则。当买家对商品不满时，卖家要理解买家有权对商品有不同的认识和见解，允许买家发表不同的意见。如果刻意与买家争辩，卖家即使占了上风，也极有可能会永远失去与之做生意的机会，可谓得不偿失。

（2）礼貌沟通，耐心热情。俗话说"礼多人不怪"，卖家在与买家沟通的过程中以礼相待，"百益而无一害"。虽然网上交易的双方无法谋面，但通过即时通信工具，卖家同样能表达对买家的尊敬。讲礼貌不仅能体现一个人的修养，也是赢得买家信任和好感的利器。卖家在与买家沟通时，要多用"您""请""谢谢"等礼貌用语，对于买家的留言要争取第一时间回复，如果回复晚了，要向对方表达歉意。

同时卖家在与买家沟通时还应做到耐心热情，对于买家的提问要耐心解答，细心回复，即使买家问了一大堆问题而最终未买任何商品，卖家也不要抱怨或流露出任何不满的情绪。卖家应珍惜每一次与买家沟通的机会，把沟通当成宣传网店、树立网店形象的良机。

（3）善于倾听。卖家在与买家沟通时一定要善于倾听，当买家说话时不要轻易打断，对买家提出的疑问要及时准确地回答，这样才能形成良好的沟通氛围。当买家表现出犹豫不决或表述不清时，卖家也应先问清楚买家困惑的原因是什么，要了解买家真正的意图，而不是简单地打断或随意回复。

（4）说话留有余地。卖家与买家沟通时谈到自己的商品及店铺时，实事求是地介绍或稍加赞美即可，万万不可忘乎所以、自吹自擂。在交流时不要使用"肯定""保证""绝对"等字样，为自己"留条后路"。这样的回答事实上也无损于商品的质量，反而显示了卖家的真诚。卖家说话时要留有余地，这样才能进退自如。

（5）避免消极情绪和冲突。在网店经营的过程中，卖家难免会遇到各种各样不易沟通的买家。有的过于挑剔，有的不懂礼貌，还有的疯狂砍价……遇到这种买家，的确会让人很生气，如果无法控制局面，卖家的情绪很容易爆发。这时，卖家一定要做好自我调节，避免消极情绪的产生，更要避免与买家产生冲突。

2. 应对不同类型买家的沟通策略

（1）"老手"买家。如果买家话不多，简单问一下商品质量就买了，可能就是"老手"买家。这类买家网购经验丰富，一般不会对商品过于苛求，只要其质量与网店描述的基本一致，就会给好评。这样的买家是比较好沟通的。

（2）新手买家。新手买家往往会反复询问，常常在买与不买之间犹豫不决。对于这样的买家，卖家需要耐心讲解，打消其网购的顾虑。如果沟通得当，做到让买家满意，以后他就可能成为网店的忠实客户。

（3）砍价型买家。有些买家对价格非常敏感，不断砍价，并且不达目的决不罢休。这时卖家可采取的沟通策略是，不与买家在价格上做过多的纠缠，而是通过其他方面的让步来达成交易，如包邮、赠送礼物等。如果实在不行，就礼貌地拒绝买家的砍价请求，但要注意千万不要与买家发生争执。

15.3.4 理性应对买家投诉

做生意不可能让所有的人都满意，收到买家投诉是常有的事，网店当然也会遇到。买家的投诉并不可怕，关键是看卖家如何应对。下面就阐述一下理性应对买家投诉的原则。

（1）及时应对，礼貌沟通。当接到买家投诉时，卖家必须在第一时间积极、礼貌地回应。这样做，一是可以让买家感受到卖家对自己的重视，二是可以表达卖家积极解决问题的诚意，三是可以及时防止买家的投诉对网店造成更大的负面影响。

（2）耐心倾听买家的抱怨。在处理投诉的过程中，卖家要耐心地倾听买家的抱怨，不要轻易打断，更不要随意指责，而是鼓励买家倾诉，让他们尽情发泄心中的不满。在买家充分发泄之后，再向买家进行解释和道歉。

（3）为买家着想。卖家应设身处地地替买家考虑，对买家的感受要表示理解，并用适当的语言给予安慰，如"谢谢您告诉我这件事""对于发生这类事件，我感到很遗憾""我完全理解您的心情"等。这样做可以安抚买家，为进一步解决问题奠定良好的基础。

（4）提出完整的解决方案。买家投诉、抱怨的目的多是获得一定的补偿。这种补偿可以是物质上的，如给予经济补偿或退换货等；也可以是精神上的，如获得卖家的道歉等。如果卖家在解决买家投诉问题时，能同时从物质和精神这两个层面上着手为买家提供完整的解决方案，显然能更有效地解决问题。

本章实训

【实训主题】淘宝网店的营销策略

【实训目的】通过实训，掌握网店的营销策略。

【实训内容及过程】

（1）全班同学划分为若干小组，各小组推选一名组长。

（2）各小组选定某一淘宝网店为任务对象。

（3）各小组经充分讨论后，分工收集相关文献资料。

（4）各小组将收集的文献资料进行整理，在此基础撰写该店的营销策略。

（5）以小组为单位提交运营方案，并制作 PPT，由各小组组长在课堂上讲解。

【实训成果】

实训作业——《××淘宝网店的营销策略》。

练习题

一、单选题

1．下列适合初次创业者选择开店的平台是（ ）。

    A．阿里巴巴   B．慧聪网   C．淘宝网   D．京东

2．我国最大的 C2C 电商平台是（ ）。

    A．爱乐活网   B．淘宝网   C．易趣网   D．拍拍网

3．（ ）是阿里巴巴集团打造的 B2C 网站。

    A．村淘   B．淘宝商城   C．淘宝   D．天猫

4．光线从被摄物体的后面照射过来，称为（ ）。

    A．正光   B．侧光   C．逆光   D．底光

5．下列网站中，（　　）是从淘宝网分离出来的。

　　A．1号店　　　　　　B．天猫　　　　　　C．库巴网　　　　　　D．京东商城

二、多选题

1．相比实体店，网上开店的优势包括（　　）。

　　A．进入门槛低　　　B．经营方式灵活　　　C．销售量大

　　D．资金投入少　　　E．无推广费用

2．借助第三方平台开店的优势包括（　　）。

　　A．拥有独立的经营自主权

　　B．借助平台的信用提高客户的信任度

　　C．可以分享平台的巨大流量，节省宣传推广费用

　　D．技术门槛低、初期投入少

　　E．能够独享流量

3．为做好退换货服务工作，卖家需要注意（　　）。

　　A．据理力争，坚决不退、不换　　　　　B．事前对退换货条件进行详细的说明

　　C．承担所有退货运费　　　　　　　　　D．息事宁人，一律答应退货

　　E．积极应对买家的退换货要求

4．下列说法不正确的有（　　）。

　　A．网上开店能保证卖家只赚不赔

　　B．淘宝网开店主体必须是具有法人资格的企业

　　C．天猫是从1号店分离出来的网上B2C商城

　　D．网上开店要求卖家掌握一定的软件使用技能

　　E．对于个人创业者或实力不足的中小企业来说，B2C平台是最佳的开店选择

5．光线的运用直接关系到拍摄的效果。光线的运用技巧主要包括（　　）。

　　A．顺光　　　　　　　B．逆光　　　　　　　C．侧光

　　D．顶光　　　　　　　E．反射光

三、名词解释

1．自建网站开店　　2．淘宝直播　　3．淘宝社区　　4．砍价型买家

四、简答及论述题

1．个人网上开店的前期准备工作主要有哪些？

2．使用低价策略，网店需要具备哪些条件？

3．商品标题中应涵盖哪些内容？

4．试论述网店商品的描述技巧。

5．试论述理性应对买家投诉的原则。

📚 案例讨论

邢自庆的网店经营之路

　　邢自庆是山东临沂的一名退伍军人，2012年仅凭2万元启动资金在淘宝网开始开店创业。在没有电商经验、资源匮乏的情况下，其凭借敏锐的市场嗅觉和灵活的网店经营策略，最终获得了成功。

　　邢自庆的创业初衷很明确：他期望借助网络平台，将临沂当地的高品质农产品销往全国各地，这样不仅能让更多的消费者买到优质产品，同时也能有效解决当地农产品的销售问题。在对市场进行深入调查之后，邢自庆发现南方红薯的市场价远高于北方，于是他决定将红薯作为网店的主打产品。他详细记录了当地红薯从播种到收获的全过程，并在网店上进行了展示，这一举措极大地增强了消费者对临沂红薯的信任。凭借原产地的价格优势和合理的定价策略，邢自庆在淘宝店销售的红薯一上架就大受消费者的欢迎，销量持续攀升。仅在 2014 年，他的淘宝店铺红薯销售额就高达 1800 万元，不仅圆了他的创业梦，还为临沂的乡亲们创造了多个就业岗位。

　　在红薯销售取得成功之后，邢自庆意识到了品牌建设的重要性，接连注册了"地瓜哥""草柳人家""挺有"等多个商标。随后，他不断丰富网店的商品种类，陆续增添了紫薯、花生、大豆、板栗、蓝莓、桃子等上百种优质农产品，确保网店四季都有应季的新鲜农产品供消费者选择。

　　经过多年的不懈努力和业务拓展，邢自庆已在淘宝、天猫等平台注册并经营了数十家以五谷杂粮和生鲜瓜果为主的店铺。他精心打造的"青云地瓜""唐岭地瓜""大兴蓝莓""临沭花生"等特色农产品，已成为网络上的热销产品。2019~2022 年，他的网店规模不断扩大，不仅在京东、淘宝、拼多多等传统电商平台开设了店铺，还进军了抖音、快手、小红书等新兴社交媒体平台。同时，他的产品线也从单一的农产品延伸到了保健食品、养生食品以及彩妆、护肤品等多个领域。

思考讨论题：

结合案例，请谈谈要想成功经营好网店，店主需要做好哪些营销工作？

参考文献

[1] 王玮. 网络营销. 北京：中国人民大学出版社，2022.

[2] 渠成. 全网营销实战. 北京：清华大学出版，2021.

[3] 李东进. 广告实务：理论、案例与实训. 北京：人民邮电出版社，2023.

[4] 李东进，秦勇. 市场营销：理论、工具与方法. 2版. 北京：人民邮电出版社，2021.

[5] 郑昊，米鹿. 短视频：策划、制作与运营. 北京：人民邮电出版社，2019.

[6] 黑马程序员. 搜索引擎营销推广. 北京：人民邮电出版社，2018.

[7] 刘东明. 微博营销：微时代营销大革命. 北京：清华大学出版社，2012.

[8] 李东进. 新媒体运营. 北京：人民邮电出版社，2022.

[9] 陈德人. 网络营销与策划：理论、案例与实训. 2版. 北京：人民邮电出版社，2022.

[10] 胡小英. 企业软文营销. 北京：中国华侨出版社，2017.

[11] 海天电商金融研究中心. 大数据分析与营销. 北京：清华大学出版社，2016.

[12] 海天理财. 一本书读懂O2O营销. 北京：清华大学出版社，2015.

[13] 刘勇. 网络广告学. 2版. 大连：东北财经大学出版社，2021.

[14] 许耿，李源彬. 网络营销：从入门到精通. 北京：人民邮电出版社，2019.

[15] 魏艳. 短视频直播：营销与运营. 北京：人民邮电出版社，2019.

[16] 冯英健. 网络营销. 北京：高等教育出版社，2021.

[17] 王艺. 微信小程序：设计发布+营销运营+成交转化+应用案例. 北京：清华大学出版社，2018.

[18] 陈虹. 基于网络直播互动营销视角下的品牌塑造. 品牌研究，2019（10）：99-100.

[19] 张薇，马卫. 基于SIR模型的社交媒体病毒营销传播机理研究. 江西社会科学，2016（1）：222-228.

[20] 康福. 利用内容营销提升长尾词SEO优化策略. 计算机与网络，2018（9）：50.

[21] 文圣瑜. 互动营销视角下的直播间主播行为策略分析. 中国管理信息化，2021，24（13）：115-117.